21 世纪立体化高职高专规划教材·财经系列
全国职业教育技能型人才培养校企合作精品教材

U0812164

会计报表编制与分析

鞠永红　赵　威　主　编
刘　鹏　杜国用　副主编
刘海龙　孟立宇　参　编
吴艳秋　主　审

電子工業出版社
Publishing House of Electronics Industry
北京·BEIJING

内 容 简 介

本教材按照《企业会计准则》的最新变化，能够满足高职高专财务分析、会计报表编制与分析等课程的教学需要，内容包括会计报表编制与分析知识准备、资产负债表编制与分析、利润表编制与分析、现金流量表编制与分析、所有者权益变动表编制与分析、财务效率分析、会计报表综合分析7个项目。本教材部分数据来源于企业，按照项目任务分解学习内容，设置“任务布置”、“知识要点”、“任务完成”、“知识库”、“技能训练”、“项目总结”和“同步测试”等部分，学生带着目标学习的同时可以开阔视野，同时也便于师生互动，培养学生的会计实践技能。

本教材体系完整、结构清晰、内容实用、通俗易懂，既可以作为高职高专会计类专业的教学用书，也可以作为企业管理人员的自学参考书。

图书在版编目（CIP）数据

会计报表编制与分析／鞠永红，赵威主编．—北京：电子工业出版社，2015.6
21世纪立体化高职高专规划教材．财经系列
ISBN 978-7-121-25981-4

Ⅰ.①会… Ⅱ.①鞠… ②赵… Ⅲ.①会计报表-编制-高等职业教育-教材②会计报表-会计分析-高等职业教育-教材 Ⅳ.①F231.5

中国版本图书馆CIP数据核字（2015）第092395号

策划编辑：贾瑞敏　张思博
责任编辑：贾瑞敏　　　　特约编辑：许振伍　孙明珍
印　　刷：北京季蜂印刷有限公司
装　　订：北京季蜂印刷有限公司
出版发行：电子工业出版社
　　　　　北京市海淀区万寿路173信箱　邮编100036
开　　本：787×1092　1/16　印张：15　字数：414千字
版　　次：2015年6月第1版
印　　次：2015年6月第1次印刷
印　　数：3 000册　定价：35.00元

凡所购买电子工业出版社图书有缺损问题，请向购买书店调换。若书店售缺，请与本社发行部联系，联系及邮购电话：（010）88254888。
质量投诉请发邮件至zlts@phei.com.cn，盗版侵权举报请发邮件至dbqq@phei.com.cn。
服务热线：（010）88258888。

前言

《会计报表编制与分析》以项目为导向，选取典型工作任务安排教学内容，以培养学生的职业能力为核心，开展理实一体化教学，将企业对外报送的主要会计报表的编制、比较分析，以及企业的财务效率分析进行了全面讲述。

本教材在编写过程中突出了以下几个特点。

1. 重视《企业会计准则》的最新变化，内容新颖。为使编写内容与国家会计准则要求相适应，本教材所运用的会计报表项目的编制方法都基于最新的会计准则。

2. 重视对学生会计岗位能力的培养，做到教学做一体。本教材按照企业财务分析工作的核心内容展开，采用项目教学的方式，在每个项目中设置了若干学习任务。每个项目按照所讲授的内容设置了"项目目标"和"项目引例"。通过"项目引例"，可以激发学生的学习兴趣，提升其学习欲望，让其到项目中寻找答案。

3. 内容安排符合学生的认知规律，便于学生学习。每个任务都设置了"任务布置"、"知识要点"和"任务完成"等部分，让学生能够带着目标完成学习任务。同时，在任务中设计了"知识库"，介绍相关知识或实例，开阔学生的视野。项目最后为了巩固知识设置了"项目总结"、"同步测试"和"综合技能强化训练"，进一步帮助学生在理清思路的基础上，通过练习巩固其所学知识。

4. 校企合作开发教材，力争做到教学内容贴近实际。哈尔滨中庆燃气有限责任公司的会计师刘海龙参与了本教材的编写。为使内容更具实务性，力争打造与实际工作岗位零距离的毕业生，本教材汲取了企业实际会计工作中的案例。

5. 配合现代化教学手段，提供丰富的教学资源。为方便师生使用，本教材提供了课件、教案、习题答案、试卷样本等教学资源。

本教材由黑龙江职业学院鞠永红、赵威任主编，黑龙江职业学院刘鹏、杜国用任副主编，黑龙江职业学院吴艳秋任主审，哈尔滨中庆燃气有限责任公司刘海龙、哈尔滨神达服装经销有限公司孟立宇参与了编写。其具体编写分工如下：鞠永红编写项目7，赵威编写项目2、3、4，刘鹏编写项目6，杜国用编写项目1的任务1.2，孟立宇编写项目5，刘海龙编写项目1的任务1.1。刘海龙、孟立宇参与了教材整体方案的设计，收集了企业案例资料。

在本教材的编写过程中，虽然编者尽了最大努力，但由于水平有限，不足之处在所难免，恳请各位读者提出宝贵意见。

编　者

请注意：本教材有配套的教学资源，为保证教学秩序，选用此教材的学校，请通过教材所附教学资源索取表索取；通过网站和书店零购的读者，请提供购书发票、购买地点等信息索取。

目　录

项目 1 会计报表编制与分析知识准备

专业能力目标

能够认识会计报表的组成与结构；能够运用会计报表编制与分析的基本方法进行财务分析。

职业核心能力目标

能够合理安排学习计划；能够对企业资料进行收集、整理，认知不同的会计报表；能够对报表数据进行计算比较；能够与老师和同学进行沟通，明确学习任务；能够与团队成员协作，完成学习任务；能够在数据分析中说明自己的观点，得出结论。

项目结构

任　务	内　容
任务 1.1　会计报表分析的信息基础	1.1.1　会计报表的组成 1.1.2　会计报表分析的含义 1.1.3　会计报表分析的目的
任务 1.2　会计报表分析的方法	1.2.1　比较分析法 1.2.2　比率分析法 1.2.3　因素分析法 1.2.4　趋势分析法

项目目标

根据会计核算总账报表岗位的要求，通过对本项目的学习明确会计报表的组成、会计报表分析的含义及目的，掌握会计报表分析的方法，能够运用会计报表分析的方法进行财务分析。

项目引例

从孩提时起，米奇·莫纳斯就喜欢运动，尤其是篮球。由于天资及身高所限，他没有机会到职业球队打球。然而，莫纳斯确实拥有一个所有顶级球员共有的特征，那就是他有一种无法抑制的求胜欲望。

莫纳斯把他无穷的精力从球场上转移到了他的董事长办公室里。他首先设法获得了位于（美）俄亥俄州阳土敦市的一家药店，在随后的10年内又收购了另外299家药店，从而组建了全国连锁的法尔莫公司。不幸的是,这一切的辉煌都是建立在资产造假——未检查出来的存货高估和虚假利润的基础上的。这些舞弊行为最终导致了莫纳斯及其公司的破产。同时,也使为其提供审计服务的五大事务所损失巨大。下面是这起案件的经过。

自获得第一家药店开始,莫纳斯就梦想着把他的小店发展成一个庞大的药品帝国。他所实施的策略就是其所谓的“强力购买”,即通过提供极低折扣来销售商品。莫纳斯首先做的就是把实际上并不盈利且未经审计的药店报表拿来,用自己的笔为其加上并不存在的存货和利润,然后凭着自己空谈的天分及一套夸大了的报表在一年之内骗得了足够的投资并用之收购了 8 家药店,从而奠定了他的小型药品帝国的基础。这个帝国后来发展到了拥有 300 家连锁店的规模。一时间,莫纳斯成为金融领域的风云人物,其公司则在阳土敦市获得了举足轻重的地位。

在一次偶然的机会导致这个精心设计的、至少引起 5 亿美元损失的财务舞弊事件浮出水面之时,莫纳斯和其公司炮制虚假利润已达 10 年之久。这并非一件容易的事。当时,法尔莫公司的财务总监认为公司因低于成本出售商品而导致了严重的损失,但是莫纳斯认为通过“强力购买”公司完全可以发展得足够大以使其能顺利地坚持自己的销售方式。最终,在莫纳斯的强大压力下,这位财务总监卷入了这起舞弊案件。在随后的数年之内,他和他的几位下属保持了两套账簿,一套用以应付注册会计师的审计,一套反映糟糕的现实。

他们先将所有的损失归入一个所谓的“水桶账户”,然后将该账产的金额通过虚增存货的方式重新分配到公司的数百家成员药店中。他们伪造购货发票,制造增加存货并减少销售成本的虚假记账凭证,确认购货却不同时确认负债,多计或加倍计算存货的数量。财务部门之所以可以隐瞒存货短缺是因为注册会计师只对 300 家药店中的 4 家进行存货监盘,而且他们会提前数月通知法尔莫公司将检查哪些药店。管理人员随之将那 4 家药店堆满实物存货,而把那些虚增的部分分配到其余的 296 家药店。如果不考虑其会计造假,法尔莫公司实际已濒临破产。在最近一次审计中,法尔莫公司现金已紧缺到供应商因其未能及时支付购货款而威胁取消对其供货的地步。

注册会计师们一直未能发现这起舞弊事件,他们为此付出了昂贵的代价。这项审计失败使会计师事务所在民事诉讼中损失了 3 亿美元。那位财务总监被判了 33 个月的监禁,而莫纳斯本人则被判入狱 5 年。

引例分析:上市公司出于完成财务计划、维持或提升股价、增资配股、获取贷款、保住上市资格等目的,常常采用各种手段虚报利润。常见的利润操纵手段包括不恰当核算特殊交易(如债权、债务重组,非货币交易,关联交易等)、滥用会计政策及会计估计变更、错误确认费用及负债、资产造假等。

会计报表分析是一门艺术,其背后隐藏着企业经营决策的种种玄机。对会计报表使用者来说,合理、高效的会计报表分析思路和方法是企业提高管理和决策水平、防范经营风险的重要途径。那么,怎样利用会计报表识别企业经营风险,并对其进行防范?怎样将繁杂的会计数据清晰、直观地表达出来,让使用者一目了然?本课程的学习将帮助你解决上述问题。

任务1.1 会计报表分析的信息基础

任务布置

这学期将学习会计报表编制与分析这门专业课。在学习之前，大家首先要收集会计报表资料，认识会计报表及其组成。

要求：查找会计报表资料，认识会计报表的组成。

知识要点

1.1.1 会计报表的组成

会计报表是企业财务报告的主要部分，是企业向外传递会计信息的主要手段。会计报表是根据日常会计核算资料定期编制的，综合反映企业某一特定日期财务状况和某一会计期间经营成果、现金流量的总结性书面文件。我国现行的企业会计准则规定：财务报表至少应当包括资产负债表、利润表、现金流量表、所有者权益（或股东权益，下同）变动表和附注。

知识库

财务报告的含义及组成

财务报告，又称为财务会计报告，是指企业对外提供的反映企业某一特定日期的财务状况和某一会计期间的经营成果、现金流量等会计信息的文件。它是企业会计工作的最终成果，是输出企业会计信息的主要形式，是企业与外部联系的桥梁。财务报告分为年度、半年度、季度和月度财务报告。半年度、季度和月度财务报告统称为中期财务报告。

年度、半年度财务报告由会计报表、会计报表附注、财务情况说明书三部分组成。

1. 会计报表

会计报表所反映的财务信息既有对外的一面，也有对内的一面。它既可以满足外部用户信息的要求，也对企业内部管理极为有用。因此，会计报表具有报告的性质，是以表格为主要形式，反映、提供和传输财务信息的书面报告文件。其主要包括以下内容。

（1）资产负债表

资产负债表是反映企业在某一特定日期财务状况的报表，属于静态报表。该表可以提供某一特定日期资产、负债的总额及结构，表明企业拥有或控制的资源的分布情况，以及未来需要用多少资产或劳务清偿债务、清偿的时间；可以反映所有者（股东）所拥有的权益，据以判断资本保值、增值的情况及对负债的保障程度。资产负债表一般包括以下附表。

① 资产减值准备明细表。资产减值准备明细表是反映企业各项资产减值准备的增减变动情况的报表。资产减值准备明细表的各项目应根据“坏账准备”、“存货跌价准备”、“持有至到期投资减值准备”、“长期股权投资减值准备”、“固定资产减值准备”、“工程物资减值准备”、“在建工程减值准备”、“无形资产减值准备”等账户的记录分析填列。该表作为对资产负债表减值资产项目的进一步说明，可以全面反映企业各项资产的减值情况，有助于会计信息使用者通过深入分析资产减值情况对企业的未来发展前景做出预测。

② 应交增值税明细表。应交增值税明细表是反映企业在一定会计期间应交增值税的报表。该表是对资产负债表应交税费项目的进一步说明。其全面反映了企业应交增值税的进项税额、销项税额、出口退税、进项税额转出、未交增值税等情况，既便于税务部门及时掌握企业应交、已交、未交增值税额的情况，又有助于其他会计信息使用者对企业的销售业绩及对未来现金流量的影响做出辅助判断。

③ 应付职工薪酬明细表。应付职工薪酬明细表是反映企业应付职工薪酬项目增减变动情况的报表。通过应付职工薪酬明细表，可以获得企业支付的职工工资性质的收入、社会保险费、住房公积金和非货币性福利等方面金额构成情况的信息，反映企业对员工社会责任的履行情况。

(2) 利润表

利润表是反映企业在一定会计期间经营成果的报表，属于动态报表。该表可以反映企业一定会计期间收入实现和费用耗费的情况，据以判断资本的保值、增值情况。将利润表中的信息与资产负债表中的信息相结合，还可以提供进行财务分析的基本资料。利润表应包括以下附表。

① 分部报告。分部报告是反映企业各经营分部的收入、成本、费用、营业利润、资产总额和负债总额等情况的报表。企业应当以内部组织机构、管理要求、内部报告制度为依据确定经营分部，以经营分部为基础确定报告分部，并按规定披露分部信息。经营分部应当同时满足这些条件：该组成部分能够在日常经营活动中产生收入，发生费用；企业管理层能够定期评价该组成部分的经营成果，以决定向其配置资源、评价其业绩；企业能够获得该组成部分的财务状况、经营成果和现金流量等有关会计信息。

② 其他附表。利润表的附表还包括主营业务收入明细表、管理费用明细表、销售费用明细表、财务费用明细表、公允价值变动收益明细表、投资收益明细表。

(3) 现金流量表

现金流量表是指反映企业在一定会计期间现金和现金等价物流入和流出的报表。该表通过提供现金流量方面的信息，有助于会计信息使用者评价企业的支付能力、偿债能力和周转能力，预测企业未来现金流量，分析收益质量及影响现金净流量的因素，从而综合评价企业经营业绩，衡量企业财务资源和财务风险，预测企业未来的前景。

(4) 所有者权益变动表

所有者权益变动表是反映企业在一定期间（如年度、季度或月度）所有者权益各组成部分当期增减变动情况的报表。在所有者权益变动表中，当期损益、直接计入所有者权益的利得和损失，以及由所有者的资本交易导致的所有者权益变动应分别列示。该表可以全面地反映企业所有者权益项目在一定时期内的变化情况及原因，有助于会计信息使用者深入分析所有者权益的变动情况，进而对企业资本的保值、增值情况做出正确判断。

2. 会计报表附注

会计报表附注是会计报表的重要组成部分，是对会计报表本身无法或难以充分表达的内容和项目所做的补充说明和详细解释。

会计报表附注是为了便于会计报表使用者理解会计报表的内容而对会计报表的编制基础、编制依据、编制原则和方法及主要项目等所做的解释。一般来说，会计报表附注至少应当包括以下内容。

(1) 企业的基本情况

企业的基本情况主要简述企业注册地、组织形式和总部地址；企业的业务性质和主要经营活动；母公司及集团最终母公司的名称；财务报告的批准报出者和财务报告的批准报出日。

（2）会计报表的编制基础

会计报表的编制基础简述企业会计核算和会计报表编制所依据的基本假设，对于未以公认的基本会计假设为前提的业务处理和报表编制应予以披露，并说明其理由。

（3）遵循会计准则的声明

遵循会计准则的声明明确说明编制的会计报表符合企业会计准则体系的要求，真实、完整地反映了企业的财务状况、经营成果和现金流量。

（4）重要会计政策和会计估计

会计报表附注提供重要会计政策和会计估计的信息。不重要的会计政策和会计估计可以不披露。在披露重要会计政策和会计估计时，报表附注提供重要会计政策的确定依据和财务报表项目的计量基础，以及会计估计中所用的关键假设和不确定因素。

会计报表附注中提供的重要会计政策信息包括存货、长期股权投资、投资性房地产、固定资产、生物资产、无形资产、非货币性资产交换、资产减值、职工薪酬、企业年金基金、股份支付、债务重组、或有事项、收入、建造合同、政府补助、借款费用、所得税、外币折算、企业合并、租赁、金融工具确认计量、金融资产转移、合并财务报表、每股收益、分部报告、金融工具列报等。

（5）会计政策和会计估计变更及差错更正的说明

会计报表附注可以提供会计政策变更的信息。例如，会计政策变更的性质、内容和原因；当期和各个列报前期财务报表中受到影响的项目名称和调整金额；无法进行追溯调整的，说明该事实的原因及开始应用变更后的会计政策的时点、具体应用情况。

会计报表附注可以提供会计估计变更的信息。例如，会计估计变更的内容和原因；会计估计变更对当期和未来期间的影响数；会计估计变更的影响数不确定的，披露这一事实的原因。

会计报表附注可以提供披露前期差错更正的信息。例如，前期差错的性质；各个列报前期财务报表中受影响的项目名称和更正金额；无法进行追溯的，说明该事实和原因及对前期差错开始更正的时点、具体更正情况。

（6）合并会计报表的合并范围

合并会计报表的合并范围主要介绍纳入合并范围的重要子公司的名称、注册地、业务性质、注册资本、本集团投资额、直接和间接持股比例和表决权比例。

（7）重要报表项目的说明

企业应当尽可能以列表形式披露重要报表项目的构成或当期增减变动情况。对重要报表项目的明细说明，应当按照资产负债表、利润表、现金流量表、所有者权益变动表的顺序和报表项目列示的顺序，采用文字和数字描述相结合的方式进行披露，并与报表项目相互参照。

（8）重要事项的揭示

重要事项的揭示主要包括以下内容。

① 或有事项。企业应当披露预计负债的种类、形成原因及经济利益流出不确定性的说明；与预计负债有关的预计补偿金额和本期已确认的预计补偿金额；或有负债的种类、形成原因及经济利益流出不确定性的说明；或有负债预计产生的财务影响及获得补偿的可能性；无法预计的，应当说明原因；或有资产很可能会给企业带来经济利益的，其形成的原因，预计产生的财务影响等；在涉及未决诉讼、未决仲裁的情况下，披露全部或部分信息预期对企业造成重大不利影响的，披露该未决诉讼、未决仲裁的性质及没有披露这些信息的事实和原因。

② 资产负债表日后事项的说明。其包括每项重要的资产负债表日后非调整事项的性质、内容及对财务状况和经营成果的影响。无法做出估计的，应当说明原因。

③ 关联方关系及其交易说明。企业应当披露母公司和子公司的名称。如果母公司不是该

企业的最终控制方,说明最终控制方的名称。母公司和最终控制方均不对外提供财务报表的,说明母公司之上与其最相近的对外提供财务报表的母公司的名称。企业还应当披露母公司和子公司的业务性质、注册地、注册资本及其当期发生的变化;母公司对该企业或该企业对子公司持股比例和表决权比例;企业与关联方发生交易的,该关联方的性质、交易类型及交易要素。

知识库

会计报表的种类

1. 会计报表按反映的经济内容分类

会计报表按反映的经济内容可划分为以下 3 种。

① 反映财务状况的报表,如资产负债表。

② 反映企业经营成果的报表,如利润表。

③ 反映企业现金流量情况的报表,如现金流量表。

2. 会计报表按反映的资金运动形态分类

会计报表按反映的资金运动形态可划分为以下 2 种。

① 静态报表。静态报表反映的是截至某一时点的指标数值,如资产负债表。

② 动态报表。动态报表反映的是一定时期的指标数值,如利润表和现金流量表等。

3. 会计报表按编制时间分类

会计报表按编制时间可划分为以下 2 种。

① 中期报表。中期报表是以短于一个完整会计年度的报告期间为基础编制的财务报表,包括月报、季报和半年报等。与年度报表相比,中期报表的附注披露可适当简略。

② 年度报表。年度报表包括年末编制的资产负债表、利润表、现金流量表、所有者权益变动表和有关附注。

由于半年度、季度和月度财务报表都是在一个会计年度内编制的,因此统称为中期报表。年度报表的会计期间是指公历 1 月 1 日至 12 月 31 日;半年度报表的会计期间是指公历 1 月 1 日至 6 月 30 日或 7 月 1 日至 12 月 31 日;季度报表的会计期间是指公历每一季度;月度报表的会计期间是指公历每月的 1 日至该月的最后一日。

1.1.2　会计报表分析的含义

会计报表分析是以会计核算资料和报告资料及其他相关资料为依据,采用一系列专门的分析技术和方法,对企业等经济组织过去和现在有关筹资活动、投资活动、经营活动的盈利能力、营运能力、偿债能力和增长能力情况等进行分析和评价,为企业的投资者、债权人、经营者及其他关心企业的组织和个人了解企业过去、评价企业现状、预测企业未来、做出正确决策与估价提供准确信息或依据的经济应用学科。

知识库

会计报表分析的基本程序与步骤

会计报表分析程序,也称为会计报表分析的一般方法,是指进行会计报表分析时应遵循的一般过程。研究会计报表分析程序是进行分析的基础和关键,为正确地开展财务分析工作、掌握财务分析方法指明了方向。

会计报表分析程序有很多种提法。它们有相同点,即在收集财务分析资料、分析财务资料、得出财务分析结论等步骤上基本是一致的,区别主要体现在具体分析环节或细节上。结合中外会计报表分析步骤与特点,考虑我国分析者需求,会计报表分析程序包括以下几个方面。

1. 明确分析目标

进行会计报表分析,首先必须明确为什么要进行分析。是要评价企业经营业绩,进行投资决策?还是要制定企业未来经营策略?只有明确了分析的目的,才能正确地收集、整理信息,选择正确的分析方法,从而得出恰当的结论。

2. 制订分析计划

在明确分析目标的前提下,应制订出合理的财务分析计划,包括分析人员构成及分工、时间和进度安排、分析内容范围及拟采用的分析方法等。分析计划是财务分析工作顺利进行的保证。计划可以是草案,也可以是口头的,但没有计划是不行的。

3. 收集、整理分析资料

收集、整理分析资料是根据分析目标和计划收集财务分析所需要的资料。通常,会计报表是任何一种分析都需要的,此外,还需要相关资料,如行业情况信息、宏观经济政策、企业市场占有情况、企业销售政策与措施、产品品种、有关预测数据、主要竞争对手情况等。

4. 实施会计报表分析

(1) 战略分析与会计分析

① 企业战略分析。企业战略分析通过对企业所在行业或企业拟进入行业进行分析,明确企业自身地位及其应采取的竞争战略。企业战略分析又具体包括行业分析与企业竞争策略分析。企业的价值取决于其运用资本成本收益的能力,而这种能力又受制于行业的选择、经营战略的定位、多元化或专业化的战略思维。只有充分了解企业行业的竞争态势、竞争优势的持久性、多元化或专业化的适应性,才能对企业获取超额收益的能力的可持续性做出合理判断。

② 会计分析。会计分析的目的在于评价企业会计资料所反映的财务状况与经营成果的真实程度。会计分析一般可以按照阅读财务报告、比较财务报表、解释财务报表和修正财务报表信息 4 个步骤进行。会计分析是财务报告分析的基础工作。通过会计分析,对发现的由于会计原则、会计政策等引起的会计信息差异应通过一定的方法进行说明或调整,消除会计信息失真的影响。

(2) 财务指标分析和因素分析

① 财务指标分析。财务指标分析,特别是财务比率分析,是财务分析的一种重要方法和形式。财务分析指标能准确地反映某方面的财务状况。进行财务分析时,应根据分析的目的和要求选择正确的分析指标。债权人要求进行企业偿债能力分析,必须选择反映企业偿债能力的指标或反映流动性的指标,如流动比率、资产负债率、产权比率等;而一个潜在的投资者在决定是否对企业进行投资时,应选择反映企业盈利能力的指标进行分析,如总资产报酬率、净资产收益率、收入利润率等。正确地选择与计算财务分析指标是正确判断与评价企业财务状况的关键。

② 因素分析。会计报表分析不仅要解释现象，而且要分析原因。因素分析法就是要在报表整体分析和财务指标分析的基础上，对一些重要指标的完成情况，从其影响程度角度进行分析，确定各个因素对其影响的方向和程度，为企业正确地进行财务报告评价提供最基本的依据。

5. 会计报表分析综合评价阶段

会计报表分析综合评价阶段是会计报表分析实施阶段的继续，具体包括以下3个方面。

(1) 财务综合分析与评价

财务综合分析与评价是在应用各种财务分析方法进行财务分析的基础上，将定量分析结果、定性分析判断及实际调查情况结合起来，以得出分析结论的过程。财务报告的分析结论是分析的关键步骤，结论的正确与否是判断财务分析质量的唯一标准。一个正确的分析结论的得出，往往需要经过几次反复。

(2) 财务预测与价值评估

会计报表分析是财务管理一个循环的结束，同时也是财务管理另一个循环的开始。应用历史或现实分析结果预测未来财务状况与企业价值，是现代财务分析的重要任务之一。因此，财务报告分析不能仅满足于事后分析原因、得出结论，还要对企业未来发展及价值状况进行分析评价。

(3) 形成分析报告

分析报告的形成是财务分析的最后步骤。它将分析的基本问题、分析结论及针对问题提出的措施和建议以书面的形式表示，为分析主体与财务分析报告的其他受益者提供决策依据。分析报告可以作为财务报告分析工作的总结，也可以作为历史信息供以后分析参考。

1.1.3 会计报表分析的目的

会计报表分析的目的是指财务分析主体对企业进行会计报表分析所要达到的目的。由于财务报告的分析主体不同、会计报表分析的内容不同，因此，会计报表分析的目的也有所不同。概括地说，企业投资者、债权人、供应商、政府部门和社会公众进行会计报表分析的基本目的是为投资决策、信贷决策、销售决策和宏观决策提供依据。此外，企业投资者、客户、企业职工、社会公众进行会计报表分析的基本目的还包括为企业经营者进行业绩评价、监督和选择经营者提供依据。

1. 企业投资者进行会计报表分析的目的

企业的投资者包括企业现有和潜在的投资者。他们进行会计报表分析的最根本目的是看企业的获利能力状况，这是因为获利能力是企业资本保值、增值的关键。同时，为了确保企业资本保值、增值，他们还研究企业权益资金结构、支付能力和营运状况。只有投资者认为企业有良好的发展前景，企业所有者才会保持或增加投资，潜在的投资者才会把资本投入企业。此外，对企业所有者而言，会计报表分析也能评价企业经营者的经营业绩，发现经营过程中存在的问题，从而通过行使股东权利，促进企业更好的发展。

2. 企业债权人进行会计报表分析的目的

企业债权人包括企业向其借款的银行和一些金融机构，以及购买企业债券的单位和个人等。

债权人进行会计报表分析的目的与管理者和投资者的不同。银行等债权人从各自经营或收益的目的出发都愿意将资金贷给企业,但他们又要关注有无违约或破产清算的可能。银行、金融机构等债权人不仅要求本金及时收回,而且要求得到相应的报酬或收益。通常,偿还期越长,风险越大。因此,债权人进行财务分析的主要目的,一是看企业的借款及其他债权能否及时足额收回,即研究企业偿债能力的大小;二是看债务者的收益状况和风险程度是否相适应。为此,他们还将偿债能力分析与获利能力分析相结合。

3. 企业管理者进行会计报表分析的目的

企业管理者是指被企业所有者聘用、对企业资产负债进行管理的个人组成的团体。他们的分析目的是综合的、多方面的。从对企业所有者负责的角度,他们首先关心获利能力,这是他们的总体目标。在分析中,他们不仅仅关心获利的结果,还关注获利的原因及过程,如企业资本结构、营运状况与效率分析、经营风险与财务风险分析、支付能力与偿债能力分析等。通过综合分析来发现企业生产经营中存在的问题与不足,并采取有针对性的措施解决这些问题,使企业以现有的资源获利更多,并保持获利能力的持续增长。

4. 其他财务分析者的目的

其他财务分析的主体如前所述还包括与企业经营有关的企业单位和国家行政管理与监督部门、企业的供应商、客户等。这些单位出于保护自身利益的需要,也非常关心企业的财务状况等信息。他们进行分析的主要目的是弄清企业的信用状况及发展情况。国家行政管理与监督部门还要监督国家各项经济政策、法规、制度在企业单位的执行情况,保证企业财务会计信息与财务分析报告的真实性、准确性,为宏观决策提供可靠信息。

任务完成

根据“任务布置”中的要求,收集企业资产负债表、利润表、现金流量表及所有者权益变动表,熟悉其构成,为后面项目的学习奠定基础。

说明:在项目 2 至项目 5 的学习中,将陆续给出各报表的格式,此处不做介绍。

技能训练

针对本任务,设计类似任务,请学生完成。“技能训练”要体现实操性,让学生动手操作,“学”、“做”互动,使其更适应岗位。“技能训练”也以“工作任务”形式给出,提供资料并提出要求,仿照讲述的内容,让学生操作,并给予指导。

任务 1.2 会计报表分析的方法

任务布置

企业资料:某公司 2013 年和 2014 年有关总资产产值率、产品销售率、销售利润率、总资产报酬率资料如表 1.1 所示。

表 1.1　财务指标资料

指　标	2014 年	2013 年
总资产产值率/(%)	80	82
产品销售率/(%)	98	94
销售利润率/(%)	30	22
总资产报酬率/(%)	23.52	16.96

要求:根据表 1.1,运用因素分析法对总资产报酬率的变动及各因素的影响程度进行分析。

知识要点

会计报表分析的方法主要有比较分析法、比率分析法、因素分析法及趋势分析法等。

1.2.1　比较分析法

比较分析法是会计报表分析最常用、最基本的方法。它是通过主要项目或指标数值变化的对比计算差异额,分析和判断企业财务状况及经营成果的一种方法。比较分析法在会计报表分析中的作用主要表现在:通过比较分析,可以发现差距,找出产生差异的原因,进一步判定企业的财务状况和经营成果;通过比较分析,可以确定企业生产经营活动的收益性和资金投向的安全性。按比较对象的不同,比较分析法可分为绝对数比较分析法和相对数比较分析法。

1. 绝对数比较分析法

绝对数比较分析法是将各有关会计报表项目的数额与比较对象进行比较。绝对数比较分析一般通过编制比较财务报表进行,包括比较资产负债表和利润表等。比较资产负债表是将两期或两期以上的资产负债表项目予以并列,以直接观察资产、负债及所有者权益每一项目增减变化的绝对数。比较利润表是将两期或两期以上的损益表各有关项目的绝对数予以并列,以直接分析利润表内每一项目的增减变化情况。

能力提升 1-1　对 C 公司 2014 年度的营业成本进行比较分析。C 公司营业成本分析如表 1.2 所示。

表 1.2　C 公司营业成本分析　　万元

项　目	本公司资料			行业平均	增减额		
	2013 年	计划数	2014 年		比 2013 年	比计划	比行业
营业成本	900 000	840 000	810 000	850 000	-90 000	-30 000	-40 000

分析:由表 1.2 可知,C 公司 2014 年的营业成本比 2013 年降低了 90 000 万元,比本年计划数降低了 30 000 万元,比行业平均水平降低了 40 000 万元。这说明企业成本控制得较好,达到了预期的目标,在行业中处于先进水平,为公司创造利润奠定了基础。

2. 相对数比较分析法

相对数比较分析法是利用会计报表中有相关关系的数据的相对数进行对比,如将绝对数换算成百分比、结构比重等进行对比,以揭示相对数之间的差异。例如,某公司 2013 年 12 月 31 日的资产总额是 4 000 万元,2014 年 12 月 31 日的资产总额是 4 800 万元,则总资产增加了 800 万元,增长率是20%。绝对数比较仅通过差异数说明差异金额,并没有表明变动程度,而相对数比较则进一步说明变动程度。在实际工作中,可以将绝对数比较与相对数比较相结合,从而对分析资料进行准确的判断和评价。

通过计算增减变动百分比,并列示于比较会计报表中,可以反映财务指标不同年度增减变动的相关性,便于会计报表使用者更好地了解有关财务情况。

能力提升1-2 S公司2014年度利润表有关项目如表1.3所示。请对其进行比较分析。

表1.3 S公司有关项目计划与实际差异分析

万元

项 目	计 划	实 际	差 异		
			实际对计划/(%)	增减金额	增减幅度/(%)
主营业务收入	1 200	1 189	99.08	-11	-0.92
减:主营业务成本	960	964	100.42	4	0.42
营业税金及附加	60	59	98.33	-1	-1.67
营业利润	180	166	92.22	-14	-7.78

分析:由表1.3可知,S公司2014年度营业利润完成了计划的92.22%。究其原因是营业收入实际比计划降低了11万元,营业成本实际比计划增加了4万元,营业税金及附加实际比计划减少了1万元,收入与成本的反向作用导致营业利润降低了14万元,降低幅度为7.78%。因此,为改变这种不利情况,企业应该采取措施扩大销售,挖掘节约成本潜力,以提高利润。

知识库

使用比较分析法应注意的问题

使用比较分析法时,要注意对比指标之间的可比性,这是用好比较分析法的必要条件,否则就不能正确地说明问题,甚至得出错误的结论。所谓对比指标之间的可比性,是指相互比较的指标必须在指标内容、计价基础、计算口径、时间长度等方面保持高度的一致性。如果是企业之间进行的同类指标比较,就还需要注意企业之间的可比性。

此外,计算相关指标变动百分比虽然能在一定程度上反映企业相关财务指标的增长率,但也有其局限性。这主要是因为变动百分比的计算受基数的影响,具体表现在以下几个方面。

① 如果基数的金额为负数,将出现变动百分比的符号与绝对增减金额的符号相反的结果。

② 如果基数的金额为0,不管实际金额是多少,变动百分比永远为无穷大。

③ 如果基数的金额太小,则绝对金额较小的变动可能会引起较大的变动百分比,容易引起误解。

解决变动百分比上述问题的办法是:如果基数为负数,则取按公式计算出的变动百分比的相反数;如果基数为0或太小,则放弃使用变动百分比分析法,仅分析绝对金额的变动情况。

1.2.2 比率分析法

比率分析法是财务分析最基本、最重要的方法。正因为如此,所以有人甚至将财务分析与比率分析等同起来,认为财务分析就是比率分析。比率分析实质上是将影响财务状况的2个相关因素联系起来,通过技术比率来反映它们之间的关系,借以评价企业财务状况和经营状况的一种财务分析方法。财务比率包括相关比率、效率比率和构成比率。

1. 相关比率

相关比率分析法是将某个项目与相互关联但性质又不相同的项目加以对比,计算出比率,反映有关经济活动的相互关系。利用相关比率指标可以考察企业相关业务安排是否合理,以保证企业经济活动顺利进行。例如,速动比率、资产负债率都属于相关比率。

2. 效率比率

效率比率是某项经济活动中所费与所得的比率,反映投入与产出的关系。利用效率比率指标可以反映企业运用单位资源获得收入利润的能力,从而对企业的经营成果和经济效益进行考察。例如,成本费用与营业收入之间的比率、成本费用与利润之间的比率、资金占用与营业收入之间的比率都属于效率比率。

能力提升1-3 宏大公司与中才公司均属于同一行业。宏大公司2014年营业成本为5 000万元,利润总额为660万元;中才公司2014年营业成本为2 000万元,利润总额为240万元。如何对这2家公司的经营业绩做出评价?

由于2家公司的规模不同,因此利润产生的差异就不能运用绝对数比较来说明。我们可以分别计算它们的营业成本利润率来加以分析。

营业成本利润率(宏大)=660÷5 000×100%=13.2%

营业成本利润率(中才)=240÷2 000×100%=12%

通过计算可知,中才公司的每百元营业成本创造的利润比宏大公司要少1.20元,宏大公司的经营业绩较好。

3. 构成比率

构成比率,也称为结构比率,是某项经济指标的一个或几个组成部分占总体的比重,以反映部分与总体之间的相互关系。其计算公式如下。

构成比率=某一项目数额÷整体的数额×100%

利用构成比率分析,可以考察总体中某一部分形成和安排是否合理,以便协调企业的财务活动。财务报告分析中常用的构成比率有:资产各项目占资产总额的比重;负债各项目占负债总额的比重;负债、所有者权益各项目占资产总额的比重;各类固定资产占固定资产总额的比重;各成本项目占总成本的比重;各类存货占存货总额的比重;各项成本、费用、利润占营业收入的比重;各项现金流入(出)占现金总流入(出)的比重。

能力提升1-4 根据表1.4中S公司的主营业务收入为100%计算其他各项目的结构百分比,并做出分析。

表 1.4 S 公司主营业务利润分析

万元

项目	2011 年		2012 年		2013 年		2014 年	
	金额	占收入比重/(%)	金额	占收入比重/(%)	金额	占收入比重/(%)	金额	占收入比重/(%)
主营业务收入	870	100	975	100	1 106	100	1 208	100
减:主营业务成本	672	77.24	759	77.85	870	78.66	969	80.22
营业税金及附加	48	5.52	50	5.13	57	5.15	65	5.38
主营业务利润	150	17.24	166	17.02	179	16.19	174	14.40

通过计算可知,主营业务成本占主营业务收入的比重逐期增加,导致公司的主营业务利润率逐渐下降。公司应分析主营业务成本上升的原因,结合原材料、人工费及制造费用做进一步分析。

结构分析对于资产负债表和利润表分析都是很有用的。企业在正常的经营中,各个时期的资产负债表和利润表中的各个项目一般都应该有一个正常的比例,即要有一个合理的分布结构。各项目结构百分比的任何异常变化,都应引起分析者注意,并研究其变化的原因,判断其对今后财务状况和经营成果的影响。

知识库

在财务报告分析中,经常要用到财务比率。常用的财务比率如表 1.5 所示。

表 1.5 常用的财务比率

获利能力比率	营业毛利率	毛利 ÷ 营业收入
	营业净利率	净利润 ÷ 营业收入
	总资产报酬率	息税前利润 ÷ 平均总资产
	净资产收益率	净利润 ÷ 平均净资产
	……	……
偿债能力比率	流动比率	流动资产 ÷ 流动负债
	速动比率	速动资产 ÷ 流动负债
	资产负债率	负债总额 ÷ 资产总额
	产权比率	负债总额 ÷ 所有者权益总额
	……	……
营运能力比率	存货周转率	营业成本 ÷ 平均存货
	应收账款周转率	营业收入 ÷ 平均应收账款
	流动资产周转率	营业收入 ÷ 平均流动资产
	总资产周转率	营业收入 ÷ 平均总资产
	固定资产周转率	营业收入 ÷ 平均固定资产
	……	……

（续表）

发展能力比率	资产增长率	本年总资产增长额 ÷ 上年总资产
	营业收入增长率	本年营业收入增长额 ÷ 上年营业收入
	资本积累率	本年所有者权益增长额 ÷ 上年所有者权益
	净收益增长率	当年留存收益增长额 ÷ 年初净资产
	……	……

运用比率指标进行计算比较简便，计算结果也较容易判断，而且可以使某些指标在不同规模的企业间进行比较。在运用这一分析方法时要正确地计算比率，保证指标的可比性，进行行业分析时要与竞争对手进行比较且要综合考虑不同财务比率之间的关系，要综合地评价企业的全貌。

1.2.3 因素分析法

因素分析法是分析构成财务指标的诸因素变动对总体指标变动的影响程度并说明引起财务指标变动或差异的主要原因的一种分析方法。由于财务指标大都具有综合性，因此只有把它们分解成原始因素，并分析各因素对财务指标的影响程度，才能明确指标完成好坏的原因和责任。因此，因素分析法在会计报表分析中，特别是在内部管理分析中有特殊重要意义。按技术方法的不同，因素分析法可分为连环替代法和差额分析法。

1. 连环替代法

连环替代法是用来确定几个相互联系的因素对分析对象的影响程度的一种分析方法。其主要程序如下。

1）分解某项综合指标的各项构成因素；确定各个因素与某项经济指标的关系，如加、减、乘、除。

2）根据确定各影响因素的先后顺序，以基数指标体系为计算基础，依次用实际数替代其基数后，计算出该因素变动所得的新结果；每完成一次替代，实际数将被保留下来，有几个因素就替代几次。替代顺序的确定应遵循先替代数量因素，后替代质量因素；先替代实物量因素，后替代货币量因素；先替代主要因素，后替代次要因素的原则。

3）比较各因素的替代结果。确定各因素的影响程度，即把每个指标与该因素替代前的指标相比较，确定该因素变动对经济指标所造成的影响。

4）确定各因素综合影响的结果。该结果应同该项经济指标的实际数与基期数之间的差额相符。

上述步骤可以用下面的内容来表示。

设某一经济指标 T 由相互联系的 A、B、C 三个因素的乘积组成，即

$$T=A\times B\times C$$

当 T 为计划指标时，则 $T_0=A_0\times B_0\times C_0$；

当 T 为实际指标时，则 $T_1=A_1\times B_1\times C_1$；

实际与计划的差异 $D=T_1-T_0$。

在分析各因素的变动对指标的影响时，首先要把后 2 个因素（B、C）保持不变，单独计算第 1 个因素（A）变动对指标的影响；然后，在第 1 个因素已变的基础上计算第 2 个因素（B）变动的影响；以此类推，直到各个因素变动的影响都计算出来为止，可用公式表示如下。

计划指标

$$T_0=A_0\times B_0\times C_0 \tag{1-1}$$

第 1 次替代

$$T_2=A_1\times B_0\times C_0 \tag{1-2}$$

式(1-2)-式(1-1)= T_2-T_0，即 A 因素变动的影响值。

第 2 次替代

$$T_3=A_1\times B_1\times C_0 \tag{1-3}$$

式(1-3)-式(1-2)= T_3-T_2，即 B 因素变动的影响值。

第 3 次替代

$$T_1=A_1\times B_1\times C_1 \tag{1-4}$$

式(1-4)-式(1-3)= T_1-T_3，即 C 因素变动的影响值。

将以上各种因素变动的影响加以综合，其结果应与实际总额偏离计划总额的总差异相等，即

$$(T_2-T_0)+(T_3-T_2)+(T_1-T_3)=T_1-T_0=D$$

能力提升 1-5 S 公司 2014 年产品产量、单位成本、总成本的计划数与实际数如表 1.6 所示。运用连环替代法对总成本进行因素分析。

表 1.6 S 公司 2014 年产品成本有关资料　　元

项　目	计划数	实际数	差异数
产品产量/件	1 000	1 100	+100
单位成本/(元/件)	400	380	-20
总成本	400 000	418 000	+18 000

总成本=产品产量×单位成本

计划指标=1 000×400=400 000(元)　　(1)

第 1 次替代=1 100×400=440 000(元)　　(2)

第 2 次替代=1 100×380=418 000(元)　　(3)

产品产量变化对总成本的影响为：

(2)-(1)=440 000-400 000=+40 000(元)

单位成本变化对总成本的影响为：

(3)-(2)=418 000-440 000=-22 000(元)

两因素综合作用的结果为：

40 000 −22 000 =18 000(元)

由此可以看出,2014 年因产品产量增加 100 件,导致总成本增加 40 000 元;单位成本减少 20 元,使总成本减少 22 000 元。

2. 差额分析法

差额分析法是连环替代法的简化形式,基本原理与连环替代法相同。它们的区别是在分析程序上,差额分析法可直接利用各影响因素的实际数与基期数的差额,在其他因素不变的假设条件下,计算各因素对分析指标的影响程度。

能力提升 1−6 以 S 公司的数据为例,运用差额分析法对公司的总成本进行因素分析。

确定各因素的差额:

产品产量对总成本的影响 =(1 100 −1 000) ×400 =40 000(元)

单位成本对总成本的影响 =1 100 ×(380 −400) = −22 000(元)

确定两因素综合作用的结果:

两因素综合作用对总成本的影响 =40 000 −22 000 =18 000(元)

1.2.4 趋势分析法

趋势分析法是计算连续若干期的相同指标,揭示和预测发展趋势的一种方法。这种方法在统计学中也称为动态分析。它通过将企业不同时期财务报告中相同的指标或比率进行比较,直接观察其增减变动情况及幅度,考察其发展趋势,具体包括定基和环比 2 种方法。

1. 定基动态比率

定基动态比率是以某一时期为基数,其他各期均与该期的基数进行比较分析。其计算公式如下。

$$定基动态比率 = \frac{分析期数值}{固定基期数值}$$

2. 环比动态比率

环比动态比率是指分别以上一时期为基数,下一时期与上一时期的基数进行比较。其计算公式如下。

$$环比动态比率 = \frac{分析期数值}{前期数值}$$

知识库

趋势分析法的步骤

趋势分析法的一般步骤如下。

1) 计算趋势比率或指数。指数的计算通常有 2 种方法:一种是定基指数;另外一种是环比指数。(趋势分析法通常使用定基指数)

2) 根据指数计算结果评价与判断企业各项指标的变动趋势及合理性。

3) 预测未来发展趋势。根据企业以前各期变化情况,研究其变动趋势或规律,从而预测企业未来发展变动情况。

能力提升 1-7　某公司2010—2014年有关销售收入、销售成本、销售费用、销售税金及销售利润的资料如表1.7所示。将表中2010年的数据作为基期,对其进行趋势分析(见表1.8)。

表 1.7　某公司 2010—2014 年产品销售利润　　万元

项　目	2010 年	2011 年	2012 年	2013 年	2014 年
销售收入	696.00	780.00	884.80	966.40	951.20
减：销售成本	531.20	600.00	688.00	764.00	758.40
销售费用	6.40	7.20	8.00	11.20	15.20
销售税金	38.40	40.00	45.60	52.00	47.20
销售利润	120.00	132.80	143.20	139.20	130.40

表 1.8　某公司 2010—2014 年产品销售利润定基百分比分析

项　目	2010 年/(%)	2011 年/(%)	2012 年/(%)	2013 年/(%)	2014 年/(%)
销售收入	100.00	112	127	139	137
减：销售成本	100.00	113	130	144	143
销售费用	100.00	113	125	175	238
销售税金	100.00	104	119	135	123
销售利润	100.00	111	119	116	109

分析:公司近5年来销售收入有了较快的增长,但是销售利润却增长缓慢。由趋势分析计算的结果可知,销售利润低于销售收入的增长,在2013年和2014年甚至出现了下降的趋势。究其原因主要是销售成本和销售费用的增长速度太快,远远超过了销售收入的增长速度,从而影响了公司销售利润的增长。

任务完成

根据"任务布置"中公司的有关财务指标资料对总资产报酬率进行因素分析需要经过以下步骤。

1) 确定综合指标与组成指标的各个因素之间的关系。

总资产报酬率 = 总资产产值率 × 产品销售率 × 销售(息税前)利润率

2) 确定分析对象。

分析对象 = 23.52% − 16.96% = 6.56%

3) 连环的顺序替代。

基期指标体系 = 82% × 94% × 22% = 16.96%

替代第一因素 = 80% × 94% × 22% = 16.54%

替代第二因素 = 80% × 98% × 22% = 17.25%

替代第三因素 = 80% × 98% × 30% = 23.52%

4) 确定各个因素对总资产报酬率的影响程度。

总资产产值率变动的影响 = 16.54% − 16.96% = −0.42%

产品销售率变动的影响 = 17.25% − 16.54% = 0.71%

销售利润率变动的影响 = 23.52% − 17.25% = 6.27%

各因素综合影响 = −0.42% + 0.71% + 6.27% = 6.56%

5) 分析评价指标的变动。

总资产报酬率本期比上期增长了 6.56%，主要原因是销售利润率的增长使其增长了 6.27%，同时受到产品销售率上升的有利影响和总资产产值率的不利影响，但是它们的影响不大。公司应进一步分析总资产产值率下降的原因。

技能训练

企业资料：江海公司相关资料如表 1.9 所示。

表 1.9　江海公司资产比较（部分）　　万元

资　产	2013 年 12 月 31 日	2014 年 12 月 31 日	增减变动	
			金　额	百分比/(%)
货币资金	152 379.67	164 551.57		
应收账款	95 607.87	110 431.56		
存货	645 702.62	594 130.03		
固定资产	275 056.52	276 421.89		
……				
资产总计	1 660 000	1 768 000		

任务要求：

编制江海公司资产情况比较表（简表），并进行简要分析。

任务完成：

江海公司资产情况比较表（简表）如表 1.10 所示。

表 1.10　江海公司资产情况比较（简表）　　万元

资　产	2013 年 12 月 31 日	2014 年 12 月 31 日	增减变动	
			金　额	百分比/(%)
货币资金	152 379.67	164 551.57	12 171.90	7.99
应收账款	95 607.87	110 431.56	14 823.69	15.50
存货	645 702.62	594 130.03	-51 572.59	-7.99
固定资产	275 056.52	276 421.89	1 365.37	0.50
……				
资产总计	1 660 000	1 768 000	108 000	6.51

分析：由表 1.10 可知，江海公司 2014 年总资产比 2013 年同期增长了 108 000 万元，增长率为 6.51%。其中，货币资金增长了 12 171.90 万元，增长率为 7.99%；应收账款增长了 14 823.69 万元，增长率为 15.50%；存货总额下降了 51 572.59 万元，下降率为 7.99%；固定资产增长了 1 365.37 万元，增长率为 0.50%。通过上述计算中的比较分析，不仅反映了报表项目的变动额，也反映了报表项目增减变动的程度。

项目总结

本项目主要介绍了会计报表的组成、会计报表分析的含义及目的、会计报表分析的方法。

会计报表是企业财务报告的主要部分，是企业向外传递会计信息的主要手段。会计报表是根据日常会计核算资料定期编制的，综合反映企业某一特定日期财务状况和某一会计期间经营成果、现金流量的总结性书面文件。

会计报表分析是以会计核算资料和报告资料及其他相关资料为依据，采用一系列专门的分析技术和方法，对企业等经济组织过去和现在有关筹资活动、投资活动、经营活动的盈利能力、营运能力、偿债能力和增长能力情况等进行分析和评价，为企业的投资者、债权人、经营者及其他关心企业的组织和个人了解企业过去、评价企业现状、预测企业未来、做出正确决策与估价提供准确信息或依据的经济应用学科。

会计报表分析的方法主要有比较分析法、比率分析法、因素分析法及趋势分析法等。

本项目学习的重点是理解会计报表的组成，掌握会计报表分析的方法，能够运用会计报表分析的方法对简单的数据指标进行分析。

同步测试

一、单项选择题

1. 债权人在进行企业财务分析时最为关注的是（　　）。

A. 获利能力　B. 偿债能力　C. 发展能力　D. 资产运营能力

2. 会计报表分析的对象是（　　）。

A. 企业的各项基本活动　B. 企业的经营活动

C. 企业的投资活动　D. 企业的筹资活动

3. 资产负债表日后事项中属于调整事项的是（　　）。

A. 自然灾害导致的资产损失　B. 外汇汇率发生较大变动

C. 对一个企业的巨额投资　D. 已确定获得或支付的赔偿

4. 不同的财务报表分析主体对财务报表分析的侧重点不同，产生这种差异的原因在于各分析主体的（　　）。

A. 分析对象不同　B. 分析目的不同　C. 分析方法不同　D. 分析依据不同

5. 会计报表分析采用的技术方法日渐增加，但最主要的分析方法是（　　）。

A. 比较分析法　B. 因素分析法　C. 回归分析法　D. 模拟模型分析法

二、多项选择题

1. 在会计报表附注中应披露的会计估计有（　　　）。

A. 长期待摊费用的摊销期　B. 存货的毁损和过时损失　C. 借款费用的处理

D. 所得税的处理方法　E. 坏账损失的核算

2. 在会计报表附注中应披露的会计政策有（　　　）。

A. 坏账的数额　B. 存货的计价方法　C. 所得税的处理方法

D. 固定资产的使用年限　E. 收入确认原则

3. 属于会计报表分析原则的有（　　　）。

A. 目的明确原则　B. 全面分析原则　C. 动态分析原则

D. 成本效益原则　E. 系统分析原则

4. 属于会计报表分析主体的有（　　　）。

A. 债权人　B. 经理人员　C. 投资人

D. 政府机构　E. 企业职工

5. 属于会计报表分析内容的有(　　　　)。
   A. 偿债能力分析　　B. 投资报酬分析　　C. 资产运用效率分析
   D. 获利能力分析　　E. 现金流动分析

三、简答题

1. 会计报表包括哪些内容?
2. 因素分析法具体包括哪几种方法?连环替代法有哪些步骤?

综合技能强化训练

实训　对资产负债表(简表)进行结构分析

实训目标:

训练学生对会计报表分析基本方法的运用。

实训任务资料:

某公司2014年12月31日资产负债表(简表)如表1.11所示。

表1.11　某公司资产负债表(简表)

2014年12月31日　　千元

资　产		负债及所有者权益	
项　目	金　额	项　目	金　额
流动资产	201 970	流动负债	97 925
其中:速动资产	68 700	长期负债	80 000
固定资产	237 000	负债合计	177 925
无形资产	138 955	所有者权益合计	400 000
资产总计	577 925	负债及所有者权益总计	577 925

要求:

(1) 根据表1.11编制公司的垂直资产负债表。

(2) 对垂直资产负债表进行简要分析。

实训指导:

1) 根据表1.11编制公司的垂直资产负债表,如表1.12所示。

表1.12　某公司垂直资产负债表(简表)

2014年12月31日

资　产		负债及所有者权益	
项　目	结构/(%)	项　目	结构/(%)
流动资产	34.95	流动负债	16.94
其中:速动资产	11.89	长期负债	13.85
固定资产	41.01	负债合计	30.79
无形资产	24.04	所有者权益合计	69.21
资产总计	100	负债及所有者权益总计	100

2) 根据表1.12对公司的资产负债表结构进行简要分析。

分析：

① 企业资产结构中有形资产的比重约为76%，无形资产的比重约为24%；流动资产的比重约为35%，非流动资产的比重约为65%。这种结构的合理性要结合企业所在的行业进一步分析。

② 企业权益结构中负债约占31%，自有资金约占69%。将企业资产结构与权益结构结合起来分析，可看出企业财务实力较强，偿债能力较好。另外，还应结合企业的获利能力情况进一步分析。

③ 资产负债表结构分析还应该结合动态角度进行分析，即将本期数据与上期或历史数据进行对比，观察其结构变动情况及结构稳定性。

项目2 资产负债表编制与分析

专业能力目标

能够运用资产负债表编制的基本方法编制资产负债表;能够运用比较分析法编制比较资产负债表,并对资产负债表进行比较分析。

职业核心能力目标

能够合理安排学习计划;能够对企业资料进行分析整理,对不同的报表项目选择不同的编制方法;能够对报表数据进行计算比较;能够与老师和同学进行沟通,明确学习任务;能够与团队成员协作,完成学习任务;能够在数据分析中说明自己的观点,得出结论。

项目结构

任　务	内　容
任务2.1　编制与阅读资产负债表	2.1.1　资产负债表的结构 2.1.2　资产负债表的编制方法 2.1.3　阅读资产负债表项目
任务2.2　比较分析资产负债表	2.2.1　编制并分析水平资产负债表 2.2.2　编制并分析垂直资产负债表

项目目标

根据会计核算总账报表岗位的要求,通过本项目的学习明确资产负债表的结构,掌握资产负债表的编制方法与比较分析方法,能够编制资产负债表、比较资产负债表,并对比较资产负债表进行分析。

项目引例

现代的会计系统是一个双向输入系统,其起源于15世纪的意大利。资产负债表之所以又称为Balance Sheet,就是因为双向输入的借贷(Debit,Credit)双方必须平衡。也就是资产负债表中的三大部分,即资产(Asset)、债务(Liability)和所有者权益(Equity)所代表的借贷双方必须平衡。

换个角度来看,一个公司的资产只能来源于2个方面,即债务和所有者的投入。联系到个人,如买房,投入首付30万元,又从银行取得贷款70万元,买了一所100万元的房子。在资产负债表上会有资产100万元,同时有70万元的债务和30万元的所有者权益。所有者权益就是说如果卖掉房子所得100万元,还掉债务后,作为房产所有者,拥有30万元的权益,也就是首付。一个人或一个公司的资产的来源不会超出债务和所有者投入这2种方式。

从资产负债表可以看出一个企业的健康状况。例如,有这样3家企业:企业一有资产100万元,债务20万元,所有者权益80万元;企业二有资产100万元,债务100万元,所有者权益0;企业三有资产100万元,债务200万元,所有者权益负100万元。一眼就可以看出第一个企业的财务状况最健康,而第三个企业已经资不抵债,实际上已经破产了。

引例分析:通过引例可以看出,资产负债表是反映企业财务状况信息的重要会计报表。作为信息使用者对其进行阅读与分析,不仅可以了解企业的健康状况,而且可以降低投资风险。本项目的学习将告诉你如何编制、阅读,并分析资产负债表。

任务2.1 编制与阅读资产负债表

任务布置

1. 公司概况

W公司为机床加工企业,属于机械制造业,一般纳税人。通用的增值税税率为17%,所得税税率为25%。有关情况如下。

公司地址:北海市南马区长江路79号

纳税人登记号:11210677788899

开户银行:北海发展银行南马支行

电话:5678976

法人代表:王一

出纳:黄晓晓　　总账会计:李丹　　成本会计:吴越　　会计主管:林阳

2. 公司业务资料

资料一:公司2014年初资产负债表如表2.1所示。

表2.1 资产负债表

会企01表

编制单位:W公司　　　　2014年1月1日　　　　元

资　产	期末余额	年初余额	负债和所有者权益(或股东权益)	期末余额	年初余额
流动资产			流动负债		
货币资金		4 619 400	短期借款		200 000
交易性金融资产		210 000	交易性金融负债		
应收票据		368 580	应付票据		585 300
应收账款		119 000	应付账款		105 900
预付款项		108 200	预收款项		
应收利息			应付职工薪酬		3 500

（续表）

资　产	期末余额	年初余额	负债和所有者权益（或股东权益）	期末余额	年初余额
应收股利			应交税费		450
其他应收款		2 500	应付利息		
存货		5 508 400	应付股利		
一年内到期的非流动资产			其他应付款		16 700
其他流动资产			一年内到期的非流动负债		750 000
流动资产合计		10 936 080	其他流动负债		
非流动资产			流动负债合计		1 661 850
可供出售金融资产			非流动负债		
持有至到期投资		0	长期借款		854 600
长期应收款		0	应付债券		
长期股权投资		302 500	长期应付款		
投资性房地产		0	专项应付款		
固定资产		1 422 900	预计负债		
在建工程		202 300	递延所得税负债		
工程物资			其他非流动负债		
固定资产清理			非流动负债合计		854 600
生产性生物资产			负债合计		2 516 450
油气资产			所有者权益（或股东权益）		
无形资产		305 600	实收资本（或股本）		10 000 000
开发支出			资本公积		235 700
商誉			减：库存股		
长期待摊费用			盈余公积		185 430
递延所得税资产			未分配利润		231 800
其他非流动资产			所有者权益（或股东权益）合计		10 652 930
非流动资产合计		2 233 300			
资产总计		13 169 380	负债和所有者权益（或股东权益）合计		13 169 380

资料二：公司本期发生如下经济业务。

（1）从银行借入期限3年、利率5%、分期付息到期偿还本金的借款2 000 000元，已存入银行账户，该项借款将用于厂房的建造。

（2）购入原材料一批，收到的增值税专用发票上注明的原材料价款为200 000元，增值税税额为34 000元，另支付运杂费1 000元，所有款项通过银行转账支付，材料尚未验收入库。

（3）将交易性金融资产（股票投资）出售，价款200 500元已存入银行，该投资的成本为170 000元，公允价值变动为增值10 000元。

（4）购入不需安装的设备一台，价款85 000元，支付的增值税为14 450元，支付的包装费、运杂费为3 000元。价款及包装费、运杂费均以银行存款支付，设备已交付使用。

（5）用银行本票支付采购材料价款，公司收到开户银行转来银行本票多余款收账通知，通知上填写的多余款为268元，购入材料支付价款及运费99 800元，支付增值税税额16 862元，原材料已验收入库,该批原材料计划价格 100 000 元。

（6）归还短期借款本金 30 000 元。

（7）购入工程物资一批,收到的增值税专用发票上注明的物资价款和增值税税额合计为 260 000 元,所有款项以银行存款支付。

（8）提取本年用于厂房建造的 3 年期的借款利息 100 000 元。

（9）提取应计入本年损益的长期借款利息 16 000 元,该借款为分期付息。

（10）支付长期借款利息 116 000 元。

（11）提取现金 500 000 元,准备发放工资。

（12）支付人员的工资 500 000 元。其中,支付在建工程人员工资 200 000 元。

（13）分配应支付的职工工资 500 000 元。其中,生产人员工资 275 000 元,车间管理人员工资 10 000 元,行政管理人员工资 15 000 元,在建工程人员工资 200 000 元。

（14）提取职工福利费 70 000 元。其中,生产工人福利费 38 500 元,车间管理人员福利费 1 400 元,行政管理部门人员福利费 2 100 元,在建工程人员福利费 28 000 元。

（15）销售产品价款 1 200 000 元,增值税销项税额 204 000 元,货款 1 404 000 元收到并存入银行。产品销售成本为 900 000 元。

（16）生产车间产品领用原材料 700 000 元,一般消耗领用低值易耗品 40 000 元,采用一次摊销法摊销。

（17）结转领用原材料和低值易耗品应分摊的材料成本差异,材料成本差异率为 3%。

（18）生产车间一台机床批准报废,原价 300 000 元,已提折旧 180 000 元,清理费用 500 元,残值收入 800 元,均通过银行存款收支。该项固定资产已清理完毕。

（19）计提自用无形资产摊销 60 000 元;以银行存款支付生产车间厂房维修费用 20 000 元。

（20）以银行存款支付产品销售广告费 20 000 元、产品展览费 8 000 元。

（21）计提固定资产折旧 125 000 元。其中,生产车间固定资产折旧费 105 000 元,行政管理部门固定资产折旧费 20 000 元。

（22）计算并结转本期完工产品成本,假设没有期初在产品,本期生产的产品全部完工入库。

（23）M 公司资本公积增加 300 000 元(本公司持有 M 公司 30% 股权,长期股权投资采用权益法核算)。

（24）销售产品,开出的增值税发票上注明的销售价款为 350 000 元,增值税销项税额为 59 500 元,产品已发出,货款尚未收到。该商品成本为 200 000 元。

（25）本期销售产品应交的消费税为 41 300 元,应交的城建税为 15 115 元,应交的教育费附加为 6 885 元。

（26）以银行存款交纳的增值税为 178 000 元,教育费附加为 5 710 元,消费税为 12 300 元,城市维护建设税为 13 320 元。

（27）盈余公积 60 000 元转增资本,资本公积 35 000 元转增资本。

（28）收到应收账款 80 500 元存入银行,偿还应付账款 75 000 元。

（29）将各损益类账户结转至本年利润。

（30）计算税前的会计利润及所得税费用和应交所得税,并将所得税费用结转入“本年利润”账户,所得税税率为 25%。假设本资料中,资产和负债的账面价值与计税基础不存在差异。

（31）计算税后净利润,将“本年利润”账户的余额转入“利润分配——未分配利润”账户。

（32）依据净利润的 10%、5%、20% 分别提取法定盈余公积金、任意盈余公积金和分配普通股现金股利。

(33) 将利润分配各明细账户的余额均转入“未分配利润”明细账户。

要求:根据 W 公司上述有关资料,通过对“知识要点”的学习,在“任务完成”中编制资产负债表。

知识要点

2.1.1 资产负债表的结构

我国企业的资产负债表采用账户式结构。账户式资产负债表分左右两方:左方为资产项目,大体按资产的流动性大小排列,流动性大的资产如货币资金、交易性金融资产等排在前面,流动性小的资产如长期股权投资、固定资产等排在后面;右方为负债及所有者权益项目,一般按要求清偿时间的先后顺序排列,短期借款、应付票据、应付账款等需要在 1 年以内或长于 1 年的 1 个正常营业周期内偿还的流动负债排在前面,长期借款等在 1 年以上才需偿还的非流动负债排在中间,在企业清算之前不需要偿还的所有者权益项目排在后面。

账户式资产负债表中的资产各项目的合计等于负债和所有者权益各项目的合计,即资产负债表左方和右方平衡。因此,通过账户式资产负债表,可以反映资产、负债、所有者权益之间的内在关系,即“资产 = 负债 + 所有者权益”。账户式资产负债表的格式如表 2.2 所示。

表 2.2 资产负债表

会企 01 表

编制单位:××公司　　　　年　月　日　　　　元

资　产	期末余额	年初余额	负债和所有者权益(或股东权益)	期末余额	年初余额
流动资产			流动负债		
货币资金			短期借款		
交易性金融资产			交易性金融负债		
应收票据			应付票据		
应收账款			应付账款		
预付款项			预收款项		
应收利息			应付职工薪酬		
应收股利			应交税费		
其他应收款			应付利息		
存货			应付股利		
一年内到期的非流动资产			其他应付款		
其他流动资产			一年内到期的非流动负债		
流动资产合计			其他流动负债		
非流动资产			流动负债合计		
可供出售金融资产			非流动负债		
持有至到期投资			长期借款		
长期应收款			应付债券		
长期股权投资			长期应付款		
投资性房地产			专项应付款		
固定资产			预计负债		

（续表）

资　产	期末余额	年初余额	负债和所有者权益（或股东权益）	期末余额	年初余额
在建工程			递延所得税负债		
工程物资			其他非流动负债		
固定资产清理			非流动负债合计		
生产性生物资产			负债合计		
油气资产			所有者权益（或股东权益）		
无形资产			实收资本（或股本）		
开发支出			资本公积		
商誉			减：库存股		
长期待摊费用			盈余公积		
递延所得税资产			未分配利润		
其他非流动资产			所有者权益（或股东权益）合计		
非流动资产合计					
资产总计			负债和所有者权益（或股东权益）合计		

知识库

资产负债表的含义与作用

资产负债表是反映企业在某一特定日期所拥有的或控制的经济资源、所承担的现时义务和所有者对净资产的要求权的财务报表。它是根据资产、负债和所有者权益（或股东权益，下同）之间的相互关系，按照一定的分类标准和一定的顺序，把企业某一日期的资产、负债和所有者权益各项目予以适当排列，并对日常工作中形成的大量数据进行高度浓缩整理后编制而成的。其作用主要表现在以下几个方面。

（1）资产负债表可以提供某一日期的资产总额及其构成，表明企业拥有或控制的资源及分布情况。

（2）资产负债表可以提供某一日期的负债总额及其构成，表明企业未来需要用多少资产或劳务清偿债务及清偿的时间。

（3）资产负债表可以提供某一日期的所有者权益的构成情况，表明企业所有者所拥有的权益，据以判断资产保值、增值的情况及对负债的保障程度。

（4）有助于评价企业的资本结构、财务弹性。

（5）反映企业财务状况的发展趋势。

2.1.2 资产负债表的编制方法

资产负债表的数据主要来自会计账簿记录。我国资产负债表主体部分的各项目都有“期末余额”和“年初余额”2个栏目，是一种比较资产负债表。有的项目可以根据有关账户的期末余额填列，有的项目应按有关账户调整后的期末余额填列。

1．“年初余额”栏目的填列方法

表中“年初余额”栏内各项目数字应根据上年末资产负债表“期末余额”栏内所列数字填列。

如果本年度资产负债表规定的各个项目的名称和上年度不一致，应对上年末资产负债表各项目的名称和数字按照本年度的规定进行调整，按调整后的数字填入表中“年初余额”栏内各项目。

2. “期末余额”栏目的填列方法

“期末余额”栏目的填列方法有以下5种。

(1) 直接根据总账账户余额填列

交易性金融资产、长期待摊费用、递延所得税资产、固定资产清理、短期借款、应付票据、递延所得税负债、应付职工薪酬、应交税费、应付利息、其他应付款、实收资本、资本公积、库存股、盈余公积等项目，可直接根据总账账户余额填列。

(2) 根据几个总账账户的余额计算填列

主要有货币资金和存货等项目。例如，货币资金项目，应根据“库存现金”、“银行存款”、“其他货币资金”账户的期末余额合计填列。

(3) 根据有关总账账户与其备抵账户抵销后的净额填列

主要有其他应收款、可供出售金融资产、长期股权投资、投资性房地产、固定资产、在建工程、工程物资、无形资产等项目。例如，无形资产项目应根据“无形资产”账户的期末借方余额扣除“累计摊销”账户和“无形资产减值准备”账户的期末贷方余额的差额后填列。

(4) 根据有关总账账户所属明细科目期末余额计算填列

如“应收账款”所属明细科目余额为贷方余额时，应调整为“预收账款”科目的贷方余额，填入预收账款项目；又如“预付账款”所属明细科目的期末余额为贷方时，应调整为“应付账款”科目的贷方余额，填入应付账款项目；再如“应付账款”所属各明细科目余额为借方余额时，应调整为“预付账款”科目的借方余额，填入预付账款项目，等等。

(5) 根据总账科目和明细科目的余额分析计算填列

如长期借款项目，根据“长期借款”总账科目余额扣除“长期借款”科目所属明细科目中反映的将于一年内到期且企业不能自主地将清偿义务延展的长期借款后的金额计算填列。

能力提升2-1 编制货币资金项目。

某企业2014年12月31日结账后“库存现金”科目余额为10 000元，“银行存款”科目余额为4 000 000元，“其他货币资金”科目余额为500 000元。计算该企业2014年12月31日资产负债表中货币资金项目的金额。

货币资金=10 000+4 000 000+500 000=4 510 000(元)

能力提升2-2 编制应付职工薪酬项目。

某企业2014年12月31日应付行政管理人员工资170 000元，应计提福利费23 800元。计算该企业2014年12月31日资产负债表中“应付职工薪酬”项目的金额。

应付职工薪酬=170 000+23 800=193 800(元)

能力提升2-3 编制长期待摊费用项目。

某企业2014年12月31日长期待摊费用期末余额为197 500元，将于一年内摊销的金额为100 000元。计算资产负债表中2014年12月31日长期待摊费用项目的金额。

长期待摊费用=197 500-100 000=97 500(元)

能力提升2-4 编制一年内到期的非流动资产与持有至到期投资项目。

某企业2014年12月31日“持有至到期投资”账户期末借方余额为700 000元。其中,2011年3月购入的4年期国库券为300 000元,2014年末购入企业债券400 000元。假设上述投资没有计提减值准备,企业不存在其他一年内到期的非流动资产。在编制2014年度资产负债表时,一年内到期的非流动资产和持有至到期投资的金额分别为多少元?

一年内到期的非流动资产=300 000(元)

持有至到期投资=700 000-300 000=400 000(元)

能力提升2-5 编制存货项目。

某企业2014年12月31日期末“材料采购”账户借方余额250 000元,“原材料”账户期末借方余额362 000元,“周转材料”账户期末借方余额20 000元,“库存商品”账户期末借方余额5 075 860元,“材料成本差异”账户期末借方余额50 000元,“存货跌价准备账户”期末贷方余额50 000元。计算2014年12月31日期末存货项目金额。

存货=250 000+362 000+20 000+5 075 860+50 000-50 000=5 707 860(元)

2.1.3 阅读资产负债表项目

1. 阅读资产类项目

(1) 货币资金

货币资金反映企业库存现金、银行存款和其他货币资金的合计数。这些货币资金构成企业的“血液”,也是现金流量表中所谓的现金的主体。一般而言,一个企业的货币资金越多,说明企业的支付能力和财务弹性越强。与此同时,货币资金的获利能力弱,因此,货币资金并不是多多益善。货币资金积压过多反而意味着企业资金运作效率和水平较低。

知识库

现金持有量要合理

实务中,人们常常把那些因为不善于理财和找不到很好的投资机会而拿着很多钱不知道该怎么花的企业称为“现金牛”,道理就在于货币资金的获利能力差。货币资金本身意味着机会成本。企业应当根据自身需求确定一个最佳货币资金持有量,以合理调度货币资金余缺,避免货币资金过多或过少给企业造成不良后果。

（2）应收票据

应收票据是指企业因销售商品、产品和提供劳务等收到的商业汇票，包括银行承兑汇票和商业承兑汇票2种形式。商业汇票是一种载有一定付款日期、付款地点、付款金额和付款人的无条件支付的流通证券，也是一种可以由持票人自由转让给他人的债权凭证。应收票据与一般的应收款项相比，流动性和安全性更强，更容易在市场上流通转让，供货方比较容易接受。有鉴于此，在过去，应收票据一般不考虑坏账风险而是按照其原值反映，但其毕竟也是一种商业信用，依然存在着风险，因此根据新准则规定，应收票据也要根据实际情况计提坏账准备，并按照扣除坏账准备后的净额列示。

应收票据分析应从分析票据的业务基础及报表附注中披露的信息两方面进行。商业汇票要求以商品交易为前提。在具有良好的业务合作的企业之间，特别是关联方之间，会出现相互开具商业汇票的行为。债权企业将商业承兑汇票向银行贴现，然后将从银行取得的贴现款划给原票据债务企业，从而达到从银行间接融资的目的。此时，开具商业承兑汇票的目的是向银行融资，这种票据反映的情况就不具有真实的经济交易，从而加大了企业的财务风险。此外，分析应收票据时还要结合会计报表附注中披露的信息，了解企业是否存在已经贴现的商业承兑票据，是否会影响企业未来偿债情况。

（3）应收账款

应收账款是指企业因销售商品、产品和提供劳务等而应向购买单位收取的各种款项，如应收的价款、增值税款及代垫的运杂费等。在正常情况下，这种账款在1年内应该能够收回，因此，一般归属于流动资产。在现实经济生活中，企业可能因为信用危机导致应收账款长期被占压而迟迟收不回来。企业应收账款管理的目标，就是要在应收账款信用政策所增加的盈利和这种政策的成本之间做出权衡，以使企业的利润最大化或价值最大化。

为了体现应收账款的真实价值，应收账款应当估计其坏账损失，按照商业信用金额扣除所计提的坏账准备的净额列示。应收账款分析应与销售额分析、现金流分析联系起来。应收账款的起点是销售，终点是现金。正常的情况是销售增加引起应收账款增加，现金的存量和经营现金流量也会随之增加。如果一个企业应收账款日益增加，而销售和现金日益减少，则企业的营销政策就可能已出现问题，甚至变得比较可疑，有虚构收入、操纵利润之嫌。

实务中，应收账款分析主要是通过比较分析、结构分析、比率分析来进行的。

所谓比较分析，就是将应收账款的变化与销售收入的变化加以比较。一般来说，应收账款与销售收入规模存在一定的正相关，当企业放宽信用限制时，往往会刺激销售，同时也增加了应收账款；而当企业紧缩信用限制、减少应收账款时又会影响销售。因此，如果应收账款的增长率明显大于销售收入的增长率，则说明应收账款过多。

所谓结构分析，就是将企业的应收账款占总资产的比例（即结构）与同行业其他企业的情况加以比较。一般来说，每一个行业都有其独特的资产结构。如果企业的应收账款占总资产的比例显著超过同行业的一般水平，则往往说明应收账款过多。

所谓比率分析，就是将企业的应收账款周转率与同行业其他企业的情况加以比较。应收账款周转率是用一段时间内的（信用）销售额除以同期内流通在外的应收账款平均余额。计算公式为应收账款周转率＝销售收入/应收账款平均余额。如果企业的应收账款周转率显著低于同行业的一般水平，则往往说明应收账款过多，周转过慢。

此外，在对应收账款的分析中，除了采用比较分析、结构分析和比率分析来判断应收账款是否过多之外，还应进行账龄分析和对象分析来进一步判断应收账款的风险。

知识库

应收账款的账龄

应收账款的账龄是指资产负债表中的应收账款从销售实现产生应收账款之日起至资产负债表日止所经历的时间。简而言之，就是应收账款停留在企业账簿上的时间。在分析应收账款时，一定要仔细分析财务报表附注，了解应收账款的账龄情况。一般来说，1 年以内的应收账款在企业正常信用期限范围内；1 ~2 年的应收账款虽属逾期，但也属正常；2 ~3 年的应收账款风险较大；而 3 年以上的应收账款通常回收的可能性极小。

(4) 存货

存货是指企业在生产经营过程中为销售或耗用而储存的各种有形资产，包括各种原材料、包装物、低值易耗品、委托加工材料、产成品、库存商品及委托代销商品等。存货作为一项重要的流动资产，区别于固定资产等非流动资产的最基本特征在于，企业持有存货最终是为了出售。

在资产负债表上，存货按照成本与可变现净值孰低计价。成本是指取得存货的历史成本。可变现净值是指在日常活动中，存货估计售价减去至完工(主要是指原材料存货)时估计将要发生的成本、估计的销售费用及相关税费后的金额。存货的这种计价方式主要是为了避免存货价值虚增，体现了稳健性原则。

存货金额的大小应当采用辩证的观点来看。通常而言，在“适时制”及“零存货”等新的管理理念下，存货意味着较大的成本负担，而且给人造成“积压滞销”之嫌，但也不排除企业在特殊情况下，为了“囤积居奇”或战略性目的而把持着大量存货。企业存货管理的目标就是尽力在各种存货持有成本与短缺成本之间做出权衡，以使企业的利润最大化或价值最大化。

存货分析主要是通过比较分析、结构分析、比率分析来进行。

所谓比较分析，是指将存货的变化与营业收入的变化加以比较。一般来说，存货与营业收入的规模存在一定的正相关。正常情况下，企业的营业收入的规模越大，存货的规模越大；企业的营业收入的规模越小，存货的规模越小。因此，如果存货的增长率明显大于营业收入的增长率，则说明存货过多。

所谓结构分析，是指将企业的存货占总资产的比例(即结构)与同行业其他企业的情况加以比较。一般来说，每一个行业都有其独特的存货结构。如果企业的存货占总资产的比例显著超过同行业的一般水平，则往往说明存货过多。

所谓比率分析，是指将企业的存货周转率与同行业其他企业的情况加以比较。存货周转率是用一段时间内的营业成本除以同期内存货的平均余额。计算公式为存货周转率 = 营业成本/存货平均余额。如果企业的存货周转率显著低于同行业的一般水平，则往往说明存货过多，周转过慢。

(5) 可供出售金融资产

可供出售金融资产反映企业对外金融资产投资中划分的可供出售金融资产的部分，是介于持有至到期投资和交易性金融资产之间的债券投资，不准备长期持有也不准备近期出售的股票或基金等有公允报价的有价证券投资，即未划分为交易性金融资产，是企业对外长期性投资资金，能够提高企业的长期偿债能力。

(6) 长期投资

长期投资包括持有至到期投资和长期股权投资 2 个项目。持有至到期投资是指到期日固定、回收金额固定或可确定，且企业有明确意图和能力持有至到期的非衍生金融资产。长期股权投资是指投资方对被投资单位实施控制、重大影响的权益性投资,以及对其合营企业的权益性投资。

知识库

长期股权投资对企业的作用

(1) 通过对外长期投资实施企业的发展战略

企业通过对竞争对手实施兼并,可以扩大市场占有率;通过对其他企业的控制,可以获得稳定的材料货源及开拓产品销售渠道;通过长期投资来实施发展战略,快速扩大企业的规模。

(2) 通过对外长期投资实现多元化经营

多元化经营可以帮助企业降低经营风险,稳定获利能力;与此同时对企业的经营管理能力也提出了很高的要求。这是因为多元化经营可能使企业陷入极大的风险中。

(7) 固定资产

固定资产是指企业为生产商品、提供劳务、出租或经营管理而持有的,使用寿命超过1个会计年度的有形资产。固定资产是企业经营规模大小的标志,是企业重要的生产力要素之一,是企业经济效益和竞争力的源泉。高质量的固定资产应当表现为:技术装备水平较高,其生产能力与存货的市场份额所需要的生产能力相匹配,并能够将符合市场质量需要的产品推向市场,并获得利润;周转速度适当,资产的闲置率不高;结构合理,符合行业特征。判断技术装备水平高低的财务指标主要是固定资产综合成新率[固定资产的综合成新率 =(固定资产原值 - 累计折旧)/固定资产原值]。一般情况下,设备、厂房越新,技术装备水平越高;反之,技术装备水平越低。因此,如果企业的综合成新率明显低于同行业的平均水平,则往往说明企业的技术装备水平相对较低。

判断周转速度快慢的财务指标主要是固定资产周转率(固定资产周转率 = 营业收入/固定资产平均余额)。如果企业的固定资产周转率明显低于同行业的平均水平,则说明固定资产的周转速度较慢,资产的闲置率较高。

判断固定资产结构是否合理的财务指标主要是固定资产占总资产的比重(固定资产占总资产的比重 = 固定资产/总资产)。一般来说,每一个行业的企业都有其独特的固定资产结构。判断固定资产结构是否合理总是将企业的固定资产占总资产的比重与同业的一般水平加以比较。如果企业的固定资产占总资产的比重明显超过同行业的一般水平,则往往说明固定资产过多,企业大量的资金用在了厂房、设备上。

在资产负债表上,固定资产按照固定资产原值减去累计折旧和固定资产减值准备后的净额列示。累计折旧计提方法有多种,企业通常基于税收方面的考虑而选用不同的折旧方法,由此导致的固定资产账面价值的变化,财务报告使用者需要结合附注信息予以分析,在必要时可以还原固定资产的原始价值,以便考核企业的经营实力,正确评估固定资产的整体运行情况,对其使用效率和综合竞争力水平予以全面而公允的评价。

在分析时还要重视企业固定资产的构成。在各类固定资产中,生产用固定资产,特别是生产设备在企业全部固定资产中应占较大比重,而非生产用固定资产、未使用固定资产和不需用固定资产占全部固定资产的比重应该较低。因此,分析固定资产的利用率或闲置率可以评价企业固定资产的使用效率。此外,考察固定资产更新情况,可以判断企业固定资产的更新改造情况。通常,更新改造程度越高,意味着企业固定资产的质量和性能越好,企业的发展潜力越强。

知识库

产业特征决定固定资产结构差异

不同产业的企业,其固定资产占总资产的比重是不同的。下面以招商银行、四川长虹、用友软件、粤电力20×4年末的报表数据为例来说明。有关数据资料如表2.3所示。

表2.3 四企业20×4年末的固定资产比重

千元

企业名称	资产	20×4年12月31日	比例
招商银行	固定资产	4 856 473	1.8%
	资产总计	266 317 155	100%
四川长虹	固定资产	2 297 284	13.18%
	资产总计	17 426 334	100%
用友软件	固定资产	64 087	5.49%
	资产总计	1 167 865	100%
粤电力	固定资产	7 260 083	59.54%
	资产总计	12 193 080	100%

点评:招商银行属于金融类企业,盈利模式为吸存放贷,主要的盈利性资产是贷款、债券投资,而固定资产是其非生息性资产。因此,对于银行来说,固定资产所占比重应尽量低。四川长虹是电器制造业企业。制造业企业的固定资产通常为厂房、机器设备、运输工具等。固定资产是企业的生产设施,但同时企业资产的相当部分也会以存货和应收账款的形式存在。因此,固定资产所占总资产比重适中。用友软件是高科技企业,主要生产财务软件。从根本上说,软件业企业的核心盈利能力来自其智力资源,固定资产是从属于智力资源的。因此,这类企业的固定资产占总资产的比重较低。粤电力的主要盈利资产是电厂机组,固定资产占总资产的比重非常高。

(8) 无形资产

无形资产是指企业拥有或控制的、没有实物形态的、可辨认的非货币性资产,包括商标权、著作权(版权)、专利权、非专利技术、土地使用权、特许权等。与固定资产类似,无形资产是能够给企业带来较长期经济利益的资产。随着科技进步和知识创新步伐的加快,无形资产所占比重对于部分企业而言会越来越大,并构成企业价值和核心竞争力的主要来源。在资产负债表中,无形资产项目按照无形资产的取得成本减去相关累计摊销后的金额列示。据此可以看出,无形资产在财务报表中反映的企业这方面的投入金额并不能反映其真正的价值。在现实经济生活中,其成本和价值可能相去甚远。因此,其在财务分析中所起的作用微不足道。

(9) 总资产

总资产代表着企业的经营规模。资产越多,说明企业可用于赚取收益的资源越多,可用于偿还债务的资产保障越多。这并不是说企业的资产越多就越好。资产不代表企业的收益能力,有些企业资产规模很大却经营亏损,而有些企业资产规模虽不大但照样盈利。

企业资产能否带来经济利益,是资产质量、结构、规模和发展战略等因素共同作用的结果。因此,对企业总资产的分析应从其规模、结构及资产质量等因素入手,结合企业的发展战略综合分析。

能力提升 2-6 总资产分析。

A 公司资产负债表如表 2.4 所示。根据 A 公司资产负债表资料编制总资产规模和结构变动分析表(见表 2.5),并对其总资产规模和结构变动情况进行分析。

表 2.4 资产负债表

会企 01 表

编制单位:A 公司　　　　2014 年 12 月 31 日　　　　元

资　产	期末余额	年初余额	负债和所有者权益(或股东权益)	期末余额	年初余额
流动资产			流动负债		
货币资金	31 001 508	5 859 128	短期借款	5 290 425	10 799 005
交易性金融资产			交易性金融负债		
应收票据	870 072		应付票据	22 001 910	14 919 650
应收账款	30 563 647	22 171 670	应付账款	28 297 504	19 973 712
预付款项	7 615 188	9 678 675	预收款项	2 354 299	1 310 931
应收利息			应付职工薪酬	1 254 505	2 496 670
应收股利			应交税费	-3 045 290	-1 762 010
其他应收款	1 096 129	1 149 108	应付利息	10 483	19 261.40
存货	33 343 224	21 311 019	应付股利		
一年内到期的非流动资产	100 000		其他应付款	1 268 498	750 000.60
其他流动资产			一年内到期的非流动负债		
流动资产合计	104 589 768	60 169 600	其他流动负债		3 506 160
非流动资产			流动负债合计	57 432 334	52 013 380
可供出售金融资产			非流动负债		
持有至到期投资			长期借款		4 008 277
长期应收款			应付债券		
长期股权投资	4 900 000	250 000	长期应付款	200 000	200 000
投资性房地产			专项应付款		
固定资产	37 695 030	22 467 853	预计负债		
在建工程	1 310 552	629 774	递延所得税负债		
工程物资			其他非流动负债		
固定资产清理			非流动负债合计	200 000	4 208 277
生产性生物资产			负债合计	57 632 334	56 221 657
油气资产			所有者权益(或股东权益)		
无形资产	11 632 250	2 030 034	实收资本(或股本)	18 820 000	14 070 000
开发支出			资本公积	55 298 943	41 961
商誉			减:库存股		
长期待摊费用	319 583		盈余公积	5 073 082	2 300 758
递延所得税资产	447 932	389 862	未分配利润	24 070 756	13 302 747

（续表）

资　产	期末余额	年初余额	负债和所有者权益（或股东权益）	期末余额	年初余额
其他非流动资产			所有者权益（或股东权益）合计	103 262 781	29 715 466
非流动资产合计	56 305 347	25 767 523			
资产总计	160 895 115	85 937 123	负债和所有者权益（或股东权益）合计	160 895 115	85 937 123

表2.5　A公司总资产规模和结构变动分析

项　目	2014年	2013年	增减额/元	增减幅度/（%）	结构（占总资产）/（%）		
					2014年	2013年	结构变动
流动资产	104 589 768	60 169 600	44 420 168	73.82	65.00	70.02	-5.02
非流动资产	56 305 347	25 767 523	30 537 824	118.51	35.00	29.98	5.02
资产总额	160 895 115	85 937 123	74 957 992	87.22	100.00	100.00	—

分析：

① 从流动资产看，流动资产增加了44 420 168元，增长率为73.82%，虽然占总资产的比重下降了5.02%，但在资产总额中还是占有很大比重。结合资产负债表具体项目分析，流动资产增加主要是由存货和应收账款增加导致的。这说明企业的销售增长的同时带来了资产的增加。

② 从非流动资产看，非流动资产增加了30 537 824元，增长率为118.51%，占总资产的比重增长了5.02%。结合具体非流动资产项目分析，非流动资产增加主要是由固定资产增加导致的。这说明公司采取了不断扩大资产规模、提升资产盈利潜力的发展策略，未来的收益会有所提高，但固定资产的弹性较差，风险较高，进而加大了公司的经营风险。

2. 阅读负债类项目

（1） 短期借款

短期借款是指企业向银行或其他金融机构等借入的期限在1年以下（含1年）的各种借款。短期借款相对而言资金成本较低，但其作为流动负债，偿还通常带有强制性。如果资金安排不当，容易造成企业短期的偿债压力。企业在举债时，应测算短期借款到期时的现金流量状况，确保企业有足够的现金偿还本息。此外，在对短期借款进行分析时，还要关注短期借款的数量与流动资产的相关项目是否相适应，关注借款偿还时间，预测企业未来现金流量，评价企业的短期借款偿还能力。

短期借款筹资的优点在于可以随企业的需要安排，便于灵活使用，取得程序较为简便。为了防范风险,银行对发放中长期贷款一般比较谨慎,另外,中长期贷款的利率也较高,在这种情况下,短期借款就成为很多企业最为重要的财务资源通道。短期借款最突出的缺点是短期内要归还,于是需要保证资产的流动性,以符合一定的流动比率、速动比率要求。

需要防止出现的是,短期借款用于长期用途,即"短贷长投"。这是一种非常危险的现象。在这种情况下,企业必须能持续创造良好的经营活动现金流,否则,如果企业资产的盈利能力不强,经营活动现金流量匮乏,就会使企业资金的周转发生困难,造成流动比率下降,偿债能力恶化,陷入难以自拔的财务困境。

(2) 应付票据

应付票据反映企业因购买材料、商品或接受劳务供应等开出的商业票据。它包括商业承兑汇票和银行承兑汇票。相对于应付账款而言,应付票据可变现能力更强,更容易为客户所接受。应付票据的付款时间有约束力,如果到期不能支付,则会影响企业的信誉、资金的筹集,而且还会受到银行的处罚。

(3) 应付账款

应付账款反映企业因购买材料、商品或接受劳务供应等而应付给供应商的款项。应付账款是一种商业信用行为,要求以企业的商业信用做保证。

在分析应付账款时应与存货联系起来。在供货商赊销政策一定的条件下,企业应付账款的规模和企业采购的规模有一定的关系;如果企业产销平衡,应付账款的规模还应该与营业收入有对应关系。通常应注意企业应付账款平均付款期是不是比较稳定,如果企业购销状况没有发生很大变化,同时供应商没有改变信用政策,而企业的应付账款不正常增加,平均付款期不正常延长,就表明企业支付能力恶化。

(4) 预收账款

预收款项是指企业因销售商品、提供劳务而预先向客户收取的款项。作为一笔流动负债,它意味着后续的商品或服务支出。企业大量而稳定的预收账款的存在往往意味着后续期内较为稳定的收入来源。这对于以后期间的利润具有一定的保障作用,同时也能展示出该企业商品或劳务供应的"紧俏性"和优越感,对市场而言不免是一项利好消息。

(5) 应付职工薪酬

应付职工薪酬反映企业按照规定应当向职工支付的各项报酬。作为新企业会计准则改革的一项重要内容,会计上树立了完整的人工成本概念,使得职工薪酬的内容变得十分丰富。它不仅包括传统意义上的工资和职工福利费,诸如社会保险费、住房公积金、工会经费与职工教育经费、非货币性福利、辞退福利、现金结算的股份支付等也都被纳入了其范畴。

应付职工薪酬的额度和期限如果在正常的范围内,就不会体现企业的资金和信誉情况。如果企业出现明显拖欠职工薪酬的情况,就表明企业信誉不良或是资金周转出现了问题。

从应付职工薪酬的定义上看,该项目体现的是企业使用各种人力资源所付出的全部代价,以及产品成本在人工成本中所占的比重。依据资产负债表该项目列示的余额和财务报表附注提供的本期数据,可以分析评估企业人力资源的劳动效率,还可以通过该项目不同年度的发生额对企业生产经营趋势做出评价,甚至可以洞察企业的某些异常变动。

(6) 应交税费

应交税费用来核算企业按照税法规定计算应缴纳的各种税费。这些税费在尚未缴纳之前暂时停留在企业形成一项负债。应交税费具体包括增值税、消费税、营业税、所得税、资源税、土地增值税、城市维护建设税、房产税、土地使用税、车船税、教育费附加等。企业不需要预计应交数,直接计算缴纳的税金,如印花税、耕地占用税等,不在本科目核算。

税金与企业的经营息息相关。当一个企业在没有减免税优惠的情况下,如果其收入非常高,缴纳的税费却非常低,就需关注它是否有偷税行为,而一个企业本期收入与上期相比没有大幅度增长,税金却明显增加,这时需了解企业是否因为上期违反税法规定而补交税款,或者行业税率有什么调整,这种变化是否对企业本期和以后的生产经营产生影响。

(7) 长期借款

长期借款作为我国传统的企业长期资金融通方式,相对于发行股票和债券而言,具有融资成本低、筹资速度快、借款弹性大等优点。企业可以在有利的经营环境下,充分发挥其财务杠杆效应,为股东和企业谋取更大价值。与此同时,长期借款也给企业带来了风险,通常借款的限制条件较多,且筹资数量有限。如果企业长期借款的比重较大,财务报告使用者应当结合公司的资本结构安排和发展规划及前景综合加以考虑,即它可能代表企业与金融机构的信任与融洽关系,并揭示企业经营的胆识和魄力,也可能意味着企业"靠借钱过日子",并可能由此引发较大的财务危机。

分析长期借款时,应注意长期借款与企业的固定资产、无形资产的规模是否相适应,与企业的当期收益是否相适应。此外,还应关注长期借款费用处理的合规性与合理性。

知识库

引起长期借款变动的情况

(1) 银行信贷政策及资金市场供求状况改变

金融业调整了利息率,并降低到了企业可以接受的范围。一直用短期借款"拆东墙补西墙"的企业可能考虑改变这种状态,转成一种长期借款。

(2) 为了满足企业对资金的长期需要

如有新的盈利水平较好的项目,企业有没有更好的资金来源,通过担保、抵押方式借入长期借款是很多企业的选择。

(3) 保持权益资金的稳定性

当企业收益率远远高于资本市场收益率时,企业股东喜欢借鸡生蛋。这是因为债权人要的仅仅是固定利息,高出利息的收益将全部归股东所有。借款越多,赚钱越多,股东分得的高出资本金利息部分的收益就越多。

(4) 调整负债,结合财务风险

如果老板觉得企业欠款实在是太多了,企业财务风险已经高到他不能接受时,可能会考虑归还部分长期借款,从而导致长期借款余额发生变化。

能力提升 2-7 负债分析。

根据A公司资产负债表(见表2.4)资料,编制总负债规模和结构变动分析表(见表2.6),并对其总负债规模和结构变动情况进行分析。

表2.6 A公司总负债规模和结构变动分析

项　目	2014年	2013年	增减额/元	增减幅度/(%)	结构(占总资产)/(%)		
					2014年	2013年	结构变动
流动负债合计	57 432 334	52 013 380	5 418 954	10.42	35.70	60.52	-24.80
非流动负债合计	200 000	4 208 277	-4 008 277	-95.25	0.12	4.90	-4.78

（续表）

项　目	2014 年	2013 年	增减额/元	增减幅度/(%)	结构(占总资产)/(%)		
					2014 年	2013 年	结构变动
负债总额	57 632 334	56 221 657	1 410 677	2.51	35.82	65.42	-29.60
资产总额	160 895 115	85 937 123	74 957 992	87.22	100.00	100.00	—

分析：

① A公司负债总额2014年比2013年有所增加，负债占资产总额的比重2014年比2013年大幅度下降，比重由65.42%下降到了35.82%。这说明企业的资金来源转向了自有资本，财务实力增强，财务风险降低。

② A公司负债结构中长期负债的比重相对较小，公司的负债成本相对较低；负债主要来源于短期负债，财务风险较高，应关注公司资金的流动性及短期偿债能力。

3. 阅读所有者权益类项目

(1) 股本

上市公司发行的全部股份按面值计算，在会计上称为股本。对于一般企业而言，称作实收资本，即反映投资者实际投入的资本金数额。我国实行注册资本金制度，开办企业必须依法筹集最低限度的资本金，即注册资本。例如，《公司法》第78条规定股份有限公司最低注册资本不低于1 000万元。注册资本是国家授予企业法人经营管理的财产或企业法人自有财产数额的表现。它能反映公司法人财产权的大小，并用以作为公司经营的保障和社会信用方面的保障。

知识库

引起股本变化的原因

(1) 公司增发新股或配股。这是投资者追加投资引起的变化，如果减少资本，则相反。

(2) 资本公积或盈余公积转增股本。股本增加，所有者权益总额不变。

(3) 以送股方式进行利润分配。股本增加，未分配利润减少，所有者权益总额不变。

(2) 资本公积

资本公积在会计核算中被分为两大类：一是资本(股本)溢价；二是其他资本公积。投资者直接投入到企业的资金包括两部分：一部分就是前述的股本或实收资本；另一部分就是企业收到投资者出资超过其在注册资本或股本中所占份额的部分，即所谓的资本溢价或股本溢价，在会计上通过资本公积项目核算。

资本公积除了包括资本溢价之外，还包括其他资本公积，主要是指直接计入所有者权益的利得和损失。在会计核算中，调整其他资本公积的事项有：可供出售金融资产公允价值发生变动；采用权益法核算的长期股权投资，随着被投资方除净损益之外的所有者权益的其他变动而变动；以权益结算的股份支付所换取的职工或其他方服务的金额；自用房地产或存货转换为公允价值计量的投资性房地产，转换日公允价值大于账面价值的差额等。

(3) 盈余公积和未分配利润

盈余公积和未分配利润合称为留存收益，它们都表示企业经营活动中的积累，且二者并没有本质的区别。有人把盈余公积定义为具有特定用途的留存收益。这里所谓的“特定用途”，其实是一个误解。盈余公积作为一项资金来源，并没有什么特定用途。如果说它有特定用途，就是指其对于利润分配的限定。换言之,只要不被当作红利分给股东,至于这部分资金用于内部经营活动的什么方面,并没有什么限制和特殊的规定。除了法定盈余公积之外,公司还可以根据股东大会或类似权力机构的批准,按规定提取一定比例的盈余公积,以进一步扩大资本积累。

未分配利润是利润具体分配后的剩余。确切地说,就是公司期初的累积未分配利润,加上本期实现的净利润,减去提取的盈余公积、向投资者分配的利润等之后的余额。未分配利润是企业可自由支配的资金来源,可以留待以后年度进行分配,对于稳定或调整企业的利润分配政策有一定意义。

知识库

未分配利润变化的原因

未分配利润来源于历年的积累,每期都在发生变化,主要变动原因如下。

(1) 企业生产经营活动的业绩

它包括本年经营活动和以前年度经营活动形成的经营业绩的积累。

(2) 企业利润分配政策的执行

企业确认本期分配利润,未分配利润则会减少,所有者权益也会随之减少。如果企业暂时不分配利润,未分配利润就积累下来了。

能力提升2-8 所有者权益分析。

根据A公司资产负债表(见表2.4)资料,编制所有者规模和结构变动分析表(见表2.7),并对其所有者权益规模和结构变动情况进行分析。

表2.7 A公司所有者权益规模和结构变动分析

项 目	2014年	2013年	增减额	增减幅度/(%)	结构(占总所有者权益)/(%)		
					2014年	2013年	结构变动
实收资本	18 820 000	14 070 000	4 750 000	33.76	18.23	47.35	-29.12
资本公积	55 298 943	41 961	55 256 982	131 686.52	53.55	0.14	53.41
盈余公积	5 073 082	2 300 758	2 772 324	120.50	4.91	7.74	-2.83
未分配利润	24 070 756	13 302 747	10 768 009	80.95	23.31	44.77	-21.46
所有者权益合计	103 262 781	29 715 466	73 547 315	247.51	100.00	100.00	—

分析:

① A公司所有者权益总额增长很快,未分配利润、资本公积和盈余公积增长额和增长幅度都较高。

② A公司所有者权益增长很大部分来自于盈余公积和未分配利润的增长,说明公司2014年的获利情况较好,应结合利润表的盈利情况进一步分析。在全部资产中,所有者权益占总资产的比重达到64.18%(103 262 781÷160 895 115×100%),说明公司财务实力强。所有者权益总额的增加也说明了公司所有者投资得以保值与增值。

任务完成

根据“任务布置”中W公司的有关资料,为完成W公司资产负债表编制的任务,主要有以下工作步骤。

1）根据会计人员岗位分工完成会计分录的编制工作。

（1）借:银行存款	2 000 000	
贷:长期借款		2 000 000
（2）借:材料采购	201 000	
应交税费——应交增值税(进项税额)	34 000	
贷:银行存款		235 000
（3）借:银行存款	200 500	
贷:交易性金融资产——成本		170 000
——公允价值变动		10 000
投资收益		20 500
借:公允价值变动损益	10 000	
贷:投资收益		10 000
（4）借:固定资产	88 000	
应交税费——应交增值税(进项税额)	14 450	
贷:银行存款		102 450
（5）借:材料采购	99 800	
应交税费——应交增值税(进项税额)	16 862	
银行存款	268	
贷:其他货币资金——银行本票		116 930
借:原材料	100 000	
贷:材料采购		99 800
材料成本差异		200
（6）借:短期借款	30 000	
贷:银行存款		30 000
（7）借:工程物资	260 000	
贷:银行存款		260 000
（8）借:在建工程	100 000	
贷:应付利息		100 000
（9）借:财务费用	16 000	
贷:应付利息		16 000
（10）借:应付利息	116 000	
贷:银行存款		116 000
（11）借:库存现金	500 000	
贷:银行存款		500 000
（12）借:应付职工薪酬——工资	500 000	
贷:库存现金		500 000
（13）借:生产成本	275 000	
制造费用	10 000	
管理费用	15 000	
在建工程	200 000	
贷:应付职工薪酬——工资		500 000

		借方	贷方
(14)	借:生产成本	38 500	
	制造费用	1 400	
	管理费用	2 100	
	在建工程	28 000	
	贷:应付职工薪酬——职工福利		70 000
(15)	借:银行存款	1 404 000	
	贷:主营业务收入		1 200 000
	应交税费——应交增值税(销项税额)		204 000
	借:主营业务成本	900 000	
	贷:库存商品		900 000
(16)	借:生产成本	700 000	
	贷:原材料		700 000
	借:制造费用	40 000	
	贷:周转材料——低值易耗品		40 000
(17)	借:生产成本	21 000	
	贷:材料成本差异		21 000
	借:制造费用	1 200	
	贷:材料成本差异		1 200
(18)	借:固定资产清理	120 000	
	累计折旧	180 000	
	贷:固定资产		300 000
	借:固定资产清理	500	
	贷:银行存款		500
	借:银行存款	800	
	贷:固定资产清理		800
	借:营业外支出	119 700	
	贷:固定资产清理		119 700
(19)	借:管理费用	80 000	
	贷:累计摊销		60 000
	银行存款		20 000
(20)	借:销售费用	28 000	
	贷:银行存款		28 000
(21)	借:制造费用	105 000	
	管理费用	20 000	
	贷:累计折旧		125 000
(22)	借:生产成本	157 600	
	贷:制造费用		157 600
	借:库存商品	1 192 100	
	贷:生产成本		1 192 100
(23)	借:长期股权投资——其他权益变动	90 000	
	贷:资本公积——其他资本公积		90 000

(24) 借:应收账款	409 500	
贷:主营业务收入		350 000
应交税费——应交增值税(销项税额)		59 500
借:主营业务成本	200 000	
贷:库存商品		200 000
(25) 借:营业税金及附加	63 300	
贷:应交税费——应交消费税		41 300
——应交城市维护建设税		15 115
——应交教育费附加		6 885
(26) 借:应交税费——应交增值税(已交税金)	178 000	
——应交消费税	12 300	
——应交城市维护建设税	13 320	
——应交教育费附加	5 710	
贷:银行存款		209 330
(27) 借:盈余公积	60 000	
贷:实收资本		60 000
借:资本公积	35 000	
贷:实收资本		35 000
(28) 借:银行存款	80 500	
贷:应收账款		80 500
借:应付账款	75 000	
贷:银行存款		75 000
(29) 借:主营业务收入	1 550 000	
投资收益	30 500	
贷:本年利润		1 580 500
借:本年利润	1 454 100	
贷:公允价值变动损益		10 000
财务费用		16 000
管理费用		117 100
营业外支出		119 700
主营业务成本		1 100 000
销售费用		28 000
营业税金及附加		63 300
(30) 借:所得税费用	31 600	
贷:应交税费——应交所得税		31 600
借:本年利润	31 600	
贷:所得税费用		31 600
(31) 借:本年利润	94 800	
贷:利润分配——未分配利润		94 800
(32) 借:利润分配——提取法定盈余公积	9 480	
——提取任意盈余公积	4 740	

——应付现金股利或利润　　18 960
贷:盈余公积　　14 220
　　应付股利　　18 960
借:利润分配——未分配利润　　33 180
　贷:利润分配——提取法定盈余公积　　9 480
　　　　　　——提取任意盈余公积　　4 740
　　　　　　——应付现金股利或利润　　18 960

2）根据上述会计分录登记会计账簿。现以货币资金项目为例说明工作过程。

已知表2.1中货币资金项目的期初数据为4 619 400元,在登记库存现金、银行存款和其他货币资金日记账(见表2.8至表2.10)时,只登记了本期发生额。

表2.8　库存现金日记账

元

2014年		凭证号	摘要	对方科目	借方	贷方	借或贷	余额
月	日							
12	（略）	（略）	期初余额	（略）			借	（略）
		11	提现金备发工资		500 000		借	
		12	发放工资			500 000	借	
	31		本期发生额及余额		500 000	500 000	借	（略）

表2.9　银行存款日记账

元

2014年		凭证号	摘要	对方科目	借方	贷方	借或贷	余额
月	日							
12	（略）	（略）	期初余额			借	（略）	
		1	取得长期借款	（略）	2 000 000			
		2	采购材料			235 000		
		3	出售交易性金融资产		200 500			
		4	购入设备			102 450		
		5	材料余款退回		268			
		6	归还短期借款			30 000		
		7	购买工程物资			260 000		
		10	支付利息			116 000		
		11	提现金			500 000		
		15	销售商品		1 404 000			
		18	支付清理费用			500		
		18	收到清理收入		800			
		19	支付车间修理费			20 000		
		20	支付广告展览费			28 000		
		26	支付税金			209 330		
		28	收回前欠货款		80 500			
		28	支付应付账款			75 000		
	31		本期发生额及余额		3 686 068	1 576 280	借	

表2.10　其他货币资金日记账

元

2014年 月	2014年 日	凭证号	摘　要	对方科目	借　方	贷　方	借或贷	余　额
12	（略）	（略） 5	期初余额 采购材料	（略）		116 930	借 借	（略） 500 000
	31		本期发生额及余额			116 930	借	

计算资产负债表货币资金期末数 = 期初余额 + 库存现金本期净发生额 + 银行存款本期净发生额 + 其他货币资金本期净发生额

= 4 619 400 + (500 000 − 500 000) + (3 686 068 − 1 576 280) − 116 930 = 6 612 258(元)

其他项目编写方法同上,此处不再赘述。

3) 根据上述会计账簿资料编制W公司资产负债表(见表2.11)。

表2.11　资产负债表

会企01表

编制单位:W公司　　　　2014年12月31日　　　　元

资　产	期末余额	年初余额	负债和所有者权益(或股东权益)	期末余额	年初余额
流动资产			流动负债		
货币资金	6 612 258	4 619 400	短期借款	170 000	200 000
交易性金融资产	30 000	210 000	交易性金融负债		
应收票据	368 580	368 580	应付票据	585 300	585 300
应收账款	448 000	119 000	应付账款	30 900	105 900
预付款项	108 200	108 200	预收款项		
应收利息			应付职工薪酬	73 500	3 500
应收股利			应交税费	84 208	450
其他应收款	2 500	2 500	应付利息		
存货	5 139 100	5 508 400	应付股利	18 960	
一年内到期的非流动资产			其他应付款	16 700	16 700
其他流动资产			一年内到期的非流动负债	750 000	750 000
流动资产合计	12 708 638	10 936 080	其他流动负债		
非流动资产			流动负债合计	1 729 568	1 661 850
可供出售金融资产			非流动负债		
持有至到期投资			长期借款	2 854 600	854 600
长期应收款			应付债券		
长期股权投资	392 500	302 500	长期应付款		
投资性房地产			专项应付款		
固定资产	1 265 900	1 422 900	预计负债		
在建工程	530 300	202 300	递延所得税负债		
工程物资	260 000		其他非流动负债		

(续表)

资　产	期末余额	年初余额	负债和所有者权益(或股东权益)	期末余额	年初余额
固定资产清理			非流动负债合计	2 854 600	854 600
生产性生物资产			负债合计	4 584 168	2 516 450
油气资产			所有者权益(或股东权益)		
无形资产	245 600	305 600	实收资本(或股本)	10 095 000	10 000 000
开发支出			资本公积	290 700	235 700
商誉			减:库存股		
长期待摊费用			盈余公积	139 650	185 430
递延所得税资产			未分配利润	293 420	231 800
其他非流动资产			所有者权益(或股东权益)合计	10 818 770	10 652 930
非流动资产合计	2 694 300	2 233 300			
资产总计	15 402 938	13 169 380	负债和所有者权益(或股东权益)合计	15 402 938	13 169 380

技能训练

企业资料:乙公司2014年12月31日有关资料如下。

(1) 长期借款资料(见表2.12)。

表2.12　乙公司长期借款资料

借款起始日期	借款期限/年	金额/万元
2014年1月1日	3	500
2012年1月1日	5	800
2011年6月1日	4	400

(2) 长期待摊费用项目的期末余额为80万元,将于一年内摊销的数额为30万元。

任务要求:

根据上述资料计算资产负债表中这些项目的金额:长期借款;一年内到期的非流动负债;长期待摊费用;一年内到期的非流动资产。

任务完成:

(1) 长期借款项目 = 500 + 800 = 1 300(万元)

(2) 一年内到期的非流动负债项目 = 400(万元)

(3) 长期待摊费用项目 = 80 - 30 = 50(万元)

(4) 一年内到期的非流动资产项目 = 30(万元)

任务2.2　比较分析资产负债表

任务布置

企业背景资料仍以任务2.1中W公司数据为例。根据W公司资产负债表(见表2.11)的数据资料,为W公司的资产负债表编制水平资产负债表和垂直资产负债表,并对其资产负债表进行水平分析与垂直分析。

知识要点

2.2.1 编制并分析水平资产负债表

1. 资产负债表水平分析的方法

资产负债表水平分析主要是通过对企业连续两期或多期资产负债表中的数据进行比较，计算其增减变动的数额和增减变动的百分比，从而了解企业财务状况的变化趋势，包括资产、负债和所有者权益项目变动的方向、数额和幅度，从而预测企业未来财务活动的发展前景。

如果企业的生产经营活动处于持续健康发展状态，那其资产负债表上的主要财务数据或财务指标就应该呈现出持续稳定发展的趋势。如果企业的主要财务数据或财务指标异常波动或出现恶化趋势，则意味着企业的生产经营活动的某些方面发生了重大变化。

知识库

关注资产负债表项目变动对总资产或总权益的影响

资产负债表水平分析除了技术某个项目的变动额和变动率外，还应计算出该项目变动对总资产或负债和所有者权益总额的影响程度，以便确定影响总资产或负债和所有者权益总额的重点，为进一步分析指明方向。某项目变动对总资产或负债和所有者权益总额的影响程度的计算公式如下。

某项目变动对总资产（负债和所有者权益总额）的影响 = 某项目的变动额 ÷ 基期总资产或总权益 ×100%

2. 分析水平资产负债表

分析水平资产负债表时可以参照以下步骤。

1）从投资或资产角度进行分析评价。

① 分析总资产规模及各类、各项资产的变动状况，揭示资产变动的主要方面，从总体上了解企业经过一定时期经营后资产的变动情况。

② 发现变动幅度较大或对总资产变动影响大的重点项目。

③ 注意资产变动的合理性与效益性。

④ 注意考察资产规模变动与所有者权益变动的适应程度。

⑤ 注意分析会计政策变动的影响。

2）从筹资或权益角度进行分析评价。

① 分析权益总额的变动状况及各类、各项筹资的变动状况，揭示出权益总额变动的主要方面，从总体上了解企业经过一定时期经营后权益总额的变动情况。

② 发现变动幅度大或对权益总额变动影响较大的重点类别和重点项目，为进一步分析指明方向。

③ 注意结合会计报表附注，分析表外数据对权益的影响。

3. 对资产负债表变动原因进行分析

资产负债表单项分析侧重于分析资产负债表项目发生了哪些变化，并不能揭示资产负债表变动的深层次原因。如果从资产负债表左右两方对应关系方面进行分析,对资产负债表变动原因的解释则更具有说服力。一般而言,引起资产负债表变动的原因可以归纳为以下 4 种类型。

（1）负债变动型

负债变动型是指在其他权益项目不变时,由于负债变动引起资产发生的变动。其典型形式如表 2.13 所示。

表 2.13　负债变动型资产负债表　　万元

资　产	期　初	期　末	负债及股东权益	期　初	期　末
流动资产			负债	2 000	2 800
固定资产			股本	1 200	1 200
……			盈余公积	400	400
……			未分配利润	400	400
总　计	4 000	4 800	总　计	4 000	4 800

由表 2.13 可知,本期企业总资产增加了 800 万元,增长率为 20%,这是由于负债的增加引起的。尽管企业的经营规模扩大了,但这并不表示企业的经营业绩好。对于这种变化不能予以良好评价,这只是企业筹资理财的结果。

（2）追加投资变动型

追加投资变动型是指在其他权益项目不变时,由于投资人追加或收回投资引起资产发生的变动。其典型形式如表 2.14 所示。

表 2.14　追加投资变动型资产负债表　　万元

资　产	期　初	期　末	负债及股东权益	期　初	期　末
流动资产			负债	2 000	2 000
固定资产			股本	1 200	2 000
……			盈余公积	400	400
……			未分配利润	400	400
总　计	4 000	4 800	总　计	4 000	4 800

由表 2.14 可知,本期企业总资产增加了 800 万元,增长率为 20%,这是由于投资人追加投资引起的。尽管企业经营规模扩大了,但并不是由于企业主观努力、搞好经营活动引起的。当一个企业不是依靠自身努力经营,而是依靠投资人追加投资扩大经营规模时,很难对其做出良好评价。

（3）经营变动型

经营变动型是指在其他权益项目不变时,由于企业经营原因变动引起资产发生的变动。其典型形式如表 2.15 所示。

表 2.15　经营变动型资产负债表　　万元

资　产	期　初	期　末	负债及股东权益	期　初	期　末
流动资产			负债	2 000	2 000
固定资产			股本	1 200	1 200
……			盈余公积	400	1 200
……			未分配利润	400	400
总　计	4 000	4 800	总　计	4 000	4 800

由表2.15可知,本期企业盈余公积增加了800万元导致总资产增加了800万元,增长率为20%,根本原因是企业本期盈利,从而通过提取盈余公积扩大企业经营规模。这是企业主观努力的结果,理应给予良好评价。如果情况相反,则会因企业经营失败导致企业经营规模缩减。

(4) 股利分配变动型

股利分配变动型是指在其他权益项目不变的情况下,由于股利分配原因引起资产发生的变动。其典型形式如表2.16所示。

表2.16 股利分配变动型资产负债表

万元

资　产	期　初	期　末	负债及股东权益	期　初	期　末
流动资产			负债	2 000	2 000
固定资产			股本	1 200	1 200
……			盈余公积	400	400
……			未分配利润	400	1 200
总　计	4 000	4 800	总　计	4 000	4 800

由表2.16可知,本期企业从盈利中留用了利润800万元,导致资产增加了800万元,表明企业当年经营卓有成效。当企业盈利时,盈余公积也会相应增加,这里仅为说明这一类型而假定盈余公积不变。相反,如果股利分配总额超过当期扣除各项提取后的净利润,会使资产规模缩小,但并不表明企业经营失败,而是企业实行某种股利政策的结果。

在企业实务中,很难有一家企业的资产负债表变动与上述几种典型情况之一一致,但任何一家企业的资产负债表变动都可以结合以上几种类型来说明。

2.2.2 编制并分析垂直资产负债表

1. 资产负债表垂直分析的方法

会计报表的垂直分析,也称为结构分析,是在同一会计报表的同类项目之间,通过计算同类项目在整体中的权重或份额及同类项目之间的比例来揭示它们之间的结构关系,分析财务状况、经营成果、现金流量结构及变动的合理性。

资产负债表结构是指资产负债表中各个项目之间的相互关系及各项目所占的比重。资产负债表结构分析是财务分析者通过对资产负债表各项目间的依存关系及各项目在总体中的比重进行对比分析,以深入了解企业在某一时点的财务状况。具体地说,就是分析评价企业资产结构变动情况及变动的合理性;分析评价企业资本结构变动情况及变动的合理性;分析评价企业资产结构与资本结构的适应程度。

资产负债表垂直分析主要是通过编制垂直资产负债表(也称为结构资产负债表)来进行。通过垂直资产负债表,可从静态上分析本期资产、负债及所有者权益各项目实际构成情况,也可以从动态上分析企业资产、负债及所有者权益结构的变动情况。

2. 分析垂直资产负债表

分析垂直资产负债表可以参照以下步骤进行。

1）资产结构分析评价。

① 从静态角度观察企业资产的配置情况，特别关注流动资产和非流动资产的比重及其中重要项目的比重，分析时可以通过与行业平均水平或可比企业的资产结构进行对比，对资产的流动性和资产风险进行判断，进而对企业资产结构的合理性做出评价。

② 从动态角度分析资产结构的变动情况，对企业资产结构的稳定性做出评价，进而对企业资产结构的调整情况做出评价。

2）资本结构分析评价。

① 从静态角度观察资本结构的构成，衡量企业的财务实力，评价企业的财务风险，同时结合企业的获利能力和经营风险评价资本结构的合理性。

② 从动态角度分析企业资本结构的变动情况，对资本结构的调整情况及对股东收益可能产生的影响做出评价。

3. 资产负债表对称结构分析

企业的资产结构受制于行业的性质，不同性质的资产，其资金融通方式也有所不同。因此，即使总资产或总资本相同的企业，由于不同的投资方式产生的资产结构与不同的筹资方式产生的资本结构却不完全相同，资产负债表的结构可以说是千差万别，但归纳起来可以分为保守结构、稳健结构、平衡结构和风险结构4种类型。

（1）保守结构

在保守结构的形式中，无论资产负债表左方的资产结构如何，资产负债表右方的资金全部来源于长期资金，非流动负债与所有者权益的比例高低不影响这种结构形式。其形式如表2.17所示。

表2.17 保守结构资产负债表

流动资产	非流动负债
非流动资产	所有者权益

由表2.17可知，保守结构的主要标志是企业全部资产的资金依靠长期资金来满足。其结果有以下几种。

① 企业风险极低。由于筹资风险建立在经营风险的基础之上，因此，只要企业资产经营不存在风险，其偿债风险就会消除。由于这一形式中的偿债风险极低，因此，即使提高长期资产的比例，资产风险加大，两方综合起来，也会形成一方较大的风险被另一方较小的风险中和，而使企业风险降低。

② 导致较高的资金成本。相对于其他结构形式，这一形式的资金成本最高，但前提是短期

债务成本高于长期债务成本。

③ 筹资结构弹性弱。一旦企业进入用资淡季,对资金存量不易做出调整。尽管企业可以通过将闲置资金投资于短期证券市场来调节,但必须以存在完善的证券市场为前提,而且这种投资的收益也不一定能够消除这种高成本的差异。

在实务中,保守结构的形式很少被企业普遍采用。

(2) 稳健结构

在稳健结构形式中,长期资产的资金需要依靠长期资金来解决,短期资产的资金需要则依靠长期资金和短期资金共同解决,长期资金和短期资金的资金需要方面的比例不影响这一形式。其形式如表2.18所示。

表2.18 稳健结构资产负债表

<table>
<tr><td rowspan="2">流动资产</td><td>流动负债</td></tr>
<tr><td rowspan="2">非流动负债</td></tr>
<tr><td rowspan="2">非流动资产</td></tr>
<tr><td>所有者权益</td></tr>
</table>

由表2.18可知,稳健结构的主要标志是企业流动资产的一部分资金需要使用流动负债来满足,另一部分资金需要则由非流动负债来满足。其结果如下。

① 足以使企业保持相当优异的财务信誉,通过流动资产的变现来满足偿还短期债务的需要,企业风险较小。

② 企业可以通过调整流动负债与非流动负债的比例使负债成本达到企业目标标准。相对于保守结构形式而言,这一形式的负债成本相对较低,并具有可调节性。

③ 无论是资产结构,还是资本结构,都具有一定的弹性,特别是当临时性资产需要降低或消失时,可通过偿还短期债务或进行短期证券投资来调整,一旦临时性资产需要再产生时,又可以通过重新举债或出售短期证券来满足其所需。

这是一种能够被所有企业普遍采用的资产与权益对称结构。

(3) 平衡结构

在平衡结构的形式中,以流动负债来满足流动资产的资金需要,以非流动负债及所有者权益来满足长期资产的资金需求,长期负债与所有者权益之间的比例关系不是判断这一结构形式的标志。其形式如表2.19所示。

表2.19 平衡结构资产负债表

<table>
<tr><td>流动资产</td><td>流动负债</td></tr>
<tr><td rowspan="2">非流动资产</td><td>非流动负债</td></tr>
<tr><td>所有者权益</td></tr>
</table>

由表2.19可知,平衡结构的主要标志是企业流动资产的资金需要全部依靠流动负债来满足。其结果如下。

① 同样高的资产风险与筹资风险中和后,使企业风险均衡。

② 负债政策要依靠资产结构变化进行调整。

③ 存在潜在的风险。这一形式以自己变现时间和数量与偿债时间和数量相一致为前提,一旦两者出现时间上的差异和数量上的差异,如营业收入未能按期取得现金,应收账款没能足额收

回，短期证券以低于购入成本出售等，就会使企业产生资金周转困难，并有可能陷入财务危机。

这一结构形式只适用于经营状况良好，具有较好成长性的企业。

（4） 风险结构

在风险结构形式中，流动负债不仅用于满足流动资产的资金需要，而且还用于满足部分长期资产的资金需要，这一结构形式不会因为流动负债能在多大程度上满足长期资产的资金需求而改变。其形式如表2.20所示。

表2.20 风险结构资产负债表

<table>
<tr><td>流动资产</td><td rowspan="2">流动负债</td></tr>
<tr><td rowspan="2">非流动资产</td></tr>
<tr><td>非流动负债
所有者权益</td></tr>
</table>

由表2.20可知，风险结构的主要标志是以短期资金来满足部分长期资金的需要。其结果如下。

① 财务风险较大，较高的资产风险和较高的筹资风险不能匹配。流动负债和长期资产在流动性上并不对称，如果通过长期资产的变现来偿还短期内到期的债务，必然会给企业带来沉重的偿债压力，从而要求企业极大地提高资产的流动性。

② 相对于其他结构而言，其负债成本最低。

③ 存在破产的潜在威胁。由于企业时刻面临偿债压力，一旦市场发生变动，或者意外事件发生，就可能引发企业资产经营的风险，使得企业资金周转不灵而陷入财务困境，造成企业因不能偿还到期债务而破产。

这一结构只适用于处在发展壮大时期的企业，而且只能在短期内采用。

任务完成

根据“任务布置”中W公司的有关资料，对W公司资产负债表进行比较分析。

1） 编制并分析W公司水平资产负债表。

根据W公司资产负债表（见表2.11）资料编制水平资产负债表，如表2.21所示。

表2.21 W公司水平资产负债表

项　目	年末余额/元	年初余额/元	增减额/元	增减/（%）
流动资产				
货币资金	6 612 258	4 619 400	1 992 858	43.14
交易性金融资产	30 000	210 000	180 000	85.71
应收票据	368 580	368 580		
应收账款	448 000	119 000	329 000	276
预付款项	108 200	108 200		
应收利息				
应收股利				
其他应收款	2 500	2 500		
存货	5 139 100	5 508 400	−369 300	−6.70

（续表）

项　目	年末余额/元	年初余额/元	增减额/元	增减/(%)
一年内到期的非流动资产				
其他流动资产				
流动资产合计	12 708 638	10 936 080	1 772 558	16.21
非流动资产				
可供出售金融资产				
持有至到期投资				
长期应收款				
长期股权投资	392 500	302 500	90 000	29.75
投资性房地产				
固定资产	1 265 900	1 422 900	-157 000	-11.03
在建工程	530 300	202 300	328 000	162.14
工程物资	260 000		260 000	
固定资产清理				
生产性生物资产				
油气资产				
无形资产	245 600	305 600	-60 000	-19.63
开发支出				
商誉				
长期待摊费用				
递延所得税资产				
其他非流动资产				
非流动资产合计	2 694 300	2 233 300	461 000	20.64
资产总计	15 402 938	13 169 380	2 233 558	16.96
流动负债				
短期借款	170 000	200 000	-30 000	-15
交易性金融负债				
应付票据	585 300	585 300		
应付账款	30 900	105 900	-75 000	-70.82
预收款项				
应付职工薪酬	73 500	3 500	70 000	2 000
应交税费	84 208	450	83 758	18 612.89
应付利息				
应付股利	18 960		18 960	
其他应付款	16 700	16 700		

（续表）

项　目	年末余额/元	年初余额/元	增减额/元	增减/(%)
一年内到期的非流动负债	750 000	750 000		
其他流动负债				
流动负债合计	1 729 568	1 661 850	67 718	4.07
非流动负债				
长期借款	2 854 600	854 600	2 000 000	234.03
应付债券				
长期应付款				
专项应付款				
预计负债				
递延所得税负债				
其他非流动负债				
非流动负债合计	2 854 600	854 600	2 000 000	234.03
负债合计	4 584 168	2 516 450	2 067 718	82.17
所有者权益				
实收资本(或股本)	10 095 000	10 000 000	95 000	0.95
资本公积	290 700	235 700	55 000	23.33
减:库存股				
盈余公积	139 650	185 430	45 780	24.69
未分配利润	293 420	231 800	61 620	26.58
所有者权益合计	10 818 770	10 652 930	165 840	1.56
负债及所有者权益合计	15 402 938	13 169 380	2 233 558	16.96

分析：

① 资产变化情况分析。公司总资产本年比上年增加了2 233 558元，增长了16.96%，表明公司占有的经济资源有所增加，公司资产规模有所扩大。这是因为流动资产增加了1 772 558元，对资产总额的影响为13.46%(1 772 558 ÷ 13 169 380)；非流动资产增加了461 000元，对资产总额的影响为3.50%。在流动资产中，货币资金增加了1 992 858元，增长了43.14%，对资产的影响为15.13%，这会增加公司资产的流动性和偿债能力，但同时也应该警惕公司是否存在货币资金浪费的现象，从而影响公司的盈利性；应收账款本期增加了329 000元，增长了276%，对资产总额的影响为2.49%，应结合公司的销售情况、信用政策、应收账款的管理情况进一步分析；存货项目减少了369 300元，降低了6.70%，使得总资产减少了2.80%，存货总额的变化受存货构成及销售情况的影响。在非流动资产中，在建工程增加了328 000元，增长了162.14%，工程物资增加了260 000元，对资产总额的影响分别为2.49%和1.97%，在建工程项目的增加虽然对本期经营成果没有太大影响，但随着在建工程的完工、形成固定资产，有助于扩张公司的生产能力。

② 权益变化情况分析。公司本年度负债总额增加了2 067 718元，增长了82.17%，使得权益总额增长了15.70%。其中，流动负债增加了67 718元，增长了4.07%；非流动负债的增长主要来自于长期借款的增加，长期借款本期增加2 000 000元，增长了234.03%，对权益总额的影响为15.19%，这会加大公司未来偿债压力，应特别关注长期负债的增加对企业财务风险的影响。

公司本年所有者权益总额增加了165 840元，增长了1.56%，使得权益总额增长了1.26%。所有者权益总额的增加主要来自实收资本的增加和未分配利润的增加，说明公司的财务实力略有增强。

2）编制并分析W公司垂直资产负债表。

根据W公司资产负债表（见表2.11）资料编制垂直资产负债表，如表2.22所示。

表2.22 W公司垂直资产负债表

项目	年末余额/元	年初余额/元	年末结构/（%）	年初结构/（%）	差异/（%）
流动资产					
货币资金	6 612 258	4 619 400	42.93	35.08	7.85
交易性金融资产	30 000	210 000	0.19	1.59	-1.40
应收票据	368 580	368 580	2.39	2.80	-0.41
应收账款	448 000	119 000	2.91	0.90	-2.01
预付款项	108 200	108 200	0.70	0.82	-0.12
应收利息					
应收股利					
其他应收款	2 500	2 500	0.02	0.02	
存货	5 139 100	5 508 400	33.36	41.83	-8.47
一年内到期的非流动资产					
其他流动资产					
流动资产合计	12 708 638	10 936 080	82.51	83.04	-0.53
非流动资产					
可供出售金融资产					
持有至到期投资					
长期应收款					
长期股权投资	392 500	302 500	2.55	2.36	0.19
投资性房地产					
固定资产	1 265 900	1 422 900	8.22	10.80	-2.58
在建工程	530 300	202 300	3.44	1.54	1.90
工程物资	260 000		1.69		1.69
固定资产清理					
生产性生物资产					
油气资产					
无形资产	245 600	305 600	1.59	2.32	-0.73
开发支出					
商誉					
长期待摊费用					
递延所得税资产					
其他非流动资产					

（续表）

项　目	年末余额/元	年初余额/元	年末结构/(%)	年初结构/(%)	差异/(%)
非流动资产合计	2 694 300	2 233 300	17.49	16.96	0.53
资产总计	15 402 938	13 169 380	100	100	
流动负债					
短期借款	170 000	200 000	1.10	1.52	-0.42
交易性金融负债					
应付票据	585 300	585 300	3.80	4.44	-0.64
应付账款	30 900	105 900	0.20	0.80	-0.60
预收款项					
应付职工薪酬	73 500	3 500	0.48	0.03	0.45
应交税费	84 208	450	0.55	0.003	0.547
应付利息					
应付股利	18 960		0.12		0.12
其他应付款	16 700	16 700	0.11	0.13	-0.02
一年内到期的非流动负债	750 000	750 000	4.87	5.70	-0.83
其他流动负债					
流动负债合计	1 729 568	1 661 850	11.23	12.62	1.39
非流动负债					
长期借款	2 854 600	854 600	18.53	6.49	12.04
应付债券					
长期应付款					
专项应付款					
预计负债					
递延所得税负债					
其他非流动负债					
非流动负债合计	2 854 600	854 600	18.53	6.49	12.04
负债合计	4 584 168	2 516 450	29.76	19.11	10.65
所有者权益					
实收资本(或股本)	10 095 000	10 000 000	65.54	75.93	-10.39
资本公积	290 700	235 700	1.89	1.79	0.10
减:库存股					
盈余公积	139 650	185 430	0.91	1.41	-0.5
未分配利润	293 420	231 800	1.90	1.76	0.14
所有者权益合计	10 818 770	10 652 930	70.24	80.89	-10.65
负债及所有者权益合计	15 402 938	13 169 380	100	100	

分析：

① 资产结构分析评价。从静态方面分析,公司流动资产比重本年为82.51%,非流动资产比

重为17.49%,说明公司资产的流动性较强,资产风险小;但同时应注意是否对公司的盈利性产生影响。在流动资产的构成中,货币资金占42.93%,存货占33.36%,这种结构的合理性应结合公司所在行业的情况进一步分析。

从动态方面分析,公司流动资产比重下降了0.53%,非流动资产比重上升了0.53%。在流动资产中,货币资金比重上升了7.85%,存货比重下降了8.47%,说明公司的流动资产的变现性增强;在非流动资产中,在建工程与工程物资比重分别上升了1.90%和1.69%,固定资产比重下降了2.58%,应分析是由资产报废引起的还是由计提折旧等因素导致的。总体而言,流动资产和非流动资产的比重变化不大,公司的资产结构较为稳定。

② 权益结构分析评价。从静态方面分析,公司所有者权益比重为70.24%,负债比重为29.76%,资产负债率不高,财务风险小,公司的财务实力较强。这种结构的合理性应结合公司的获利能力进一步分析。

从动态方面分析,负债比重上升了10.65%,理论上会加大公司的财务风险,但资产负债率不高,说明公司本期注重利用负债财务杠杆的作用为企业创造了更多的收益。所有者权益比重下降了10.65%,说明公司的财务实力有所降低。

技能训练

企业资料:V公司为一家上市公司,水平、垂直资产负债表分别如表2.23和表2.24所示。

表2.23 水平资产负债表

万元

资产	期初数	期末数	变动额	变动率	对资产影响	负债及所有者权益	期初数	期末数	变动额	变动率	对权益影响
流动资产						流动负债					
货币资金	40 000	50 000				短期借款	37 600	55 000			
交易性金融资产	28 000	20 000				应付账款	13 600	15 500			
应收款项	15 500	25 000				应交税费	7 400	9 530			
存货	97 000	85 000				其他流动负债	4 487	3300			
其他流动资产	37 910	48 510				流动负债小计	63 087	83 330			
流动资产合计	218 410	228 510				非流动负债					
非流动资产						长期借款	38 400	42 000			
长期股权投资	42 200	51 000				应付债券	181 000	181 000			
固定资产	631 000	658 500				非流动负债小计	219 400	223 000			
无形资产	91 000	94 000				负债合计	282 487	306 330			
非流动资产合计	764 200	803 500				股东权益					
						股本	500 000	500 000			
						资本公积	107 000	102 640			
						盈余公积	82 423	85 320			
						未分配利润	10 700	37 720			
						股东权益合计	700 123	725 680			
合计	982 610	1 032 010				总计	982 610	1 032 010			

表 2.24 垂直资产负债表

万元

资产	期初数	期末数	期初结构	期末结构	差异	负债及所有者权益	期初数	期末数	期初结构	期末结构	差异
流动资产						流动负债					
货币资金	40 000	50 000				短期借款	37 600	55 000			
交易性金融资产	28 000	20 000				应付账款	13 600	15 500			
应收款项	15 500	25 000				应交税费	7 400	9 530			
存货	97 000	85 000				其他流动负债	4 487	3 300			
其他流动资产	37 910	48 510				流动负债小计	63 087	83 330			
流动资产合计	218 410	228 510				非流动负债					
非流动资产						长期借款	38 400	42 000			
长期股权投资	42 200	51 000				应付债券	181 000	181 000			
固定资产	631 000	658 500				非流动负债小计	219 400	223 000			
无形资产	91 000	94 000				负债合计	282 487	306 330			
非流动资产合计	764 200	803 500				股东权益					
						股本	500 000	500 000			
						资本公积	107 000	102 640			
						盈余公积	82 423	85 320			
						未分配利润	10 700	37 720			
						股东权益合计	700 123	725 680			
合 计	982 610	1 032 010				总 计	982 610	1 032 010			

任务要求：

(1) 编制水平资产负债表，并做出分析评价。

(2) 编制垂直资产负债表，并做出分析评价。

任务完成：

1) 编制水平资产负债表(见表 2.25)，并进行分析。

表 2.25 水平资产负债表

万元

资产	期初数	期末数	变动额	变动率/(%)	对资产影响/(%)	负债及所有者权益	期初数	期末数	变动额	变动率/(%)	对权益影响/(%)
流动资产						流动负债					
货币资金	40 000	50 000	10 000	25	1. 02	短期借款	37 600	55 000	17 400	46. 28	1. 77
交易性金融资产	28 000	20 000	−8 000	−28. 57	−0. 80	应付账款	13 600	15 500	1 900	13. 97	0. 19
应收款项	15 500	25 000	9 500	61. 29	0. 97	应交税费	7 400	9 530	2 130	28. 78	0. 22
存货	97 000	85 000	−12 000	−12. 37	−1. 22	其他流动负债	4 487	3 300	−1 187	−26. 45	−0. 12
其他流动资产	37 910	48 510	10 600	27. 96	1. 08	流动负债小计	63 087	83 330	20 243	32. 09	2. 06

（续表）

资　产	期初数	期末数	变动额	变动率/(%)	对资产影响/(%)	负债及所有者权益	期初数	期末数	变动额	变动率/(%)	对权益影响/(%)
流动资产合计	218 410	228 510	10 100	4.62	1.03	非流动负债					
非流动资产						长期借款	38 400	42 000	3 600	9.38	0.37
长期股权投资	42 200	51 000	8 800	20.85	0.90	应付债券	181 000	181 000	0	0	0
固定资产	631 000	658 500	27 500	4.36	2.80	非流动负债小计	219 400	223 000	3 600	1.64	0.37
无形资产	91 000	94 000	3 000	3.30	0.31	负债合计	282 487	306 330	23 843	8.44	2.43
非流动资产合计	764 200	803 500	39 300	5.14	4.00	股东权益					
						股本	500 000	500 000	0	0	0
						资本公积	107 000	102 640	−4 360	−4.07	−0.44
						盈余公积	82 423	85 320	2 897	3.51	0.29
						未分配利润	10 700	37 720	27 020	252.52	2.75
						股东权益合计	700 123	725 680	25 557	3.65	2.60
合　计	982 610	1 032 010	49 400	5.03	5.03	总　计	982 610	1 032 010	49 400	5.03	5.03

分析：该企业资产总额增加了49 400万元，增长幅度为5.03%。从具体项目来看主要是固定资产原值增加了27 500万元，增长幅度为2.80%，表明企业生产能力有所增强。流动资产增加了10 100万元，增长幅度为1.03%，说明企业资产的流动性有所提高。特别是货币资金的大幅度增加，对增强企业偿债能力、满足资金流动性需要都是有利的。同时，本期存货大幅度减少应引起注意。应收账款增加应结合销售收入的变动情况和收账政策进行分析。对外投资增加了8 800万元，增长幅度为0.90%，应结合投资收益进行分析。

从权益方面分析，最主要的方面就是企业本期生产经营卓有成效，提取盈余公积和保留未分配利润共计29 917万元，使得权益总额增长了3.04%。流动负债增加20 243万元，对权益总额的影响为2.06%，主要是由短期借款增加引起的。

2）编制垂直资产负债表，并进行分析。

表2.26　垂直资产负债表　　万元

资　产	期初数	期末数	期初结构/(%)	期末结构/(%)	差异/(%)	负债及所有者权益	期初数	期末数	期初结构/(%)	期末结构/(%)	差异/(%)
流动资产						流动负债					
货币资金	40 000	50 000	4.07	4.84	0.77	短期借款	37 600	55 000	3.83	5.33	1.50
交易性金融资产	28 000	20 000	2.85	1.94	−0.91	应付账款	13 600	15 500	1.38	1.50	0.12
应收款项	15 500	25 000	1.58	2.42	−1.63	应交税费	7 400	9 530	0.75	0.92	0.17
存货	97 000	85 000	9.87	8.24	−1.63	其他流动负债	4 487	3 300	0.46	0.32	−0.14

（续表）

资　产	期初数	期末数	期初结构/(%)	期末结构/(%)	差异/(%)	负债及所有者权益	期初数	期末数	期初结构/(%)	期末结构/(%)	差异/(%)
其他流动资产	37 910	48 510	3.86	4.70	0.84	流动负债小计	63 087	83 330	6.42	8.07	1.65
流动资产合计	218 410	228 510	22.23	22.14	-0.09	非流动负债					
非流动资产						长期借款	38 400	42 000	3.91	4.07	0.16
长期股权投资	42 200	51 000	4.29	4.94	0.65	应付债券	181 000	181 000	0	0	0
固定资产	631 000	658 500	64.22	63.81	-0.41	非流动负债小计	219 400	223 000	22.33	21.61	-0.72
无形资产	91 000	94 000	9.26	9.11	-0.15	负债合计	282 487	306 330	28.75	29.68	0.93
非流动资产合计	764 200	803 500	77.77	77.86	0.09	股东权益					
						股本	500 000	500 000	50.88	48.45	-2.43
						资本公积	107 000	102 640	10.89	9.95	-0.94
						盈余公积	82 423	85 320	8.39	8.27	-0.12
						未分配利润	10 700	37 720	1.09	3.65	2.56
						股东权益合计	700 123	725 680	71.25	70.32	-0.93
合　计	982 610	1 032 010	100.00	100.00	0.00	总　计	982 610	1 032 010	100.00	100.00	0.00

分析：从企业资产结构方面来看，本期和上期相比变化不大，应该认为是比较稳定的，但其中存货变动幅度较大且与固定资产的变动幅度相差较大，应引起注意。

从权益结构来看，流动负债的比重上升了1.65%，非流动负债和股东权益的比重分别下降了0.72%和0.93%，流动负债的比重上升是由短期借款增加引起的。

从资产结构与权益结构的对应关系来看，在流动资产的比重下降的同时，流动负债的比重上升，而且其上升的幅度超过了流动资产下降的幅度，企业短期偿债能力会相应下降。

项目总结

本项目主要介绍了资产负债表的结构、资产负债表的编制方法及资产负债表的比较分析和主要项目的阅读。

资产负债表是反映企业在某一特定日期所拥有的或控制的经济资源、所承担的现时义务和所有者对净资产的要求权的财务报表。我国企业的资产负债表采用账户式结构。资产负债表的数据主要来自会计账簿记录，可以直接根据总账账户余额填列；根据几个总账账户的余额计算填列；根据总账科目和明细科目的余额分析计算填列；根据有关明细科目余额计算填列；根据有关总账账户与其备抵账户抵销后的净额填列。

在资产负债表分析时要注意其各项目的构成及相互关系。资产负债表综合分析主要是对比较资产负债表和结构资产负债表进行分析。在分析时要注意揭示资产负债表各项目变动的根本原因及其资本结构的合理性。

本项目学习的重点是根据企业的资料完成资产负债表的编制，并能够运用水平分析法和垂直分析法进行资产负债表的综合分析。

同步测试

一、单项选择题

1. 资产负债表的附表不包括(　　)。

A. 资产减值准备明细表　B. 所有者权益增减情况变动表

C. 应交增值税明细表　D. 利润分配表

2. 某企业 2014 年 12 月 31 日固定资产账户余额为 2 000 万元,累计折旧账户余额为 800 万元,固定资产减值准备账户余额为 100 万元,在建工程账户余额为 200 万元。该企业 2014 年 12 月 31 日资产负债表中固定资产项目金额为(　　)万元。

A. 1 200　B. 900　C. 1 100　D. 2 200

3. 属于静态会计报表的是(　　)。

A. 资产负债表　B. 利润表　C. 现金流量表　D. 利润分配表

4. 主要提供企业财务状况信息的会计报表是(　　)。

A. 资产负债表　B. 利润表　C. 现金流量表　D. 利润分配表

5. 我国目前采用的资产负债表的格式是(　　)。

A. 单步式　B. 多步式　C. 报告式　D. 账户式

二、多项选择题

1. 月份终了,资产负债表中的未分配利润项目应根据(　　)科目计算填列。

A. “盈余公积”　B. “利润分配”　C. “本年利润”　D. 实收资本

2. (　　)属于附注的主要内容。

A. 财务报表编制基础　B. 重要会计政策和会计估计

C. 重要报表项目说明　D. 会计政策更新的说明

3. 会计报表附注包括(　　)。

A. 利润分配表　B. 业务分部报表　C. 地区分布报表　D. 分部报表

4. 资产负债表项目中直接根据总账科目余额填列的有(　　)。

A. 应付票据　B. 应付利息　C. 应交税费　D. 应付职工薪酬

5. 在填列资产负债表一年内到期的非流动负债项目时,需要考虑到的会计科目有(　　)。

A. “应付票据”　B. “应付债券”　C. “长期借款”　D. “应付股利”

三、简答题

1. 资产负债表的期末余额的编制方法有哪些?

2. 如何对资产负债表进行比较分析?

综合技能强化训练

实训　编制资产负债表

实训目标:

训练学生对资产负债表编制方法的运用。

实训任务资料：

兴达公司为增值税一般纳税人，适用的增值税税率为17%。2014年12月31日有关科目的余额如表2.27所示。

表2.27 2014年12月31日的科目余额

科目名称	借方余额	贷方余额	科目名称	借方余额	贷方余额
应存现金	3 000		短期借款		100 000
银行存款	15 300		应付票据		10 000
应收账款	60 000		应付账款		65 000
坏账准备——应收账款		300	长期借款		210 000
预付账款	10 000		实收资本		250 000
应收票据	6 000		资本公积		53 000
原材料	110 000		盈余公积		40 000
材料成本差异		10 000			
库存商品	70 000				
长期股权投资	160 000				
固定资产	350 000				
累计折旧		46 000			
合　计	784 300	56 300			728 000

2015年1月本企业发生如下经济业务。

（1）购进原材料20 000元，增值税3 400元，原预付账款10 000元，不足部分尚未支付。

（2）上述购进材料已验收入库，计划成本为22 000元。

（3）上期已注销的应收账款又收回3 000元。

（4）本期提取固定资产折旧15 000元（计入管理费用）。

（5）取得商品销售收入100 000元，增值税17 000元，款项已存入银行。销售成本为收入的70%。不考虑城市维护建设税和教育费附加。

（6）用银行存款支付应付票据款10 000元。

（7）本期归还长期借款70 000元。

（8）本月预交所得税10 000元（要求通过“所得税费用”、“应交税费”科目核算）。

注：未归还的长期借款中一年内到期的为40 000元。

要求：

（1）根据上述经济业务编制会计分录。

（2）编制该企业2015年1月31日的资产负债表。

实训指导：

1）根据资料编制会计分录。

有关的会计分录如下。

① 借：材料采购　　20 000
　　应交税费——应交增值税（进项税额）　　3 400
　　贷：预付账款　　23 400

② 借：原材料　　22 000

贷:材料采购 20 000

材料成本差异 200

③ 借:应收账款 3 000

贷:坏账准备 3 000

借:银行存款 3 000

贷:应收账款 3 000

④ 借:管理费用 15 000

贷:累计折旧 15 000

⑤ 借:银行存款 117 000

贷:主营业务收入 100 000

应交税费——应交增值税(销项税额) 17 000

同时借:主营业务成本 70 000

贷:库存商品 70 000

⑥ 借:应付票据 10 000

贷:银行存款 10 000

⑦ 借:长期借款 70 000

贷:银行存款 70 000

⑧ 借:所得税费用 10 000

贷:应交税费——应交所得税 10 000

借:应交税费——应交所得税 10 000

贷:银行存款 10 000

2) 根据会计分录编制会计报表(见表2.28)

表2.28 资产负债表

会企01表

编制单位:兴达公司　　2015年1月31日　　元

资　产	期末余额	年初余额	负债和所有者权益(或股东权益)	期末余额	年初余额
流动资产			流动负债		
货币资金	48 300	18 300	短期借款	100 000	100 000
应收票据	6 000	6 000	应付票据		10 000
应收账款	56 700	59 700	应付账款	78 400	65 000
预付款项		10 000	应交税费	13 600	
存货	120 000	170 000	一年内到期的非流动负债	40 000	
流动资产合计	231 000	264 000	流动负债合计	232 000	175 000
长期股权投资	160 000	160 000	非流动负债		
固定资产	289 000	304 000	长期借款	100 000	210 000
非流动资产合计	449 000	464 000	非流动负债合计	100 000	210 000
			负债合计	332 000	385 000
			所有者权益(或股东权益)		
			实收资本(或股本)	250 000	250 000
			资本公积	53 000	53 000

（续表）

资　产	期末余额	年初余额	负债和所有者权益(或股东权益)	期末余额	年初余额
			盈余公积	40 000	40 000
			未分配利润	5 000	
			所有者权益(或股东权益)合计	348 000	343 000
资产总计	680 000	728 000	负债和所有者权益(或股东权益)总计	680 000	728 000

注：预付账款明细科目的贷方余额记入“应付账款”项目；当期实现的利润不考虑提取盈余公积及向股东分配。

项目 3
利润表编制与分析

专业能力目标

能够运用利润表编制的基本方法编制利润表；能够运用比较分析法编制比较利润表，并对利润表进行比较分析。

职业核心能力目标

能够合理安排学习计划；能够对企业资料进行分析整理，筛选出利润表编制与分析所需的数据资料；能够对报表数据进行计算比较；能够与老师和同学进行沟通，明确学习任务；能够与团队成员协作，完成学习任务；能够在数据分析中说明自己的观点，得出结论。

项目结构

任　务	内　容
任务 3.1　编制与阅读利润表	3.1.1　利润表的结构 3.1.2　利润表的编制方法 3.1.3　阅读利润表项目
任务 3.2　比较分析利润表	3.2.1　编制并分析水平利润表 3.2.2　编制并分析垂直利润表

项目目标

根据会计核算总账报表岗位的要求，通过本项目的学习明确利润表的结构，掌握利润表的编制方法，理解利润表的各个项目，能够运用所学知识完成利润表的编制、编制比较利润表并对其进行分析。

项目引例

华能公司是一家上市公司。它主要生产小型及微型处理电脑，其市场主要目标定位于小规模公司和个人。该公司生产的产品质量优良，价格合理，在市场上颇受欢迎，销路很好，因此公司也迅速发展壮大起来。公司当前正在做 2014 年度的财务分析，一周后，财务总监董晶将向总经理汇报公司 2014 年度的财务状况及经营成果，且汇报的重点是公司的经营成果完成情况，并做出具体分析数据。

张伟是公司的助理会计师，主要负责利润的核算与分析工作，董晶要求其对公司

2014年度有关经营成果整理分析，并对公司的经营成果完成情况写出分析结果以供公司领导决策考虑。张伟应如何完成财务总监布置的工作任务呢？

引例分析：张伟应该从收集公司经营成果的资料入手，收集利润表及投资收益明细表、财务费用明细表、管理费用明细表等资料，运用比较分析法编制水平分析及垂直分析利润表，对公司利润的增减变动情况与结构变动情况进行分析。如何编制水平及垂直利润表，并对公司的经营成果进行分析呢？本项目的学习将教会相应的技能。

任务3.1 编制与阅读利润表

任务布置

企业资料：W公司有关资料如项目2“任务布置”中所示。W公司利润表期初数据如表3.1所示。

表3.1 利润表

会企02表

编制单位：W公司　　　　2014年度　　　　元

项　目	本期金额	上期金额
一、营业收入		1 300 000
减：营业成本		1 000 000
营业税金及附加		52 000
销售费用		26 000
管理费用		150 000
财务费用		10 000
资产减值损失		0
加：公允价值变动收益（损失以“－”填列）		0
投资收益（损失以“－”填列）		20 000
其中：对联营企业和合营企业的投资收益		
二、营业利润（亏损以“－”填列）		82 000
加：营业外收入		30 000

（续表）

项　目	本期金额	上期金额
减：营业外支出		
其中：非流动资产处置损失		
三、利润总额（亏损总额以“－”填列）		112 000
减：所得税费用		28 000
四、净利润（净亏损以“－”填列）		84 000
五、每股收益		
（一）基本每股收益		
（二）稀释每股收益		

要求：根据 W 公司有关资料，通过对“知识要点”的学习，在“任务完成”中编制利润表。

知识要点

3.1.1 利润表的结构

利润表一般由表首、正表和补充资料三部分构成。其中，表首说明报表名称、编制单位、编制日期、报表编号、货币名称、计量单位等；正表是利润表的主体，反映企业形成经营成果的各个项目和计算过程；补充资料反映非经常性项目对利润总额的影响。

利润表正表的结构一般有单步式利润表和多步式利润表 2 种。我国现行的利润表采用多步式结构。所谓多步式利润表，就是通过对当期的收入、费用、支出项目按性质加以归类，按利润形成的主要环节列示一些中间性利润指标（如营业利润、利润总额、净利润），分步计算当期净损益。多步式利润表的格式如表 3.2 所示。

表 3.2 利润表

会企 02 表

编制单位：××公司　　　　________年度　　　　元

项　目	本期金额	上期金额
一、营业收入		略
减：营业成本		
营业税金及附加		
销售费用		
管理费用		
财务费用		
资产减值损失		
加：公允价值变动收益（损失以“－”填列）		
投资收益（损失以“－”填列）		
其中：对联营企业和合营企业的投资收益		
二、营业利润（亏损以“－”填列）		
加：营业外收入		
减：营业外支出		

（续表）

项　目	本期金额	上期金额
其中：非流动资产处置损失		
三、利润总额（亏损总额以“-”填列）		
减：所得税费用		
四、净利润（净亏损以“-”填列）		
五、每股收益		
（一）基本每股收益		
（二）稀释每股收益		

1. 利润表的含义

利润表是反映企业在一定会计期间经营成果的报表。利润表把一定会计期间的收入与同一会计期间相关的费用进行配比，以计算出企业一定时期的净利润（或净亏损）。按照《企业会计准则》的规定，企业的利润主要由营业利润、利润总额和净利润3个层次构成，将每一层次的利润都分解成相应的收入和费用项目的比较，从而反映了从“核心业务”到“非核心业务”的扩展。这种利润层次体系有助于报表使用者形象地理解不同范围的经营成果的形成原因。

利润表实际上是反映企业经营情况的一段录像。这段录像有起点和终点，而利润表所要描述的就是从起点到终点的这个过程，因而被喻为“一段精彩的表演”。在这个过程中要记录的并不是所有的内容，而是这一期间发生了多少收入和多少费用，这段时间是盈利还是亏损。

2. 利润表的作用

利润表反映了因为盈利活动而引起的资产负债表中的权益变化，并最终通过所有者权益表现出来。在现实经济生活中，人们对于利润表的重视显然超过了资产负债表。利润表是企业经济效益的综合体现，所提供的信息是动态信息。利润表的作用表现在以下几个方面。

（1）解释、评价和预测企业的经营成果和获利能力

企业在生产经营活动中不断地发生各种费用，同时取得各种收入。利润表通过收入和成本费用情况的反映，可以提供企业在一定期间内的收益情况、成本费用情况，以及资金的投入和产出的比例关系，可以使报表的使用者了解企业经营业绩和财务成果，从而了解企业获利能力的大小。

（2）评价、预测企业的偿债能力

利润表本身并不提供偿债能力的信息。企业的偿债能力不仅取决于资产的流动性与资本结构，更取决于获利能力。企业在个别年份获利不足，不一定影响偿债能力。若一家企业长期丧失获利能力，则资产的流动性将会恶化，资本结构也会逐渐由优变劣，陷入资不抵债的困境。因而，一家数年收益很少、获利能力不强甚至亏损的企业，其偿债能力必然逐年下降。

债权人与管理部门通过分析与比较利润表信息，可以评价和预测企业的偿债能力，尤其是长期偿债能力，可以分析、预测偿债能力的变化趋势，进而做出各种信贷决策和改进企业管理工作的决策，如银行等债权人根据企业的偿债能力的预测情况做出维持、扩大或收缩现有信贷规模，应提出何种信贷条件等决策。企业管理部门则可据以找出偿债能力不强的原因，加强企业成本费用管理，提高企业的盈利水平，努力提高企业的偿债能力，改善公众形象。

(3) 企业管理人员经营决策的依据

企业经理等管理人员通过分析利润表的构成要素,可以掌握各项收入、成本、费用与收益之间的消长趋势,发现各方面工作中存在的问题,找出差距,加强成本控制,改善经营管理,努力增收节支,杜绝损失的发生,做出有利于企业获利水平提高的经营决策。

(4) 为企业分配经营成果提供依据

利润表比较完整地提供了企业一定时期内的营业利润、投资净收益和营业外收支等有关损益的情况,在扣除了所得税费用后即可计算出企业的净利润。净利润的大小决定了企业各个利害关系人的分配数额,因此,利润表为企业分配利润提供了基础数据和依据。

(5) 预测企业未来获利变化趋势

借助利润表比较和分析企业的盈亏信息,可以了解企业未来获利变化的趋势。例如,将企业1~5年的利润表进行比较,营业收入第1年为400万元,第2年为500万元,第3年为600万元,第4年为700万元,第5年为800万元。通过比较可看出企业的销售收入一直呈上升趋势,市场占有量增大,销售良好。

知识库

剪不断的利润情结

企业经营就是为了赚钱,而赚钱的多少早已被习惯地用利润来体现。利润是企业经营业绩的核心体现,也是投资者关注的焦点。在风云变幻的资本市场大潮中,利润似乎主宰着公司的沉浮乃至"生杀大权"。正因为关系到企业的兴衰荣辱,利润计量和披露也成为会计工作的重中之重,也因此才有众多的上市公司围绕"会计利润"上演一出出令人瞠目结舌的闹剧和悲剧。

毫无疑问,如何全面、公允地报告和披露企业真实的业绩和获利能力以维护资本市场的稳定秩序和健康发展,一直是会计界孜孜以求的目标。根据传统的会计实务,企业经营绩效或经营成果是通过盈亏来表示的,这就注定利润表已经是而且仍旧是一个极其重要而基本的财务报表。

实证资料表明,利润指标尽管备受质疑,但依然是最受投资者关注而且应用最广泛(也许是不自觉的)的绩效评价标准,由此衍生的各项指标(如每股收益、市盈率、投资报酬率、净资产收益率)正人气十足地充斥于各大公司的研究报告、全国财经新闻和证券报道之中。究其原因有两点:一是作为经济生活中的高频习惯用语,传统的思维模式根深蒂固;二是这方面的信息充斥于市场,资料容易取得,并且经过长期的发展已经成为一个羽翼丰满的指标网络体系。

3.1.2 利润表的编制方法

利润表中的各个项目,应根据各损益类科目的发生额分析填列。利润表各项目的内容及填列方法如下。

1) 以营业收入为基础,减去营业成本、营业税金及附加、销售费用、管理费用、财务费用、资产减值损失,加上公允价值变动收益(减去公允价值变动损失)和投资收益(减去投资损失),计算出营业利润。

2) 以营业利润为基础,加上营业外收入,减去营业外支出,计算出利润总额。

3）以利润总额为基础，减去所得税费用，计算出净利润（或亏损）。

普通股或潜在普通股已公开交易的企业，以及正处于公开发行普通股或潜在普通股过程中的企业，还应当在利润表中列示每股收益信息。

利润表中各项目均需填列“本期金额”和“上期金额”两栏。其中，“上期金额”栏内各项数字应根据上年该期利润表的“本期金额”栏内所列数字填列；“本期金额”栏内各项数字，除基本每股收益和稀释每股收益项目外，应当按照相关科目的发生额分析填列。例如，营业收入项目，根据“主营业务收入”、“其他业务收入”科目的发生额分析计算填列；营业成本项目，根据“主营业务成本”、“其他业务成本”科目的发生额分析计算填列；其他项目均按照各科目的发生额分析填列。

能力提升3-1 编制利润表。

某企业2014年度有关损益类账户的本期发生额如表3.3所示。

表3.3 损益类账户本期发生额

元

账户名称	借方发生额	贷方发生额	账户名称	借方发生额	贷方发生额
主营业务收入		600 000	财务费用	51 800	
主营业务成本	430 000		营业外支出	4 000	
销售费用	10 000		所得税费用	36 960	
营业税金及附加	1 200		投资收益		120 000
管理费用	76 100		营业外收入		85 000
资产减值损失	19 900				

根据各损益类账户本期发生额对应的利润表项目编制利润表，如表3.4所示。

表3.4 利润表

会企02表

编制单位：某企业　　　　2014年度　　　　元

项　目	本期金额	上期金额
一、营业收入	600 000	略
减：营业成本	430 000	
营业税金及附加	1 200	
销售费用	10 000	
管理费用	76 100	
财务费用	51 800	
资产减值损失	19 900	
加：公允价值变动收益（损失以“-”填列）		
投资收益（损失以“-”填列）	120 000	
其中：对联营企业和合营企业的投资收益		
二、营业利润（亏损以“-”填列）	131 000	
加：营业外收入	85 000	
减：营业外支出	4 000	
其中：非流动资产处置损失		

（续表）

项　目	本期金额	上期金额
三、利润总额(亏损总额以“－”填列)	212 000	
减：所得税费用	36 960	
四、净利润(净亏损以“－”填列)	175 040	
五、每股收益		
（一）基本每股收益		
（二）稀释每股收益		

知识库

编制利润表的工作步骤

1）根据原始凭证编制记账凭证,登记总账及明细账,并进行账账核对、账实核对及账证核对。

2）在保证所有会计业务均入账的前提下,编制试算平衡表,检查会计账户的正确性,为编制会计报表做好准备。

3）依据损益类账户本期发生额计算填列利润表项目。

4）检查利润表的完整性及正确性,包括表头部分的填制是否齐全,各项目填制是否正确,各种利润计算是否正确。

5）有关人员签字盖章。

3.1.3 阅读利润表项目

1. 营业收入

营业收入是指企业日常经营活动中取得的经济利益的流入。它基本上代表着整个企业的营业规模,是企业业绩最重要、最基本的来源。营业收入包括企业主要经营活动和非主要经营活动所带来的收入总额,会计核算上分别称为主营业务收入和其他业务收入。收入意味着企业资产的增加或负债的减少,也是企业财富和所有者权益增长的基础。

在我国目前的利润表上,突出强调主营业务收入。这是因为一方面主营业务是企业经营范围内的主要业务,其收入的状况可以直接表明企业获取收入的能力;另一方面主营业务收入至少应占营业收入的90%。它是企业主要的和稳定的营业收入,对企业的持续发展非常重要,而其他业务收入对企业的影响相对较小。

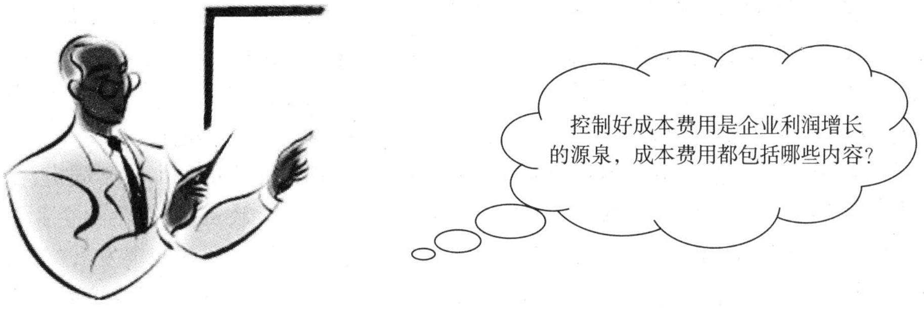

2. 营业成本

营业成本反映企业在主要经营活动及其他业务中所发生的成本总额。在会计核算中主要分为主营业务成本和其他业务成本两部分。营业成本不同于其他费用。它是直接依附于相关产品或劳务的被对象化了的成本费用。例如，对于工商企业而言，主营业务成本就是售出的库存商品的进货成本或生产成本。营业成本与营业收入相配比，二者之间的差额就是通常所谓的毛利额。它基本上代表着企业所从事的商品和劳务的盈利水平。

对营业成本进行分析时，主要应分析主要业务成本的变动，确定本期与前期或同行业企业的成本差异，并找出产生差异的原因。

3. 营业税金及附加

营业税金及附加项目反映企业在本期经营活动中应负担消费税、营业税、城市维护建设税、资源税、土地增值税和教育费附加等。营业税金及附加费用的高低和企业商品流转额或劳务供应量具有正相关关系，该项目与营业收入有一定的配比性，体现了企业对于社会的一种义务。

营业税金及附加虽然不构成产品的生产成本，但却是企业为了取得营业收入而发生的一项费用支出。在分析时，应注意其计算的准确性与缴纳的及时性。

4. 销售费用

销售费用用来核算企业在销售过程中发生的各项费用及为了销售而专门设立的销售机构的经营费用。销售费用的具体项目包括产品销售过程中发生的费用，如包装费、运输费、装卸费、保险费、出借包装物等周转材料的成本消耗及委托代销费用等；也包括为了促销商品而发生的费用，如广告费、展览费、经营租赁费、售后服务费、产品质量保证损失等；还包括专设销售机构（含销售公司、销售网点、售后服务网点等）的经营费用，如相关职工薪酬、业务经费、销售用固定资产的折旧费、修理费等。

销售费用作为一项期间费用，与本期营业收入有一定的配比性。分析时应注意其与本期收入是否配比。对销售费用分析，不应简单看其增减，还应结合费用变动的项目进行分析。一般而言，在企业业务发展的条件下，企业的销售费用不应该降低。片面追求在一定时期内的费用降低，有可能对企业的长期发展造成不利影响。

5. 管理费用

管理费用反映企业为组织管理企业经营活动所发生的各项费用。管理费用内容庞杂，细目众多，几乎成了费用之“筐”，那些应当由企业统一负担的费用一般都计入管理费用中。例如，公司筹建期间发生的开办费、公司董事会和总部各行政管理部门中的职工薪酬（包括工资、职工福利费、住房公积金、各种社会保险费、工会经费、职工教育经费、非货币性福利、辞退福利等)、公司经费、董事会费、聘请中介机构费、咨询费(含顾问费)、诉讼费、相关税金(如房产税、印花税、土地使用税、车船税等)、矿产资源补偿费、不予资本化的研发费用、技术转让费、排污费、业务招待费、用于经营管理活动的无形资产摊销、报经批准处理的存货盘亏毁损净损失等。

分析时可以将管理费用与企业的营业收入相配比,企业的管理费用基本属于固定性费用,在企业业务量一定、收入量一定的情况下,有效地控制、压缩固定性行政费用,将会给企业带来更多的收益;还可以将管理费用与财务预算对比,分析其合理性。同时,在企业业务发展的条件下,企业的管理费用变动也不会太大,单一追求在一定时期内的费用降低,也可能对企业发展带来不利影响。

6. 财务费用

财务费用主要是指企业为筹集生产经营所需资金而发生的各项费用。财务费用包括利息支出(利息收入冲减财务费用)、汇兑损益、金融机构手续费,企业发生的现金折扣(收到的现金折扣冲减财务费用)。经营期间企业的利息支出构成了财务费用的主体,分析财务费用应结合企业贷款利息进行。企业贷款利息水平的高低取决于贷款规模、贷款利息率和贷款期限。

财务费用是由于企业筹资活动而发生的,在分析时应当将财务费用的增减变动与企业的筹资活动联系起来,分析其变动的合理性,发现问题,查明原因,以期控制和降低费用,提高利润水平。

7. 资产减值损失

资产减值损失用来反映企业因资产价值减损而计提资产减值准备所形成的损失。根据新企业会计准则的规定,为了体现资产真正的价值,并且本着谨慎性原则,当企业资产的可收回金额低于账面价值时,原则上都应当估计减值损失并加以确认和计量,只不过使用的具体准则不尽相同。有一点需要注意,并不是所有的减值损失在未来期间价值回升的时候都可以转回。例如,企业计提的坏账准备、存货跌价准备、持有至到期投资减值准备等,相关资产价值恢复的时候,可以在原计提的减值准备金额内予以转回,而诸如长期股权投资、固定资产、在建工程、工程物资、无形资产、商誉等大部分非流动资产,相关资产减值准备一经计提,以后不得转回。

分析时应将资产的情况与企业以往情况、市场情况,以及行业水平对比,观察其异常变化,分析企业是否利用资产减值调节利润。

8. 公允价值变动损益

公允价值变动损益用来反映企业交易性金融资产、交易性金融负债,以及采用公允价值计量模式计量的投资性房地产、衍生工具、套期保值业务等公允价值变动形成的且其变动计入当期损益的利得或损失。公允价值指的是在公平交易中,熟悉情况的交易双方自愿进行资产交换或债务清偿的金额。值得注意的是,不要把公允价值下降造成的变动损益和上述资产减值损失混为一谈。资产减值损失往往表现为公允价值下降,但该下降通常是大幅度的、短期内难以恢复或挽回的价值减损。

9. 投资收益

投资收益反映企业确认的投资收益或损失。在会计上,确认投资收益的事项主要有:采用成本法核算的长期股权投资的应收股利收入;采用权益法核算的长期股权投资中,因被投资方净利润(或亏损)而计算应享有(或承担)的份额;企业持有的交易性金融资产、交易性金融负债、持有者到期投资、可供出售金融资产在持有期前获得的应收股利或应收利息收入;上述资产或负债的出售或处置损益等。此外,交易性金融资产(或交易性金融负债)在取得时支付的佣金、手续费等相关交易费用也应计入投资收益(冲减投资收益)。

本项目分析应结合企业具体投资项目进行,以便企业做出合理的投资决策。

10. 营业外收入和营业外支出

营业外收入(营业外支出)是指企业发生的与经营业务无直接关系的各项利得(损失)。

会计上通过营业外收入核算的项目主要有非流动资产处置利得、非货币性资产交换利得、债务重组利得、政府补助、固定资产等非流动资产盘盈利得、接受外来捐赠利得等。

通过营业外支出核算的项目主要有非流动资产处置损失、非货币性资产交换损失、债务重组损失、捐赠支出、非常支出、罚没支出、固定资产等非流动资产盘亏毁损损失等。

与营业活动的收入和费用不同,营业外收入和营业外支出不存在对应或配比关系。某种事项的发生可能有收入而不需要为此付出什么,同样,有些事项的发生仅仅有"付出"而不会得到什么"回报"。因此,这类事项如果出现异常,则需要财务报告使用者做一些特殊处理,如考察企业的盈利能力。

11. 所得税费用

所得税费用反映企业应从当期利润总额中扣除的所得税费用。由于会计和税法之间的分离,会计上核算的所得税费用与按照税法计算应缴纳的所得税并不相同。本项目的分析应结合资产负债表的递延所得税资产与递延所得税负债项目进行。

知识库

会计准则对所得税核算的规定

根据新企业会计准则,所得税核算采用国际标准——资产负债表债务法核算,其金额大小不仅受到当期应缴纳的所得税的影响,而且还包括预期以后期间可能应缴纳(或可抵扣)项目的影响金额。资产负债表债务法对所得税费用的确认和计量贯彻了"全面收益"观念,并与会计上核算的本期利润总额(而不是"合法"的应纳税所得额)形成一定配比关系,从而更具有合理性。资产或负债账面价值与其计税基础间的差异乘以适用税率,直接形成递延所得税资产或负债的期末余额,所得税费用依据当期应交所得税和递延所得税资产、负债的期末、期初差额加以确定,具体步骤:1)资产负债表日,比较各项资产或负债的账面价值与计税基础(有时候还要考虑没有在报表上列示的项目),确定应纳税暂时性差异和可抵扣暂时性差异;2)暂时性差异乘以适用税率得到递延所得税资产或负债的期末余额;3)比较递延所得税资产或负债的期末、期初余额,计算其增减变动的差额,确定递延所得税费用;4)根据税法规定,计算确定当期应缴纳的所得税,确定为当期所得税费用;5)根据当期所得税费用和递延所得税计算确定所得税费用。计算公式为:所得税费用 = 当期应交所得税 +(递延所得税负债期末余额 − 递延所得税负债期初余额) −(递延所得税资产期末余额 − 递延所得税资产期初余额)

12. 每股收益

每股收益即每股盈利(EPS),又称每股税后利润、每股盈余,是指税后利润与股本总数的比率。它是普通股股东每持有一股所能享有的企业净利润或需承担的企业净亏损。每股收益通常被用来反映企业的经营成果,衡量普通股的获利水平及投资风险,是投资者等信息使用者据以评价企业盈利能力、预测企业成长潜力进而做出相关经济决策的重要财务指标之一。

在分析时,可以进行公司间的比较,以评价该公司相对的盈利能力;可以进行不同时期的比较,了解该公司盈利能力的变化趋势;可以进行经营实绩和盈利预测的比较,掌握该公司的管理能力。

知识库

每股收益的计算与分析

1. 基本每股收益

基本每股收益是指归属于普通股股东的当期净利润扣除应发放的优先股利后的余额与发行在外的普通股加权平均数之比。其计算公式如下。

$$基本每股收益=\frac{净利润-优先股股利}{发行在外的普通股加权平均股数}$$

由于优先股股东对股利的受领权优先于普通股股东,因此,在计算普通股股东所能享有的收益额时,应将优先股股利扣除。公式分母采用加权平均股数,是因为本期内发行在外的普通股数只能在增加以后的这一段时期内产生权益,减少的普通股股数在减少以前的期间内仍产生收益,所以必须采用加权平均数,以正确反映本期内发行在外的股份份额。

2. 稀释每股收益

稀释每股收益是指当企业存在潜在性稀释普通股时,应当分别调整归属于普通股股东的当期净利润和发行在外的普通股加权平均数,并据以计算稀释每股收益。

所谓稀释性潜在普通股,是指假设当期转换为普通股会减少每股收益的潜在普通股,如可转换公司债券、认股权证和股份期权。

稀释每股收益的计算公式如下。

$$稀释每股收益=\frac{净利润-优先股股利}{普通股平均股数+约当普通股股数}$$

能力提升3-2 某公司2014年初发行在外的普通股有20万股,2014年7月1日又增发了6万股,并且该年内未发行其他股票,也没有退股的事项,则2014年度发行在外的加权平均股数为多少?

加权平均股数=20+(6×6÷12)=23(万股)

能力提升3-3 假设甲公司2014年1月1日发行100万份认股权证,行权价格为4元。2014年度净利润为300万元,发行在外的普通股加权平均股数为600万股,普通股市场价格为5元。计算基本每股收益、稀释每股收益。

基本每股收益=300÷600=0.5(元/股)

调整后增加的股数=100-100×4÷5=20(万股)

稀释每股收益 =300 ÷(600 +20) =0.48(元/股)

能力提升3-4 假设甲公司2014年1月1日发行利率为4%的可转换债券，面值为800万元，每100元债券可转换为1元面值的普通股90股。2014年度净利润为5 000万元，发行在外的加权平均股数为4 000万股，所得税税率为25%。计算基本每股收益与稀释每股收益。

基本每股收益 =5 000 ÷4 000 =1.25(元/股)

净利润的增加 =800 ×4% ×(1 -25%) =24(万元)

普通股数增加数 =800 ÷100 ×90 =720(万股)

稀释每股收益 =(5 000 +24) ÷(4 000 +720) ≈1.06(元/股)

每股收益是衡量上市公司盈利能力最常用的财务指标。它反映普通股的获利水平，也是衡量上市公司市场价值大小的重要指标。一般来说，每股收益越高，可用以分配给股东的每股红利也就越多，投资者从每股中取得的收益也就越多，股票价格就会随之上涨；反之，则相反。

每股收益作为评价上市公司获利能力的核心指标，主要作用如下。

① 每股收益反映了企业的获利能力，决定了股东的平均收益水平，每一股在本期获得的收益一目了然，便于股民选择投资哪个公司的股票。

② 每股收益是确定股票价值的主要参考指标。虽然股票价格受到市场资金供求、证券市场行情等多种因素的影响，但最终都要回归到企业的获利能力。只有真正效益好的企业才会被投资者长期使用。因此，每股收益作为企业获利状态的温度计，同时也决定了企业股价的高低。

③ 通过对某一企业连续若干期的每股收益变动情况及其趋势进行分析，可以帮助投资者了解企业投资报酬率在较长时期的变动规律，从而确定是否需要长期持有该公司的股票。

④ 通过对同一行业不同企业间每股收益比较分析，能够帮助投资者确认自己关注的企业指标在同行业中的地位，从而在市场影响因素类似的情况下对所有者投资企业的获利能力做出更客观的评价。

任务完成

根据"任务布置"中W公司的有关资料，为完成W公司利润表编制的任务，主要有以下工作步骤。

1）根据W公司经济业务的账簿记录编制损益类账户发生额表（见表3.5）（上期发生额来自上年利润表，作为已知数据）。

表3.5 损益类账户本期发生额

元

账户名称	借方发生额		贷方发生额	
	本期借方发生额	上期借方发生额	本期贷方发生额	上期贷方发生额
主营业务收入			1 550 000	1 300 000
投资收益			30 500	20 000
营业外收入				30 000
主营业务成本	1 100 000	1 000 000		
公允价值变动损益	10 000			
财务费用	16 000	10 000		
管理费用	117 100	150 000		
销售费用	28 000	26 000		

（续表）

账户名称	借方发生额		贷方发生额	
	本期借方发生额	上期借方发生额	本期贷方发生额	上期贷方发生额
营业税金及附加	63 300	52 000		
营业外支出	119 700			
所得税费用	31 600	28 000		

2）根据损益类账户发生额表（见表3.5）资料编制W公司利润表。

表3.6 利润表

会企02表

编制单位：W公司　　　　2014年度　　　　元

项　目	本期金额	上期金额
一、营业收入	1 550 000	1 300 000
减：营业成本	1 100 000	1 000 000
营业税金及附加	63 300	52 000
销售费用	28 000	26 000
管理费用	117 100	150 000
财务费用	16 000	10 000
资产减值损失	0	0
加：公允价值变动收益（损失以“－”填列）	－10 000	0
投资收益（损失以“－”填列）	30 500	20 000
其中：对联营企业和合营企业的投资收益		
二、营业利润（亏损以“－”填列）	246 100	82 000
加：营业外收入		30 000
减：营业外支出	119 700	
其中：非流动资产处置损失	119 700	
三、利润总额（亏损总额以“－”填列）	126 400	112 000
减：所得税费用	31 600	28 000
四、净利润（净亏损以“－”填列）	94 800	84 000
五、每股收益		
（一）基本每股收益		
（二）稀释每股收益		

技能训练

企业资料：

华荣公司为增值税一般纳税人，适用的增值税税率为17%。销售商品和提供劳务均属于公司的主营业务。假定销售商品、原材料和提供劳务均符合收入确认条件，商品、原材料售价中不含增值税，且成本在确认收入时逐笔结转，不考虑其他因素。2014年3月，该公司发生如下交易事项。

（1）月初委托某公司销售甲商品，代销协议约定的商品售价为800万元，代销手续费为售价的10%，月底收到代销清单，注明已经销售了商品的75%，同时收到代销款，并结算了代销手续费。该批商品实际成本为640万元。

（2）销售乙材料一批，增值税专用发票注明售价340万元，款项收到并存入银行。该批材料的实际成本为280万元。

（3）确认本月设备安装劳务收入。该设备安装劳务合同总收入为560万元，预计合同总成本为400万元，合同价款在前期签订合同时已收取。采用完工百分比法确认劳务收入。截至本月末，该劳务的累计完工进度为60%，前期已累计确认劳务收入240万元、劳务成本170万元。

（4）向A公司转让一项非专利技术的使用权，一次性收取使用费60万元并存入银行，且不再提供后续服务。

（5）向本公司销售人员发放自产产品作为福利，该批产品的实际成本为60万元，市场售价为100万元。

（6）将以前会计期间确认的与资产相关的政府补助在本月分配计入当月收益330万元。

（7）以银行存款支付管理费用15万元、财务费用10万元、销售费用5万元、营业外支出10万元。

假定除上述业务外，华荣公司3月份未发生其他相关业务。

任务要求：

（1）编制业务（1）至业务（7）的会计分录。

（2）计算华荣公司2014年3月份的营业收入、营业成本、销售费用、营业利润、营业外收入、利润总额。

注：应交税费要求写出明细科目和专栏名称；答案中的金额单位用万元表示；小数点后保留两位。

任务完成：

上述业务的会计分录如下。

① 借：委托代销商品	640	
贷：库存商品		640
借：银行存款	642	
销售费用	60	
贷：主营业务收入		600
应交税费——应交增值税（销项税额）		102
借：主营业务成本	480	
贷：委托代销商品		480
② 借：银行存款	397.8	
贷：其他业务收入		340
应交税费——应交增值税（销项税额）		57.8
借：其他业务成本	280	
贷：原材料		280
③ 借：预收账款	96	
贷：主营业务收入（560×60%－240）		96
借：主营业务成本（400×60%－170）	70	
贷：劳务成本		70
④ 借：银行存款	60	

贷:其他业务收入		60
⑤ 借:销售费用	117	
贷:应付职工薪酬		117
借:应付职工薪酬	117	
贷:主营业务收入		100
应交税费——应交增值税(销项税额)		17
借:主营业务成本	60	
贷:库存商品		60
⑥ 借:递延收益	330	
贷:营业外收入		330
⑦ 借:管理费用	15	
财务费用	10	
销售费用	5	
营业外支出	10	
贷:银行存款		40

营业收入 =600(1) +96(3) +100(5) +340(2) +60(4) =1 196(万元)

营业成本 =480(1) +70(3) +60(5) +280(2) =890(万元)

销售费用 =60(1) +117(5) +5(7) =182(万元)

营业利润 =1 196 -890 -182 -15(7) -10(7) =99(万元)

营业外收入 =330 万元(6)

利润总额 =99 +330 -10(7) =419(万元)

营业利润率 = 营业利润 ÷ 营业收入 ×100% =99 ÷1 196 ×100% =8.28%

成本费用总额 = 营业成本 + 营业税金及附加 + 销售费用 + 管理费用 + 财务费用

=890 +182 +15 +10 =1 097(万元)

成本费用利润率 = 利润总额 ÷ 成本费用总额 ×100% =419 ÷1 097 ×100% =38.20%。

任务3.2 比较分析利润表

任务布置

企业资料:企业背景资料仍以任务3.1中W公司数据为例。

要求:根据W公司利润表(见表3.6)的数据资料,为W公司的利润表编制水平利润表和垂直利润表,并对其利润表进行水平分析与垂直分析。

知识要点

对利润表进行比较分析的方法与对资产负债表进行比较分析的方法相似,即分别对利润表进行水平分析和垂直分析。

3.2.1 编制并分析水平利润表

利润表水平分析是指通过对利润表所列示各项目连续两期或两期以上的数据比较,分析确定其增减变动的方向和幅度,预测未来的盈利水平和分配结构。

比较报表仅取近两期的数据比较，是一种短期比较报表。这种报表由于仅选取了前后两期的数据，因而工作量较小，而且最近两期的信息往往也是报表阅读者最为关心的信息。如果选取两期以上的利润表数据进行比较，这样编出的报表称为长期比较报表。长期比较报表可以提醒用户排除各年份非常或偶然事项的影响，将企业若干年的数据依据时间序列加以分析，这样可以更加准确地反映企业利润发展的总体趋势，更好地推断企业的发展前景。

知识库

利润表水平分析时应注意的问题

基期的选择要具有一定的代表性，尽可能避开企业经营大起大落的年份，挑选发展平衡的时期。

在各期间进行趋势比较时，应考虑通货膨胀因素的影响。如果条件允许，可自行编制价格指数，以调整有关利润项目。

多种比较分析方法相互结合，尤其注意绝对数与相对数的结合运用，以便从不同角度进行较为全面的分析。

利润表水平分析应抓住企业的关键利润指标的变动情况进行分析，寻找影响利润变动的主要项目，有利因素与不利因素。

能力提升 3-5 利润表水平分析。

A 公司 2014 年度利润表资料如表 3.7 所示。根据此利润表编制水平利润表（见表 3.8），并对其进行分析。

表 3.7 利润表

会企 02 表

编制单位：A 公司　　2014 年度　　元

项　目	本期金额	上期金额
一、营业收入	195 756 919	154 521 867
减：营业成本	158 306 191	125 234 737
营业税金及附加	637 680	438 282
销售费用	11 679 764	7 135 293
管理费用	7 081 471	7 230 285
财务费用	1 847 259	1 410 414
资产减值损失	800 778	371 225
加：公允价值变动收益（损失以“-”填列）		
投资收益（损失以“-”填列）	-1 029 427	45 197
其中：对联营企业和合营企业的投资收益		
二、营业利润（亏损以“-”填列）	14 374 349	12 746 828
加：营业外收入	1 435 322	348 944
减：营业外支出	497 099	302 696
其中：非流动资产处置损失		

（续表）

项 目	本期金额	上期金额
三、利润总额(亏损总额以“-”填列)	15 312 572	12 793 076
减：所得税费用	3 348 116	3 502 271
四、净利润(净亏损以“-”填列)	11 964 456	9 290 805
五、每股收益		
（一）基本每股收益	0.64	0.66
（二）稀释每股收益	0.64	0.66

表3.8 水平利润表

编制单位:Q公司　　2014年度　　元

项 目	本期金额	上期金额	增减金额	增减率/(%)
一、营业收入	195 756 919	154 521 867	41 235 052	26.69
减：营业成本	158 306 191	125 234 737	33 071 454	26.41
营业税金及附加	637 680	438 282	199 398	45.50
销售费用	11 679 764	7 135 293	4 544 471	63.69
管理费用	7 081 471	7 230 285	-148 814	-2.06
财务费用	1 847 259	1 410 414	436 845	30.97
资产减值损失	800 778	371 225	429 553	115.71
加：公允价值变动收益(损失以“-”填列)				
投资收益(损失以“-”填列)	-1 029 427	45 197	-1 074 624	-2 377.64
其中:对联营企业和合营企业的投资收益				
二、营业利润(亏损以“-”填列)	14 374 349	12 746 828	1 627 521	12.77
加：营业外收入	1 435 322	348 944	1 086 378	311.33
减：营业外支出	497 099	302 696	194 403	64.22
其中:非流动资产处置损失				
三、利润总额(亏损总额以“-”填列)	15 312 572	12 793 076	2 519 496	19.69
减：所得税费用	3 348 116	3 502 271	-154 155	-4.40
四、净利润(净亏损以“-”填列)	11 964 456	9 290 805	2 673 651	28.78
五、每股收益				
（一）基本每股收益	0.64	0.66	-0.02	-3.03
（二）稀释每股收益	0.64	0.66	-0.02	-3.03

分析:

① 本年度净利润、利润总额和营业利润比上年都有所增长,3个利润的增长幅度分别为28.78%、19.69%和12.77%。可见,公司经营情况较好,公司的营业外收入的增长和营业外支出的下降对利润总额的增长做出了贡献,但这2个项目稳定性较差,不应该是公司利润的主要来源。

② 结合公司的费用情况分析。首先,销售费用大幅度增加,增长幅度为63.69%,远远超过了营业收入的增长速度,但是销售费用的增长对本期营业收入的增长可能会有一定的贡献。这是因为广告宣传效应对企业的销售增长会在一定范围内起到促进作用。应进一步分析销售费用

对公司营业收入的影响情况，为管理者在后续营业期应采取的措施起到指导作用。

同时，资产减值损失大幅度增加，增长了115.71%。应具体分析是哪类资产减值引起的，并分析减值的原因。该企业对外投资没有取得收益，而是形成了亏损，且对利润影响较大，说明公司的投资方向并不理想，应重点分析投资的情况，及时采取措施。

此外，营业税金及附加与财务费用的增长幅度也都超过了营业收入的增长幅度，对营业利润的增长带来不利的影响。可见，公司对整体费用的控制情况并不理想。

③ 分析公司的成本方面，营业成本增长26.41%，与营业收入的增长幅度基本一致。成本上涨可以结合材料价格因素、人工费用及制造费用来分析。控制成本是公司利润增长的关键。

知识库

比较分析法的3个主要标准

1. 实际指标与预算指标比较

实际指标与预算（计划或定额）指标比较，可以揭示实际与预算（计划或定额）之间的差异，了解该项指标的完成情况。

2. 本期指标同上期指标或历史最高水平比较

本期指标同上期指标或历史最高水平比较，可确定前后不同时期有关指标的变动情况，了解企业生产经营活动的发展趋势和管理工作的改进情况。

3. 本企业指标与国内外同行业先进指标比较

本企业指标与国内外同行业先进指标比较，可以找出与先进企业之间的差异，推动本企业改善经营管理办法、赶超先进水平。

3.2.2 编制并分析垂直利润表

利润表垂直分析是对利润表各项目的构成情况进行结构分析，即总体指标内部整体之结构分配百分比，因此，可以称为利润表垂直分析或纵向分析。

具体而言，利润表垂直分析是通过计算利润表中各项目或各因素在营业收入中所占的比重，分析说明各项财务成本、成本费用结构及其增减变动的合理程度。

利润表垂直分析可以从静态角度分析评价实际（报告期）利润构成状况，也可以从动态角度将实际利润构成与标准或基期利润构成进行分析评价；对于标准与基期利润构成，既可以用预算数，也可以用上期数，还可以用同行业可比企业数据。不同的比较标准将实现不同的分析评价目的。

垂直分析，又称为纵向分析法，是将常规的财务报表数据换算成结构百分比形式的报表，然后将本期和前一期或前几期的结构百分比报表汇编在一起，逐项比较查明各特定项目在不同年份所占比重的变动情况，并进一步判断企业财务状况与经营成果的发展趋势。结构百分比变动可能是由于个别项目金额变动所引起的，也可能是由于总数金额变动或两者共同变动所引起的。

知识库

上市公司利润表的快速解读

在财务报表中，企业的盈亏情况是通过利润表来反映的。它是企业生产经营成果的集中反映，是衡量企业生存和发展能力的主要尺度。

可将企业的利润表按照其收益来源构成划分为经营性利润、投资收益、营业外业务收入（营业外业务=补贴收入+营业外收入-营业外支出）。通过上述收益的划分，企业的利润构成情况大致可分为以下6种类型，从而可以判定企业盈利能力的稳定性。

① 正常情况。企业的经营性利润、投资收益、营业外业务都为正，或者经营性利润大于0、投资收益大于0、营业外业务小于0，致使当期收益为正。这说明企业的盈利能力比较稳定，状况比较好。

② 如果经营性利润、投资收益为正，而营业外业务亏损多，致使当期收益为负数，表明虽然企业的利润为负，但是是由于企业的营业外收支所导致的，构不成企业的经常性利润，因此，并不影响企业的盈利能力状况，这种亏损状况是暂时的。

③ 如果经营性利润大于0，投资收益、营业外业务小于0，致使经营性利润+投资收益小于0，当期收益小于0，说明企业的盈利情况比较差，投资业务失利导致企业的经营性利润比较差，企业的盈利能力不够稳定。

④ 如果经营性利润小于0，投资收益大于0，营业外业务大于0，致使企业的当期收益大于0，说明企业的利润水平依赖于企业的投资业务和营业外业务，其投资项目的好坏直接关系到企业的盈利能力，投资者应该关注其项目收益的稳定性。

⑤ 如果经营性利润小于0，投资收益小于0，营业外业务大于0，致使企业的当期收益大于0，说明企业的盈利状况很差。虽然当年盈利，但是其经营依赖于企业的营业外收支，持续下去会导致企业破产。

⑥ 如果经营性利润小于0，投资收益小于0，营业外业务小于0，致使企业的当期收益小于0，说明企业的盈利状况非常差，企业的财务状况值得担忧。

通过以上方法对企业的利润状况进行判别后，基本上可以掌握企业当年的盈利是来源于经营业务、投资业务或营业外业务，从而对企业经营能力的稳定性有一个直观的印象，为更深入的了解和分析奠定了基础。

能力提升3-6 利润表垂直分析。

根据A公司2014年度利润表（见表3.7）资料编制垂直利润表（见表3.9），并对其进行分析。

表3.9 垂直利润表

编制单位：A公司　　2014年度　　元

项　目	本期金额	上期金额	本期结构/（%）	上期结构/（%）
一、营业收入	195 756 919	154 521 867	100	100
减：营业成本	158 306 191	125 234 737	80.87	81.05
营业税金及附加	637 680	438 282	0.33	0.28
销售费用	11 679 764	7 135 293	5.97	4.62
管理费用	7 081 471	7 230 285	3.62	4.68
财务费用	1 847 259	1 410 414	0.94	0.91
资产减值损失	800 778	371 225	0.40	0.24
加：公允价值变动收益（损失以“-”填列）				
投资收益（损失以“-”填列）	-1 029 427	45 197	-0.53	0.03
其中：对联营企业和合营企业的投资收益				

（续表）

项　目	本期金额	上期金额	本期结构/(%)	上期结构/(%)
二、营业利润(亏损以“－”填列)	14 374 349	12 746 828	7.34	8.25
加：营业外收入	1 435 322	348 944	0.73	0.23
减：营业外支出	497 099	302 696	0.25	0.20
其中:非流动资产处置损失				
三、利润总额(亏损总额以“－”填列)	15 312 572	12 793 076	7.82	8.28
减：所得税费用	3 348 116	3 502 271	1.71	2.27
四、净利润(净亏损以“－”填列)	11 964 456	9 290 805	6.11	6.01
五、每股收益				
（一）基本每股收益	0.64	0.66	—	—
（二）稀释每股收益	0.64	0.66	—	—

分析：

① 分析成本费用。公司的营业成本比重小幅度下降、管理费用所占比重下降,这对营业利润的增加产生有利影响;营业税金及附加、销售费用、财务费用、资产减值损失都不同程度地提高了在营业收入中的比重,这对企业营业利润的增加产生不利影响,公司应加强对这类成本费用的控制;投资收益所占比重为负数,说明企业对外投资发生了损失,应分析投资损失的原因,从而将有限的资金投入到发展前景好的企业,为公司形成利润的新渠道。上述因素导致本年营业利润占收入的比重出现下降趋势。

② 分析利润总额。本期利润总额占营业收入比重为7.82%,比上期下降了0.46%,主要是由于营业利润比重下降导致的。利润总额的绝对数呈现增加趋势,利润总额的增长主要依赖营业利润的增加和营业外收入的增加,充分说明公司在经营成果方面取得了良好的效果。

③ 分析净利润。本期净利润占营业收入的比重为6.11%,比上期情况略有增长,说明公司的经营成果有了一定的提高。在利润总额增加的情况下,所得税费用减少了,说明公司进行了合理的税收筹划,具体情况要结合所得税纳税申报表进行分析。

任务完成

根据“任务布置”中W公司的利润表(见表3.6)资料对其利润表进行比较分析。

1） 编制并分析W公司水平利润表。

根据W公司2014年利润表(见表3.6)资料编制水平利润表(见表3.10)。

表3.10　水平利润表

编制单位:W公司　　　　2014年度　　　　元

项　目	本期金额	上期金额	增减金额	增减率/(%)
一、营业收入	1 550 000	1 300 000	250 000	19.23
减：营业成本	1 100 000	1 000 000	100 000	10
营业税金及附加	63 300	52 000	11 300	21.73
销售费用	28 000	26 000	2 000	7.69
管理费用	117 100	150 000	－32 900	－21.93
财务费用	16 000	10 000	6 000	60
资产减值损失	0	0		

（续表）

项　目	本期金额	上期金额	增减金额	增减率(%)
加：公允价值变动收益(损失以"－"填列)	-10 000	0	-10 000	
投资收益(损失以"－"填列)	30 500	20 000	10 500	52. 50
其中:对联营企业和合营企业的投资收益				
二、营业利润(亏损以"－"填列)	246 100	82 000	164 100	200. 12
加：营业外收入		30 000	-30 000	
减：营业外支出	119 700		119 700	
其中:非流动资产处置损失	119 700		119 700	
三、利润总额(亏损总额以"－"填列)	126 400	112 000	14 400	12. 86
减：所得税费用	31 600	28 000	3 600	12. 86
四、净利润(净亏损以"－"填列)	94 800	84 000	10 800	12. 86
五、每股收益				
(一) 基本每股收益				
(二) 稀释每股收益				

分析：

① 分析公司的营业利润。W营业利润本期比上期增加了164 100元，增长了200. 12%，说明公司生产经营业务获利能力明显增强。分析各项目可以看出本期营业收入比上期增加250 000元，增长了19. 23%；营业成本增加了100 000元，增长了10%。可见，公司对成本控制得较好，主要是由于成本的增长速度比收入的增长速度慢，带来了营业利润的增长。同时，本期管理费用下降了32 900元，降低了21. 93%，投资收益增加了10 500元，增长了52. 50%，也是利润上升的利好因素。由于销售的增长，本期营业税金及附加增加了11 300元，增长了21. 73%。此外，财务费用增加了6 000元，增长了60%。应结合财务费用明细项目进一步分析原因。

② 分析公司的利润总额。公司利润总额增加了14 400元，增长了12. 86%；净利润增加了10 800元，增长了12. 86%，利润总额和净利润的增长速度低于收入和营业利润的增长速度，主要是由于本期营业外收支的影响导致的。本期营业外收入减少了30 000元，营业外支出增加了119 700元，这些都是与生产经营无关的因素，稳定性较差，不是利润贡献的长期稳定来源。

总之，公司的生产经营获利能力增强，但由于营业外收入与营业外支出的影响，导致利润总额和净利润的增长受到了不利的影响。

2）编制并分析W公司垂直资产负债表。

根据W公司2014年利润表(见表3. 6)资料编制垂直利润表(见表3. 11)。

表3. 11　垂直利润表

编制单位:W公司　　　　2014年度　　　　元

项　目	本期金额	上期金额	本期结构/(%)	上期结构/(%)	差异/(%)
一、营业收入	1 550 000	1 300 000	100	100	
减：营业成本	1 100 000	1 000 000	70. 97	76. 92	-5. 95
营业税金及附加	63 300	52 000	4. 08	4	0. 08
销售费用	28 000	26 000	1. 81	2	-0. 19

（续表）

项 目	本期金额	上期金额	本期结构/(%)	上期结构/(%)	差异/(%)
管理费用	117 100	150 000	7.55	11.54	-3.99
财务费用	16 000	10 000	1.03	0.77	0.26
资产减值损失	0	0			
加：公允价值变动收益(损失以“-”填列)	-10 000	0	-0.66		-0.66
投资收益(损失以“-”填列)	30 500	20 000	1.97	1.54	0.43
其中:对联营企业和合营企业的投资收益					
二、营业利润(亏损以“-”填列)	246 100	82 000	15.88	6.31	9.57
加：营业外收入		30 000		2.31	-2.31
减：营业外支出	119 700		7.72		7.72
其中:非流动资产处置损失	119 700		7.72		7.72
三、利润总额(亏损总额以“-”填列)	126 400	112 000	8.15	8.62	-0.47
减：所得税费用	31 600	28 000	2.04	2.15	-0.11
四、净利润(净亏损以“-”填列)	94 800	84 000	6.12	6.46	-0.34
五、每股收益					
(一) 基本每股收益					
(二) 稀释每股收益					

分析:W公司本期营业利润占收入的比重为15.88%,比上期上升了9.57%,表明公司生产经营获利能力大幅度提高。主要原因是公司成本控制得较好。营业成本的比重本期为70.97%,比上期下降了5.95%;同时,管理费用的比重降低了3.99%,投资收益比重上升了0.43%,也都是利润比重上升的有利因素。由于本期营业外支出比重上升了7.72%,营业外收入比重下降了2.31%,导致利润总额比重下降了0.47%,净利润比重下降了0.34%。

技能训练

企业资料:某公司有关利润表数据如表3.12所示。

表3.12 利润表

2014年度

万元

项 目	本期金额	上期金额
一、营业收入	105 654	89 286
减：营业成本	80 015	68 989
营业税金及附加	6 320	5 352
销售费用	9 604	6 003
管理费用	4 065	2 105
财务费用	1 611	1 292
资产减值损失		
加：公允价值变动收益(损失以“-”填列)		

（续表）

项 目	本期金额	上期金额
投资收益(损失以“－”填列)	－61	90
、 其中:对联营企业和合营企业的投资收益		
二、营业利润(亏损以“－”填列)	3 978	5 635
加：营业外收入	201	67
减：营业外支出	1 388	1 566
其中:非流动资产处置损失		
三、利润总额(亏损总额以“－”填列)	2 791	4 136
减：所得税费用	698	1 034
四、净利润(净亏损以“－”填列)	2 093	3 102
五、每股收益		
（一）基本每股收益		
（二）稀释每股收益		

任务要求：

（1）编制水平利润表,并做出分析。

（2）编制垂直利润表,并做出分析。

任务完成：

1）编制水平利润表(见表3.13),并进行分析。

表3.13 水平利润表

万元

项 目	本期金额	上期金额	增减金额	增减率/(%)
一、营业收入	105 654	89 286	16 368	18.33
减：营业成本	80 015	68 989	11 026	15.98
营业税金及附加	6320	5 352	968	18.09
销售费用	9 604	6 003	3 601	59.99
管理费用	4 065	2 105	1 960	93.11
财务费用	1 611	1 292	319	24.69
资产减值损失				
加：公允价值变动收益(损失以“－”填列)				
投资收益(损失以“－”填列)	－61	90	－151	－167.78
其中:对联营企业和合营企业的投资收益				
二、营业利润(亏损以“－”填列)	3 978	5 635	－1 657	29.41
加：营业外收入	201	67	134	200
减：营业外支出	1 388	1 566	－178	11.37
其中:非流动资产处置损失				
三、利润总额(亏损总额以“－”填列)	2 791	4 136	－1 345	－32.52
减：所得税费用	698	1 034	－336	－32.50

（续表）

项　目	本期金额	上期金额	增减金额	增减率/（%）
四、净利润（净亏损以“－”填列）	2 093	3 102	－1 009	－32.53
五、每股收益				
（一）基本每股收益				
（二）稀释每股收益				

分析：公司营业收入2014年较2013年有很大的进步，增加了16 368万元，增长幅度为18.33%；营业成本增加了11 026万元，增长幅度为15.98%，低于营业收入的增长速度，这会带来营业利润的增长，同时说明公司对生产成本的控制效果显著。

2014年，令人担忧的是期间费用涨幅过大，销售费用、管理费用和财务费用分别比2013年增加了968万元、3 601万元、1 960万元，增长幅度分别为59.99%、93.11%和24.69%，从而抵销了部分主营业务利润，最终营业利润减少了1 657万元，比上年下降了29.41%，可见期间费用的控制刻不容缓且任重道远。此外，投资收益2014年为负数，比2013年降低了167.78%，也是营业利润减少的原因。

此外，营业外收入比上年增加了134万元，增长幅度为200%；营业外支出比上年减少了178万元，降低了11.37%，这对公司利润总额的增长是有利的。

总体而言，由于公司各项期间费用的增长和投资收益下降等因素的不利影响，导致公司的营业利润、利润总额和净利润均较2013年有所减少，公司的获利能力有所下降。

2）编制垂直利润表（见表3.14），并进行分析。

表3.14　垂直利润表

万元

项　目	本期金额	上期金额	本期结构/（%）	上期结构/（%）	差异/（%）
一、营业收入	105 654	89 286	100	100	
减：营业成本	80 015	68 989	75.73	77.27	－1.54
营业税金及附加	6 320	5 352	5.98	5.99	－0.01
销售费用	9 604	6 003	9.09	6.72	2.37
管理费用	4 065	2 105	3.85	2.36	1.49
财务费用	1 611	1 292	1.52	1.45	0.07
资产减值损失					
加：公允价值变动收益（损失以“－”填列）					
投资收益（损失以“－”填列）	－61	90	－0.058	0.10	－0.158
其中：对联营企业和合营企业的投资收益					
二、营业利润（亏损以“－”填列）	3 978	5 635	3.77	6.31	－2.54
加：营业外收入	201	67	0.19	0.075	0.115
减：营业外支出	1 388	1 566	1.31	1.75	－0.44
其中：非流动资产处置损失					
三、利润总额（亏损总额以“－”填列）	2 791	4 136	2.64	4.63	－1.99

（续表）

项　目	本期金额	上期金额	本期结构/(%)	上期结构/(%)	差异/(%)
减：所得税费用	698	1 034	0.66	1.16	-0.50
四、净利润(净亏损以“-”填列)	2 093	3 102	1.98	3.47	-1.49
五、每股收益					
（一）基本每股收益					
（二）稀释每股收益					

分析:公司2014年营业利润占营业收入的比重为3.77%,比2013年下降了2.54%。利润总额占营业收入的比重为2.64%,比2013年下降了1.99%。净利润占营业收入的比重为1.98%,比2013年下降了1.49%。究其原因,主要是由于期间费用占营业收入的比重上升导致的。其中,销售费用、管理费用和财务费用2014年占营业收入的比重分别为9.09%、3.85%、1.52%,占营业收入的比重分别比2013年上升了2.37%、1.49%和0.07%。因此,导致公司的利润减少、获利能力下降。

项目总结

利润表正表的结构一般有单步式利润表和多步式利润表2种。我国现行的利润表采用多步式结构。利润表中的各个项目,应根据各损益类科目的发生额分析填列。利润表各项目的内容及填列方法如下。

1）以营业收入为基础,减去营业成本、营业税金及附加、销售费用、管理费用、财务费用、资产减值损失,加上公允价值变动收益(减去公允价值变动损失)和投资收益(减去投资损失),计算出营业利润。

2）以营业利润为基础,加上营业外收入,减去营业外支出,计算出利润总额。

3）以利润总额为基础,减去所得税费用,计算出净利润(或亏损)。

利润表水平分析是指通过对利润表所列示各项目连续两期或两期以上的数据比较,分析确定其增减变动的方向和幅度,预测未来的盈利水平和分配结构。利润表垂直分析是对利润表各项目的构成情况进行结构分析,即总体指标内部整体之结构分配百分比,因此可以称为利润表垂直分析或纵向分析。

本项目学习的重点是根据企业的资料完成利润表的编制,并能够运用水平分析法和垂直分析法进行利润表的比较分析。

同步测试

一、单项选择题

1. 利润表上部分反映企业经营活动,下部分反映企业的非经营活动,其分界点是(　　)。
   A. 营业利润　　B. 利润总额　　C. 主营业务利润　　D. 净利润
2. 关于销售毛利率的计算公式错误的是(　　)。
   A. 销售毛利率=1-变动成本率　　B. 销售毛利率=1-销售成本率
   C. 销售毛利率=1-成本费用率　　D. 销售毛利率=1-销售利润率
3. 为了直接分析企业财务状况和经营成果在行业中所处的地位,需要进行同业比较分析。

其中,行业标准产生的依据主要是(　　)。

A. 行业平均水平　B. 行业先进水平　C. 历史先进水平　D. 历史平均水平

4. 企业期末"本年利润"的贷方余额为17万元,"利润分配"和"应付股利"的贷方余额分别为18万元和12万元,则资产负债表中"未分配利润"项目的金额为(　　)万元。

A. 35　B. 13　C. 8　D. 1

5. 不影响营业利润的是(　　)。

A. 已销售商品收入　B. 原材料销售收入

C. 出售无形资产净损益　D. 股票投资所得的收益

二、多项选择题

1. 属于报表附注的内容的有(　　)。

A. 财务报表的编制基础　B. 重要会计政策和会计估计

C. 报表重要项目说明　D. 会计政策变更说明

2. 不应计入营业外收入的是(　　)。

A. 销售商品取得的收入　B. 转销无法偿还的应付账款

C. 出售原材料取得的收入　D. 处置交易性金融资产取得的净收益

3. 企业交纳的各种税金中,应通过"营业税金及附加"科目核算的有(　　)。

A. 矿产资源补偿费　B. 营业税　C. 增值税销项税额　D. 城市维护建设税

4. 由于会计上和税法上核算不一致,需要进行纳税调整的项目有(　　)。

A. 超标的业务招待费　B. 公司债券的利息收入

C. 国债利息收入　D. 公司债券转让净收益

5. 既影响营业利润,又影响利润总额的业务有(　　)。

A. 计提坏账准备　B. 转让无形资产所有权的净收益

C. 计提所得税费用　D. 转让股票所得收益

三、简答题

简述利润表的作用。

综合技能强化训练

实训　比较分析利润表

实训目标:

训练学生对利润表比较分析方法的运用。

实训任务资料:

B公司2014年度利润表如表3.15所示。对该公司的利润表进行比较分析。

表3.15　利润表

会企02表

编制单位:B公司　2014年度　万元

项　目	本期金额	上期金额
一、营业收入	1 396 902	1 253 496
减:营业成本	1 253 535	1 152 033

（续表）

项　目	本期金额	上期金额
营业税金及附加	7 450	7 334
销售费用	3143	2 148
管理费用	39 159	17 624
财务费用	-20 776	114 732
资产减值损失		
加：公允价值变动收益(损失以“-”填列)		
投资收益(损失以“-”填列)	-5 283	-2 431
其中:对联营企业和合营企业的投资收益		
二、营业利润(亏损以“-”填列)	109 108	-42 806
加：营业外收入	26 895	75 008
减：营业外支出	4 553	2 184
其中:非流动资产处置损失		
三、利润总额(亏损总额以“-”填列)	131 450	30 018
减：所得税费用	25 477	4 608
四、净利润(净亏损以“-”填列)	105 973	25 410
五、每股收益		
（一）基本每股收益		
（二）稀释每股收益		

实训指导：

1）根据利润表资料编制水平利润表(见表3.16)，并对利润变动情况进行分析。

表3.16　水平利润表

编制单位:B公司　　　　2014年度　　　　元

项　目	本期金额	上期金额	增减金额	增减率/(%)
一、营业收入	1 396 902	1 253 496	143 406	11.44
减：营业成本	1 253 535	1 152 033	101 502	8.81
营业税金及附加	7 450	7334	116	1.58
销售费用	3 143	2 148	995	46.32
管理费用	39 159	17 624	21 535	122.19
财务费用	-20 776	114 732	-135 508	-118.11
资产减值损失				
加：公允价值变动收益(损失以“-”填列)				
投资收益(损失以“-”填列)	-5 283	-2 431	-2 852	-117.32
其中:对联营企业和合营企业的投资收益				
二、营业利润(亏损以“-”填列)	109 108	-42 806	151 914	354.89
加：营业外收入	26 895	75 008	-48 113	-64.14
减：营业外支出	4 553	2 184	2 369	108.47

（续表）

项　目	本期金额	上期金额	增减金额	增减率/(%)
其中:非流动资产处置损失				
三、利润总额(亏损总额以“－”填列)	131 450	30 018	101 432	337.90
减：所得税费用	25 477	4 608	20 869	452.89
四、净利润(净亏损以“－”填列)	105 973	25 410	80 563	317.05
五、每股收益				
（一）基本每股收益				
（二）稀释每股收益				

分析：

① 营业利润分析。公司的营业利润增加主要是由于财务费用大幅度下降和销售毛利增加所致。营业收入较营业成本多增长近42 000万元；而财务费用比上年减少了135 508万元，同时受到销售费用、管理费用增加，投资收益下降的影响，营业利润最终增加了151 914万元，增长率为354.89%。

② 利润总额分析。公司利润总额增长101 432万元，关键是由于企业营业利润增加引起的，但因为营业外收入与营业外支出的影响，利润总额减少了50 501万元。增减因素相抵，利润总额增加了101 432万元。

③ 净利润分析。公司本年净利润为105 973万元，比上年增长了80 563万元，增长率为317.05%，增长幅度很高。净利润增长的主要原因是利润总额增长了101 432万元；同时，所得税增长了。由于所得税增长的影响，净利润增长了80 563万元。

总体而言，公司各项利润比上年有较大增长，使得利润增加的有利因素是财务费用大幅度下降、主要业务利润增加；使得利润减少的主要因素是营业外收入大幅度减少，管理费用大幅度增加。

2）根据利润表资料编制垂直利润表（见表3.17），并对利润结构变动情况进行分析。

表3.17　垂直利润表

编制单位：B公司　　2014年度　　万元

项　目	本期金额	上期金额	本期结构/(%)	上期结构/(%)
一、营业收入	1 396 902	1 253 496	100	100
减：营业成本	1 253 535	1 152 033	89.74	91.91
营业税金及附加	7 450	7 334	0.53	0.59
销售费用	3 143	2 148	0.22	0.17
管理费用	39 159	17 624	2.80	1.41
财务费用	－20 776	114 732	－1.49	9.15
资产减值损失				
加：公允价值变动收益(损失以“－”填列)				
投资收益(损失以“－”填列)	－5 283	－2 431	－0.37	－0.19
其中:对联营企业和合营企业的投资收益				
二、营业利润(亏损以“－”填列)	109 108	－42 806	7.81	－3.41

（续表）

项　目	本期金额	上期金额	本期结构/(%)	上期结构/(%)
加：营业外收入	26 895	75 008	1.93	5.98
减：营业外支出	4 553	2 184	0.33	0.17
其中：非流动资产处置损失				
三、利润总额（亏损总额以"-"填列）	131 450	30 018	9.41	2.39
减：所得税费用	25 477	4 608	1.82	0.37
四、净利润（净亏损以"-"填列）	105 973	25 410	7.59	2.03
五、每股收益				
（一）基本每股收益				
（二）稀释每股收益				

分析：

① 公司本期营业利润的构成为7.81%，比上期的-3.41%增长了11.22%，说明企业主营业务创造利润的能力增强。利润总额本期构成为9.41%，比上期的2.39%增长了7.02%；净利润构成本期为7.59%，比上期的2.03增长了5.56%。从利润的构成情况来看，企业的盈利能力比上期有所提高。

② 从营业利润的构成增长看，主要是由于销售成本结构下降所致。本期营业成本的比重为89.74%，比上期下降了2.17%，说明成本控制是提高营业利润的主要途径。

③ 从利润总额结构增长情况分析，除了受到成本构成降低的影响外，主要在于财务费用的比重下降，另外，管理费用比重上升，营业外收入比重下降给利润总额和净利润结构的变动都带来了一定的不利影响。

项目4 现金流量表编制与分析

专业能力目标

能够运用现金流量表的编制方法完成现金流量表的编制；能够运用比较分析法编制比较现金流量表，并对现金流量表进行比较分析。

职业核心能力目标

能够合理安排学习计划；能够对企业资料进行分析整理，根据企业情况选择合理的现金流量表编制方法；能够对报表数据进行计算比较；能够与老师和同学进行沟通，明确学习任务；能够与团队成员协作，完成学习任务；能够在数据分析中说明自己的观点，得出结论。

项目结构

任　务	内　容
任务4.1　编制与阅读现金流量表	4.1.1　现金流量表的结构 4.1.2　现金流量表的编制方法 4.1.3　现金流量表的简化编制方法 4.1.4　阅读现金流量表项目
任务4.2　比较分析现金流量表	4.2.1　编制并分析水平现金流量表 4.2.2　编制并分析垂直现金流量表

项目目标

根据会计核算总账报表岗位的要求，通过本项目的学习明确现金流量表的结构，理解现金流量表各项目的含义，掌握现金流量表的编制方法。能够完成现金流量表的编制，能够编制比较现金流量表并对其进行分析。

项目引例

据统计，2006年上市公司净利润同比增长46.4%，2007年一季度上市公司净利润同比增长87.3%，但经营活动产生的现金流净额反而同比下降11.5%，这一增一减之间存在巨大的差额，其中凸显的问题也就值得注意。净利润反映上市公司的最终业绩水平，但不与现金流结合起来分析，则许多公司的高利润指标很可能只是“纸上富贵”。在正常情况下，公司的净利润与经营活动现金流量净额应是同步变动，可是报告反映的情况却相反，具体分析是减值准备计提大量提取，应收账款周转率下降，存货大增和预付账款增加等因素所造成的。

每股税后利润和现金流量净额是相辅相成的,如有的上市公司有较好的税后利润指标,但现金流量较为不充分,这就是典型的操作利润的关联交易所导致的。有的上市公司在年度内变卖资产,而出现现金流量大幅增加的现象,也不一定是好事,将影响公司可持续发展。最好选择每股税后利润和每股现金流量净额双高的公司作为投资对象,是稳健获利的投资风格。

引例分析:单从财务报表所反映的信息来看,现金流量日益取代净利润,成为评价公司股票价值的一个重要标准。在现代市场经济日益竞争加剧的格局中,“现金至尊”比起“盈利为王”的价值观,无论在理论上还是在实践上都具有重要的意义作用。如果比拟现金是企业日常生产经营运作的“血液”,那么现金流量表就好比是一张“验血报告单”。通过这个报告可以清楚地判断上市公司日常生产经营运转是否健康。因此,对于会计信息使用者而言,现金流量表提供了非常有用的信息。本项目的学习将有助于对现金流量表有全面的认识。

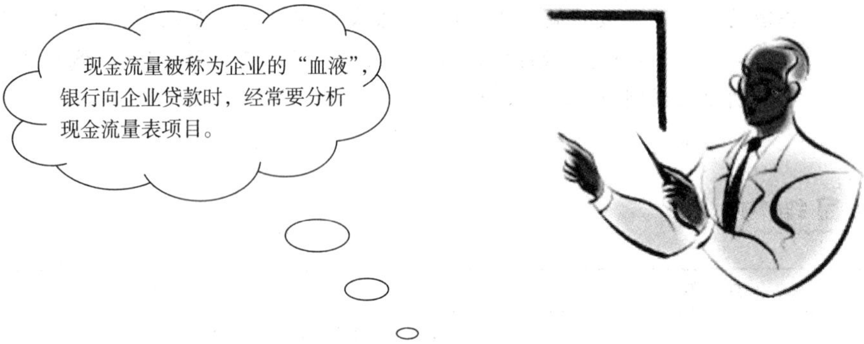

任务4.1 编制与阅读现金流量表

任务布置

公司资料:仍以W公司(查找项目2与项目3的W公司资料)为例,资料来源为W公司资产负债表2.11及利润表3.6有关资料。

要求:根据W公司上述有关资料,通过对“知识要点”的学习,在“任务完成”中编制现金流量表。

知识要点

4.1.1 现金流量表的结构

现金流量表分为正表和补充资料两部分。

1. 现金流量表正表

现金流量表正表根据企业经济业务的性质和现金流量的来源分类反映经营活动产生的现金流量、投资活动产生的现金流量和筹资活动产生的现金流量,最后汇总反映企业某一期间现金及现金等价物的净增加额。在有外币现金流量及境外子公司的现金流量折算为人民币的企业,还应单设汇率变动对现金及现金等价物的影响项目。其格式如表4.1所示。

表 4.1 现金流量表

会企 03 表

编制单位： 年度 元

项 目	本期金额	上期金额
一、经营活动产生的现金流量		
销售商品、提供劳务收到的现金		
收到的税费返还		
收到其他与经营活动有关的现金		
经营活动现金流入小计		
购买商品、接受劳务支付的现金		
支付给职工及为职工支付的现金		
支付的各项税费		
支付其他与经营活动有关的现金		
经营活动现金流出小计		
经营活动产生的现金流量净额		
二、投资活动产生的现金流量		
收回投资收到的现金		
取得投资收益收到的现金		
处置固定资产、无形资产和其他长期资产收回的现金净额		
处置子公司及其他营业单位收到的现金净额		
收到其他与投资活动有关的现金		
投资活动现金流入小计		
购建固定资产、无形资产和其他长期资产支付的现金		
投资支付的现金		
取得子公司及其他营业单位支付的现金净额		
支付其他与投资活动有关的现金		
投资活动现金流出小计		
投资活动产生的现金流量净额		
三、筹资活动产生的现金流量		
吸收投资收到的现金		
取得借款收到的现金		
收到其他与筹资活动有关的现金		
筹资活动现金流入小计		
偿还债务支付的现金		
分配股利、利润或偿付利息支付的现金		
支付其他与筹资活动有关的现金		
筹资活动现金流出小计		

（续表）

项　目	本期金额	上期金额
筹资活动产生的现金流量净额		
四、汇率变动对现金及现金等价物的影响		
五、现金及现金等价物净增加额		
加：期初现金及现金等价物余额		
六、期末现金及现金等价物余额		

2. 现金流量表补充资料

现金流量表补充资料是对正表内容的补充说明，主要包括这些内容：将净利润调节为经营活动现金流量；不涉及现金收支的投资和筹资活动；现金及现金等价物净增加情况。

现金流量表补充资料格式如表4.2所示。

表4.2　现金流量表补充资料

补充资料	本期金额	上期金额
1. 将净利润调节为经营活动现金流量		
净利润		
加：资产减值准备		
固定资产折旧、油气资产折耗、生产性生物资产折旧		
无形资产摊销		
长期待摊费用摊销		
处置固定资产、无形资产和其他长期资产的损失（收益以“-”填列）		
固定资产报废损失（收益以“-”填列）		
公允价值变动损失（收益以“-”填列）		
财务费用（收益以“-”填列）		
投资损失（收益以“-”填列）		
递延所得税资产减少（增加以“-”填列）		
递延所得税负债增加（减少以“-”填列）		
存货的减少（增加以“-”填列）		
经营性应收项目的减少（增加以“-”填列）		
经营性应付项目的增加（减少以“-”填列）		
其他		
经营活动产生的现金流量净额		
2. 不涉及现金收支的重大投资和筹资活动		
债务转为资本		
一年内到期的可转换公司债券		
融资租入固定资产		
3. 现金及现金等价物净变动情况		
现金的期末余额		

（续表）

补充资料	本期金额	上期金额
减：现金的期初余额		
加：现金等价物的期末余额		
减:现金等价物的期初余额		
现金及现金等价物净增加额		

知识库

现金流量表的有关概念

1. 现金及现金等价物

（1）现金

现金是指企业库存现金及可以随时用于支付的存款。不能随时用于支付的存款不属于现金。现金包括库存现金、银行存款和其他货币资金。

库存现金是指企业持有可随时用于支付的现金,即为"库存现金"科目核算的内容。

银行存款是指企业存入金融机构可以随时用于支付的存款,与"银行存款"科目核算的内容基本一致,但不包括不能随时用于支付的存款。例如,不能随时支取的定期存款、被冻结的存款、办理质押的银行存款等不应作为现金。

其他货币资金是指存放在金融机构的外埠存款、银行汇票存款、银行本票存款、信用卡存款、信用证存款和存出投资款等,与"其他货币资金"科目核算的内容一致。

（2）现金等价物

现金等价物是指企业持有的期限短、流动性强、易于转换为已知金额现金、价值变动风险很小的投资。期限短,一般是指从购买日起3个月内到期。现金等价物通常包括3个月内到期的债券投资等。股权性投资的价值变动风险较大,不能作为现金等价物。

关于现金等价物,在同时满足上述4个条件的前提下,由企业根据具体情况来确定,并且应一贯地保持其划分标准。如须改变划分标准,应按会计政策更正处理,并在会计报表附注中披露。

2. 现金流量

现金流量是指企业一定时期的现金和现金等价物的流入和流出的数量。企业产生的现金流量可分为以下3类。

（1）经营活动产生的现金流量

经营活动是指企业投资活动和筹资活动以外的所有交易和事项。经营活动产生的现金流量主要包括销售商品、提供劳务、购买商品、接受劳务、支付工资和交纳税款等流入和流出的现金和现金等价物。

（2）投资活动产生的现金流量

投资活动是指企业长期资产的购建和不包括在现金等价物范围内的投资及处置活动。投资活动产生的现金流量主要包括购建固定资产、处置子公司及其他营业单位等流入和流出的现金和现金等价物。

（3）筹资活动产生的现金流量

筹资活动是指导致企业资本及债务规模和构成发生变化的活动。筹资活动产生的现金流量主要包括吸收投资、发行股票、分配利润、发行债券、偿还债务等流入和流出的现金和现金等价物。偿付应付账款、应付票据等商业应付款等属于经营活动,不属于筹资活动。

3. 现金流量表

现金流量表是指反映企业在一定会计期间内现金和现金等价物流入和流出的报表。

现金流量表中将各种活动引起的现金流量按结果不同,分为现金流入量、现金流出量和现金净流量。现金流入量反映企业各种活动引起的现金流入总额。现金流出量反映企业各种活动引起的现金流出总额。现金净流量是指现金流入与现金流出的差额。现金流量表中现金净流量可能是正数,也可能是负数。若为正数,则表示现金净流入;若为负数,则表示现金净流出。

现金流量表的作用主要体现在以下方面。

(1) 提供企业现金流量方面的信息

现金流量表作为反映企业在一定时期内现金流入和流出情况的会计报表,可提供企业有关现金流量方面的信息,使会计报表使用者了解企业本期和以前各期的现金流入、流出及结余的情况,了解企业获取现金和现金等价物的能力,从而为客观地评价企业整体财务状况提供依据。

(2) 有助于说明企业在一定期间内现金流入与现金流出的原因

现金流量表把现金流量划分为经营活动产生的现金流量、投资活动产生的现金流量和筹资活动产生的现金流量,并按照现金流入和现金流出项目分别予以反映,就能够明确地说明企业的现金从哪里来,又流到哪里去,简洁而实用地反映了现金变动状况,为债权人判断企业的偿债能力和支付能力提供了重要依据。例如,企业当期从银行借入500万元,支付借款利息2万元,在现金流量表中"筹资活动产生的现金流量",分别反映"借款收到现金500万元"和"偿付利息支付现金2万元"。这些信息都是资产负债表和利润表不能提供的。

(3) 是以现金为基础编制的,突出了现金的重要性,能更准确地反映企业盈利过程产生的现金能力及其情况

资产负债表反映的是企业在某一特定日期的财务状况,提供的是静态财务状况信息,为了提供企业动态的财务状况信息,就要编制财务状况变动情况的报表,反映企业在一定会计期间内资金取得来源和资金流出用途及增减变动情况。

资金可以是营运资金,也可以是现金。当一个企业的现金大幅度减少,应收账款和存货却大量增加,可导致流动资产增加,这时企业的营运资金也可能增加。如果以营运资金为基础来编制,反映出的是企业的财务状况良好,这会误导会计信息使用者。因为如果企业的应收账款中坏账很多,无法收回;存货中有许多滞销商品,销售不出去,虽然企业的营运资金不少,但真正能收回的现金不多,实际的变现和支付能力并不像财务状况变动表上反映的那么好,一旦企业债务到期或有较好的投资机会使用现金,应收账款和存货却无法立即变现,而企业又无法筹集到新的资金,这样就会产生债务危机以致威胁企业的生存或无法把握有利的投资机会。

按照我国会计准则规定,以现金为基础编制的现金流量表能正确地帮助报表使用者了解企业的变现能力,从而为正确地判断企业价值提供更客观的评价依据。

4.1.2 现金流量表的编制方法

现金流量表的编制可以采用工作底稿法，也可以采用T型账户法。2种方法的基本程序大体相同，结果也一样，只是所采用的手法不同。

1. 工作底稿法

工作底稿法是以工作底稿为手段，以利润表和资产负债表数据为基础，结合有关科目的记录，对现金流量表的每一项目进行分析并编制调整分录，从而编制出现金流量表的一种方法。其编制步骤如下。

1）将资产负债表的期初数和期末数过入工作底稿的期初数栏和期末数栏。

2）对当期业务进行分析并编制调整分录。调整分录大致有这样几类：第一类，通过调整，将权责发生制下的有关收入和费用转换成现金基础；第二类，涉及资产负债表和现金流量表中的投资、筹资项目，反映投资和筹资活动的现金流量；第三类，将利润表中有关投资和筹资方面的收入和费用列入现金流量表投资、筹资现金流量。此外，为了核对资产负债表项目的期末数变动情况，虽不涉及现金收支，也需编制调整分录。

在调整分录中，有关现金及现金等价物的事项，并不直接借或贷记现金，而是分别记入“经营活动产生的现金流量”、“投资活动产生的现金流量”、“筹资活动产生的现金流量”等项目，借记表明现金流入，贷记表明现金流出。

3）将调整分录过入工作底稿中的相应部分。

4）核对调整分录，借贷合计应当相等，资产负债表项目期初数加减调整分录中的借贷金额以后应当等于期末数。

5）根据工作底稿中的现金流量表项目部分编制正式的现金流量表。

2. T型账户法

T型账户法是以利润表和资产负债表为基础，结合有关科目的记录，对现金流量表的项目进行分析并编制调整分录，通过T型账户编制出现金流量表的一种方法。其具体步骤如下。

1）为所有的非现金项目分别开设T型账户，将各自的期末数和期初数过入各该账户。

2）开设一个大的“现金及现金等价物”T型账户，每边分为经营活动、投资活动和筹资活动3个部分，左边记现金流入，右边记现金流出。与其他账户一样，将期末数和期初数过入该账户中。

3）以利润表项目为基础，结合资产负债表分析每一个非现金项目的增减变动，并据以编制调整分录。

4）将调整分录过入各T型账户，并进行核对。该账户借贷相抵后的余额与原先过入的期末、期初数应当一致。

5）根据大的“现金及现金等价物”T型账户编制正式的现金流量表。

> **知识库**
>
> **现金流量表编制的间接法和直接法**
>
> 直接法是通过现金收入和现金支出的主要类别反映来自企业经营活动的现金流量。采用直接法编制现金流量表时，一般以利润表中的营业收入为起点，调整与经营活动有关项目的增减变动，然后计算出经营活动产生的现金流量。
>
> 间接法是以本期净利润为计算起点，调整不涉及现金的净利润项目及不涉及经营活动的净利润项目，据此计算经营活动产生的现金流量净额。

3. 现金流量表各项目的编制

(1) 经营活动产生的现金流量

经营活动产生的现金流量采用直接法填列。直接法是指通过现金收入和现金支出的主要类别列示经营活动产生的现金流量。

① 销售商品、提供劳务收到的现金项目。该项目反映企业销售商品、提供劳务实际收到的现金(含销售收入和应向购买者收取的增值税额)，包括本期销售商品、提供劳务收到的现金，以及前期销售商品、前期提供劳务本期收到的现金和本期预收的账款，减去本期销售本期退回的商品和前期销售本期退回的商品支付的现金。企业销售材料和代购代销业务收到的现金，也在本项目中反映。本项目可以根据“库存现金”、“银行存款”、“应收账款”、“应收票据”、“预收账款”、“主营业务收入”、“其他业务收入”等科目的记录分析填列。可用公式表示如下。

销售商品、提供劳务收到的现金＝当期销售商品、提供劳务收到的现金＋当期收到前期的应收账款和应收票据＋当期预收的账款－当期销售退回而支付的现金＋当期收回前期核销的坏账损失－当期计提的坏账准备

能力提升4-1 编制销售商品、提供劳务收到的现金项目。

某企业2014年度有关资料如下。

① 利润表中营业收入项目金额为200 000元。

② “应交税费——应交增值税(销项税额)”贷方发生额为34 000元。

③ 资产负债表中应收票据的期初余额为45 000元，期末余额为50 000元。

④ 资产负债表中应收账款的期初余额为80 000元，期末余额为30 000元。

⑤ 资产负债表中预收账款的期初余额为40 000元，期末余额为60 000元。

⑥ 企业当期收回的应收账款中，以商品抵偿债务的金额为20 000元。

销售商品、提供劳务收到的现金＝200 000＋34 000＋(45 000－50 000)＋(80 000－30 000)＋(60 000－40 000)－20 000＝279 000(元)

② 收到的税费返还项目。该项目反映企业收到返还的各种税费，如收到的增值税、消费税、营业税、所得税、教育费附加返还等。本项目可以根据“库存现金”、“银行存款”、“营业外收入”、“其他应收款”等科目的记录分析填列。

能力提升4-2 编制收到的税费返还项目。

某公司前期出口一批商品，已缴纳的增值税按照规定应退回10 000元，前期未退还，本期收到存入银行；本期收到教育费附加返还款45 000元，存入银行。

收到的税费返还 = 10 000 + 4 500 = 14 500（元）

③ 收到的其他与经营活动有关的现金项目。该项目反映企业除了上述各项目外，收到的其他与经营活动有关的现金流入，如罚款收入、流动资产损失中由个人赔偿的现金收入、经营租赁租金等。其他现金流入如价值较大的，应单列项目反映。本项目可以根据"库存现金"、"银行存款"、"营业外收入"等科目的记录分析填列。

④ 购买商品、接受劳务支付的现金项目。该项目反映企业购买材料、商品、接受劳务实际支付的现金，包括本期购入材料、商品、接受劳务支付的现金（包括增值税进项税额）以及本期支付前期购入商品、接受劳务的未付款项和本期预付款项。本期发生的购货退回收到的现金应从本项目中减去。企业代购代销业务支付的现金，也在该项目中反映。本项目可以根据"库存现金"、"银行存款"、"应付账款"、"应付票据"、"预付账款"、"主营业务成本"、"其他业务成本"等科目的记录分析填列。可用公式表示如下。

购买商品、接受劳务支付的现金 = 当期购买商品、接受劳务支付的现金 +
当期支付前期的应付账款和应付票据 +
当期预付的账款 − 当期因购货退回收到的现金

能力提升4－3 编制购买商品、接受劳务支付的现金项目。

某企业本期发生的经济业务如下。

① 利润表中主营业务成本项目的金额为4 000 000元。

② "应交税费——应交增值税（进项税额）"借方发生额为340 000元。

③ 资产负债表中存货的期初余额为900 000元，期末余额为700 000元，均是与经营活动有关的存货。

④ 资产负债表中应付票据的期初余额为50 000元，期末余额为90 000元。

⑤ 资产负债表中应付账款的期初余额为77 000元，期末余额为50 000元。

⑥ 制造费用中本期计提折旧的金额为50 000元。

⑦ 用固定资产偿还应付账款90 000元。

⑧ 生产成本中，直接工资项目含有生产工人工资300 000元。

购买商品、接受劳务支付的现金 = 4 000 000 + 340 000 + (700 000 − 900 000) +
(50 000 − 90 000) + (77 000 − 50 000) − 50 000 −
90 000 − 300 000 = 3 687 000（元）

⑤ 支付给职工及为职工支付的现金项目。该项目反映企业实际支付给职工及为职工支付的现金，包括本期实际支付给职工的工资、奖金、各种津贴和补贴等，以及为职工支付的其他费用，不包括支付的离退休人员的各项费用和支付给在建工程人员的工资等。企业支付给离退休人员的各项费用，包括支付的统筹退休金及未参加统筹的退休人员的费用，在"支付的其他与经营活动有关的现金"项目中反映；支付给在建工程人员的工资，在"购建固定资产、无形资产和其他长期资产所支付的现金"项目中反映。本项目可以根据"应付职工薪酬"、"库存现金"、"银行存款"等科目的记录分析填列。

企业为职工支付的养老、失业等社会保险基金、补充养老保险、住房公积金、支付给职工的住房困难补助，以及企业支付给职工或为职工支付的其他福利费用等，应按职工的工作性质和服务对象，分别在本项目和在"购建固定资产、无形资产和其他长期资产所支付的现金"项目中反映。

能力提升4-4 编制支付给职工及为职工支付的现金项目。

某企业2014年度有关职工薪酬资料如表4.3所示。本期用银行存款支付离退休人员工资400 000元。假定应付职工薪酬本期减少数均以银行存款支付,应付职工薪酬为贷方余额,不考虑其他事项。

要求:计算支付给职工及为职工支付的现金。

表4.3 职工薪酬 元

项目		年初数	本期分配或计提数	期末数
应付职工薪酬	生产工人工资	100 000	1 000 000	80 000
	车间管理人员工资	60 000	500 000	30 000
	行政管理人员工资	60 000	800 000	45 000
	在建工程人员工资	40 000	320 000	18 000

支付给职工及为职工支付的现金 =(100 000 +60 000 +60 000) +(1 000 000 + 500 000 +800 000) −(80 000 +30 000 +45 000)
=2 365 000(元)

注意:支付给离退休人员的工资400 000元,属于支付其他与经营活动有关的现金项目。实际支付给在建工程人员的工资342 000元(40 000 + 320 000 − 18 000),属于购建固定资产、无形资产和其他长期资产所支付的现金项目。

⑥ 支付的各项税费项目。该项目反映企业按规定支付的各种税费,包括本期发生并支付的税费,以及本期支付以前各期发生的税费和预交的税金,如支付的教育费附加、矿产资源补偿费、印花税、房产税、土地增值税、车船税、营业税、增值税、消费税等,不包括计入固定资产价值、实际支付的耕地占用税、契税等,也不包括本期退回的增值税、所得税。本期退回的增值税、所得税在“收到的税费返还”项目中反映。本项目可以根据“应交税费”、“库存现金”、“银行存款”等科目的记录分析填列。

能力提升4-5 某企业2014年有关资料为:利润表中的所得税费用为900 000元(均为当期应交所得税产生的所得税费用);“应交税费——应交所得税”科目年初数为450 000元,年末数为280 000元。假定不考虑其他税费。

要求:计算支付的各项税费项目的金额。

支付的各项税费 = 450 000 +900 000 −280 000 =1070 000(元)

⑦ 支付其他与经营活动有关的现金项目。该项目反映企业除上述各项目外所支付的其他与经营活动有关的现金流出,如罚款支出、支付的差旅费、业务招待费现金支出、支付的保险费、经营租赁支付的租金等,其他现金流出如价值较大的,应单列项目反映。本项目可以根据“库存现金”、“银行存款”、“管理费用”、“营业外支出”科目的记录分析填列。

知识库

如何分析经营活动现金流量的充裕性

经营活动的现金流量反映了企业资金的充裕程度,正的金额越大,企业资金越充裕,就有更多的资金用于企业进一步扩充经营规模使用;反之,若企业经营活动的现金流量长期为负数，则企业将会入不敷出难以支付企业的日常开支和到期偿还债务，甚至会导致企业破产。经营活动现金流量的充裕性分析可以从以下方面进行。

（1）经营活动产生的现金流量小于0

这种情况，企业正常的经营活动产生的现金流入不足以支付企业经营活动引起的现金流出。如果企业处于初创期，由于要扩大生产经营活动、开拓市场，经营活动的现金流量会出现负值，这是企业成长过程中的正常现象。处于成长期的企业，虽然创造的现金不断增加，但由于还处在不断扩大再生产的过程中，一般不会有很充裕的现金流量；企业处于成熟期以后，经营活动的现金流量若仍为负数，则必须采取一定的手段筹集短期周转资金，否则会面临资金链断裂的情况，从而导致企业破产；在企业的衰退期，由于新产品的出现和市场占有率的下滑，在后期经营活动现金流量一般也是负数，这也是企业发展过程中的正常现象。

（2）经营活动产生的现金流量等于0

此时，企业处于经营活动产生的现金流入正好满足经营活动引起的现金流出，企业的经营现金流量处于平衡状态。在这种情况下，企业仅弥补了付现成本，非付现成本没有得到货币补偿。从短期来看，企业无须向短期周转中注入资金，仍然可以维持周转；但从长期来看，一旦需要重新购置固定资产，企业就面临着资金危机，必须采用一定的手段融资，否则无法更换设备继续生产。即使筹集到了资金，企业如果一直处于无法使非付现成本得到货币补偿的状态，仍然存在着很大的融资困难，最终导致破产。

（3）经营活动产生的现金流量大于0，但是无法完全弥补非付现成本

在这种情况下，企业的经营活动现金流入足以使付现的经营成本得到货币补偿，但是无法完全弥补折旧、摊销等非付现成本。由于折旧、摊销费用不需要立即支付现金，因此企业日常开支并不困难，甚至有一部分结余。由于积累的资金不足以重新购置固定资产，因此，长期而言企业仍然面临危机。

（4）经营活动产生的现金流量大于0且正好可以弥补非付现成本

在这种情况下，企业摆脱了日常经营在现金流量方面的压力，企业经营活动产生的现金流量刚好能弥补企业付现成本和非付现成本，能够维持经营活动货币资金的简单再生产，但是无法为企业扩大再生产和进一步发展提供资金。

（5）经营活动产生的现金流量大于0且在弥补非付现成本后仍有剩余

在这种情况下，企业经营现金流量完全弥补非付现成本后仍有剩余的资金可以用于投资和筹资活动等，有利于企业长期可持续发展，是企业运行的一种良好状态。企业富余的现金可以用于购置设备，从而扩大生产规模，使企业获得更大的未来发展潜力。

（2）投资活动产生的现金流量

① 收回投资所收到的现金项目。该项目反映企业出售、转让或到期收回除现金等价物以外的对其他企业的权益工具、债务工具和合营中的权益等投资收到的现金。收回债务工具实现的投资收益、处置子公司及其他营业单位收到的现金净额不包括在本项目内。本项目可以根据“持有至到期投资”、“长期股权投资”、“可供出售金融资产”、“库存现金”、“银行存款”等科目的记录分析填列。

能力提升4-6 编制收回投资所收到的现金项目。

某企业本期投资资料如下。

① 出售一项债权投资，本金为500 000元，收回全部投资金额580 000元。其中，80 000元为

债券的利息，款项存入银行。

② 出售交易性金融资产，投资成本为 32 000 元，出售收入为 38 000 元，存入银行。

③ 出售一项长期投资的股票，投资成本为 490 000 元，转让收入为 470 000 元，存入银行。

要求：计算企业收回投资收到的现金。

收回投资收到的现金 =500 000 +38 000 +470 000 =1 008 000(元)

② 取得投资收益所收到的现金项目。该项目反映企业除现金等价物以外的对其他企业的权益工具、债务工具和合营中的权益投资分回的现金股利和利息，不包括股票股利。本项目可以根据"库存现金"、"银行存款"、"投资收益"等科目的记录分析填列。

③ 处置固定资产、无形资产和其他长期资产所收回的现金净额项目。该项目反映企业出售、报废固定资产、无形资产和其他长期资产所取得的现金(包括因资产毁损收到的保险赔偿款)，减去为处置这些资产而支付的有关费用后的净额。例如，所收回的现金净额为负数，则应作为投资活动现金流出项目反映，列在支付其他与投资活动有关的现金项目中。本项目可以根据"固定资产清理"、"库存现金"、"银行存款"等科目的记录分析填列。

能力提升 4－7 编制处置固定资产、无形资产和其他长期资产收回的现金净额项目。

某企业出售一台设备，收到价款 200 000 元存入银行，设备原价 450 000 元，已提折旧 200 000 元；同时，报废一台设备，原价 180 000 元，已提折旧 175 000 元，以现金支付清理费用 2 000 元，取得清理收入 3 500 元。

要求：计算企业处置固定资产、无形资产和其他长期资产所收回的现金净额。

处置固定资产、无形资产和其他长期资产所收回的现金净额 =200 000 +(3 500 −2 000)

=201 500(元)

④ 处置子公司及其他营业单位收到的现金净额项目。该项目反映企业处置子公司及其他营业单位所取得的现金，减去相关处置费用，以及子公司及其他营业单位持有的现金和现金等价物后的净额。本项目可以根据"长期股权投资"、"银行存款"、"库存现金"等科目的记录分析填列。

⑤ 收到其他与投资活动有关的现金项目。该项目反映企业除了上述各项目以外所收到的其他与投资活动有关的现金流入。例如，企业收回购买股票和债券时支付的已宣告但尚未领取的现金股利或已到付息期但尚未领取的债券利息。如果其他与投资活动有关的现金流入金额较大，应单列项目反映。本项目可以根据"应收股利"、"应收利息"、"银行存款"、"库存现金"等有关科目的记录分析填列。

⑥ 购建固定资产、无形资产和其他长期资产支付的现金项目。该项目反映企业本期购建固定资产、取得无形资产和其他长期资产实际支付的现金，以及用现金支付的应由在建工程和无形资产负担的职工薪酬，不包括为购建固定资产而发生的借款利息资本化的部分，以及融资租入固定资产支付的租赁费；企业支付的借款利息和融资租入固定资产支付的租赁费，在筹资活动产生的现金流量中反映。本项目可根据"固定资产"、"在建工程"、"无形资产"、"库存现金"、"银行存款"等科目的记录分析填列。

⑦ 投资支付的现金项目。该项目反映企业取得除现金等价物以外的对其他企业的权益工具、债务工具和合营中的权益投资所支付的现金，以及支付的佣金、手续费等交易费用，但取得子公司及其他营业单位支付的现金净额除外。本项目可以根据"可供出售金融资产"、"持有至到期投资"、"长期股权投资"、"库存现金"、"银行存款"等科目的记录分析填列。

⑧ 取得子公司及其他营业单位支付的现金净额项目。该项目反映企业购买子公司及其他

营业单位购买出价中以现金支付的部分,减去子公司及其他营业单位持有的现金和现金等价物后的净额。本项目可以根据“长期股权投资”、“库存现金”、“银行存款”等科目的记录分析填列。

⑨ 支付其他与投资活动有关的现金科目。该项目反映企业除上述各项以外所支付的其他与投资活动有关的现金流出。例如,企业购买股票和债券时,支付的已宣告但尚未领取的现金股利或已到付息期但尚未领取的债券利息等。若某项其他与投资活动有关的现金流出金额较大,应单列项目反映。本项目可以根据“应收股利”、“应收利息”、“银行存款”、“库存现金”等科目的记录分析填列。

(3) 筹资活动产生的现金流量

① 吸收投资收到的现金项目。该项目反映企业以发行股票、债券等方式筹集资金实际收到的款项净额(发行收入减去支付的佣金、手续费、宣传费、咨询费、印刷费等发行费用后的净额)。本项目可以根据“实收资本(或股本)”、“库存现金”、“银行存款”等科目的记录分析填列。

② 取得借款收到的现金项目。该项目反映企业举借各种长、短期借款实际收到的现金。本项目可根据“短期借款”、“长期借款”、“库存现金”、“银行存款”等科目记录分析填列。

③ 收到其他与筹资活动有关的现金项目。该项目反映企业除上述各项目外所收到的其他与筹资活动有关的现金流入,如接受现金捐赠等。若某项其他与筹资活动有关流入金额较大,应单列项目反映。本项目可以根据“银行存款”、“营业外收入”、“库存现金”科目的记录分析填列。

能力提升4-8 编制与筹资活动有关的现金流入项目。

某企业发生以下与筹资活动现金流入有关的经济业务。

① 企业购入股票1 000万股,每股面值1元,发行价格为1.4元每股,发行手续费为发行收入的2%,发行费共计280 000元,企业将股票发行的净收入存入银行。

② 取得短期借款400 000元,存入银行。

③ 接受现金捐赠150 000元,存入银行。

④ 发行长期债券,债券面值为2 000 000元,发行价格为2 100 000元。证券公司代收手续费60 000元、代为支付印刷宣传费7 000元,费用均直接从发行收入中扣除。企业以银行存款支付审计费6 000元。

要求:计算筹资活动的现金流入。

① 吸收投资收到的现金=(10 000 000×1.4−280 000)+(210 000−60 000−7 000)
=138 630 000(元)

② 借款收到的现金=400 000(元)

③ 收到其他与筹资活动有关的现金=150 000(元)

提示:企业发行债券时支付的审计费6 000元,属于支付其他与筹资活动有关的现金项目。

④ 偿还债务支付的现金项目。该项目反映企业以现金偿还债务的本金,包括偿还金融企业的借款本金、偿还债券本金等。企业偿还的借款利息、债券利息,在分配股利、利润或偿付利息支付的现金项目中反映,不包括在本项目内。本项目可以根据“短期借款”、“长期借款”、“应付债券”、“库存现金”、“银行存款”等科目的记录分析填列。

⑤ 分配股利、利润或偿付利息支付的现金项目。该项目反映企业实际支付的现金股利、支付给其他投资单位的利润,以及用现金支付的借款利息、债券利息等。本项目可以根据“应付股利”、“应付利息”、“财务费用”、“库存现金”、“银行存款”等科目的记录分析填列。

⑥ 支付其他与筹资活动有关的现金项目。该项目反映企业除上述各项目外所支付的其他与筹资活动有关的现金流出,如捐赠现金支出、融资租入固定资产支付的租赁费等。若某项其他

与筹资活动有关的流出金额较大,应单列项目反映。本项目可以根据“银行存款”、“营业外支出”、“长期应付款”、“库存现金”科目的记录分析填列。

能力提升4-9 编制与筹资活动有关的现金流出项目。

某企业本期发生以下与筹资活动有关的现金流出经济业务。

① 以银行存款支付在建工程负担的借款资本化利息300 000元。

② 偿还短期借款本金400 000元、利息25 000元。

③ 支付现金股利70 000元。

④ 宣告发放股票股利180 000股,每股面值1元。

⑤ 支付融资租入的固定资产的租赁费120 000元。

要求:计算企业与筹资活动有关的现金流出。

① 偿还债务支付的现金=400 000(元)

② 分配股利、利润或偿付利息所支付的现金=300 000+25 000+70 000=395 000(元)

③ 支付其他与筹资活动有关的现金=120000(元)

(4) 汇率变动对现金及现金等价物的影响

该项目反映企业外币现金流量及境外子公司的现金流量折算为人民币时所采用的现金流量发生日的即期汇率或按照系统合理方法确定的、与现金流量发生日的即期汇率近似汇率折算的人民币金额与现金及现金等价物净增加额中外币现金净增加额按期末汇率折算的人民币金额之间的差额。

能力提升4-10 编制汇率变动对现金及现金等价物的影响项目。

某企业当期出口商品一批,售价1 000 000美元,收汇当日汇率为1:6.22;当期进口货物一批,价值600 000美元,当日结汇汇率为1:6.25,资产负债表日汇率为1:6.30。假设企业当期没有其他外币业务发生。

要求:计算汇率变动对现金及现金等价物的影响。

汇率变动对现金及现金等价物的影响=1 000 000×(6.30-6.22)-600 000×(6.30-6.25)=50 000(元)

4. 现金流量表补充资料的编制

现金流量表采用直接法反映经营活动产生的现金流量,同时,还应采用间接法反映经营活动产生的现金流量。

采用间接法列报经营活动产生的现金流量时,将净利润调整为经营活动现金净额需要对这些大类项目进行调整:实际没有支付现金的费用;实际没有收到现金的收益;不属于经营活动的损益;经营性应收应付项目的增减变动。

具体各项目的编制方法现说明如下。

(1) 资产减值准备

资产减值准备项目反映企业本期计提的各种资产减值准备。本期计提资产减值准备时,减值损失已记入本期利润表中的相关损益项目,使净利润减少但不影响现金流量,应调增。本项目可以根据“资产减值损失” 等账户分析填列。

(2) 固定资产折旧、油气资产折耗、生产性生物资产折旧

固定资产折旧、油气资产折耗、生产性生物资产折旧项目分别反映企业本期计提的固定资产

折旧、油气资产折耗、生产性生物资产折旧。由于资产折旧、折耗计提时,使净利润减少,并不影响经营活动现金流量,因此,在净利润基础上调整计算时,应将其全部加回到净利润中。本项目可以根据“累计折旧”等账户的贷方发生额分析填列。

(3) 无形资产摊销

无形资产摊销项目反映企业本期计提的无形资产摊销。无形资产的摊销增加了成本费用,并在计算净利润时从中扣除。由于没有发生现金流出,因此在将净利润调节为经营活动现金流量时应加回。本项目可以根据“累计摊销”账户的贷方发生额分析填列。

(4) 长期待摊费用摊销

长期待摊费用摊销项目反映企业本期长期待摊费用摊销。长期待摊费用的摊销增加了成本费用,并在计算净利润时从中扣除。由于没有发生现金流出,因此在将净利润调节为经营活动现金流量时应加回。本项目可以根据“长期待摊费用”账户的贷方发生额分析填列。

(5) 处置固定资产、无形资产和其他长期资产的损失

处置固定资产、无形资产和其他长期资产的损失项目反映企业本期由于处置固定资产、无形资产及其他长期资产发生的净损失。属于投资活动产生的损益,在将净利润调节为经营活动现金流量时需要予以调节。本项目可以根据“营业外收入”、“营业外支出”、“其他业务收入”和“其他业务支出”等账户记录分析填列。

(6) 固定资产报废损失

固定资产报废损失项目属于投资活动产生的损益,在将净利润调节为经营活动现金流量时需要予以调节。本项目可以根据“营业外收入”、“营业外支出”等账户所属明细账中固定资产盘亏损失减去固定资产盘盈收益后的差额分析填列。

(7) 公允价值变动损失

公允价值变动损失项目反映持有的金融资产、金融负债及采用公允价值计量模式的投资性房地产的公允价值变动损益,属于投资活动损益,应予调整。当公允价值变动损益增加利润时,应调减;当公允价值变动损失减少利润时,应调增。

(8) 财务费用

企业发生的财务费用可以分别归属于经营活动、投资活动和筹资活动。对属于经营活动产生的财务费用,若既影响净利润又影响经营活动现金流量,如到期支付应付票据的利息、应收票据的贴现息等,属于经营活动,则不需要调整;对属于投资活动和筹资活动产生的财务费用,如长期借款利息、外币借款汇兑损益等,则只影响净利润,不影响经营活动现金流量,应在净利润的基础上进行调整。

本项目可以根据“财务费用”账户本期借方发生额分析填列,如果为收益,以“-”列示。

(9) 投资损失

投资损失是由于投资活动所引起的,与经营活动无关。因此,无论是否有现金流量,该项目应全额调节净利润,但不包括计提的减值准备。

(10) 递延所得税资产减少和递延所得税负债增加

这2个项目分别反映企业资产负债表中递延所得税资产和递延所得税负债项目的期初余额与期末余额的差额。递延所得税在计提和缴纳时间上的不一致性导致了其对利润和现金流量影响时间上的不一致性,因此应在净利润的基础上进行调整。递延所得税资产减少和递延所得税负债增加,均为调增的项目。若为递延所得税资产增加或递延所得税负债减少,以“-”填列。

(11) 存货的减少

本项目反映本期存货的减少(减增加)。当存货减少时,假定全部是销售,增加营业成本,减

少利润，但不影响现金流量，所以调增；如果存货减少不是由于销售引起的，应剔除，如在建工程领用存货、存货用于投资活动等。当存货增加时，假定全部是付现金购入的存货，导致现金流量减少，不影响净利润，应调减；如果存货的增加不是购货业务产生的，如接受捐赠存货、工程物资转入的存货，应剔除；企业购入的存货中如果有未付现的项目，应在经营性应付项目中调整。

本项目应根据资产负债表中存货项目的期初、期末余额的差额，并结合存货类明细账分析填列。期末数大于期初数的差额以“－”填列。

（12）经营性应收项目的减少

本项目反映企业本期经营性应收项目的减少（减增加）。经营性应收项目包括应收账款、应收票据、长期应收款、其他应收款和预付账款中与经营活动有关的部分及应收增值税销项税额等。

经营性应收项目减少时，现金流量增加，不影响净利润，应调增；经营性应收项目增加时，确认收入，净利润增加，不影响现金流量，应调减。如果经营性应收项目减少，但收到的不是现金，应剔除，如收到的是非货币性资产；如果经营性应收项目增加，但不确认收入，应剔除，如处置固定资产款未收到。

本项目应根据资产负债表中经营性应收项目的期初余额减去期末余额，并结合经营性应收项目的明细账分析填列。若经营性应收项目的期末余额大于期初余额，以“－”填列。

（13）经营性应付项目的增加

本项目反映企业本期经营性应付项目的增加（减减少）。企业本期经营性应付项目包括应付票据、应付账款、预收账款、应付职工薪酬、应交税费、应付利息、应付股利、长期应付款、其他应付款中与经营活动有关的部分及应付的增值税进项税额等。

经营性应付项目的增减变动一般属于经营活动。经营性应付项目的增加，说明存货增加，最终导致销售成本增加，净利润减少，但不影响现金流量，应调增；经营性应付项目的减少，说明现金流量减少，但不影响净利润，应调减。因此，在调节净利润时，应加上经营性应付项目的增加数，减去经营性应付项目的减少数。

如果经营性应付项目的增减变动不属于经营活动，应剔除，如债务重组业务中以固定资产抵债减少的应付账款等业务。

本项目应根据资产负债表中经营性应付项目的期末余额减去期初余额，并结合有关明细账分析填列。若经营性应付项目期末余额大于期初余额，以“－”填列。

4.1.3 现金流量表的简化编制方法

除了上述介绍的现金流量表编制方法外，现金流量表还有一些简化编制方法。

1. 现金类日记账法

由于现金流量表是以现金及现金等价物为基础来反映企业的经营活动、投资活动和筹资活动的现金流入量和现金流出量，因此涉及的会计账簿主要有库存现金、银行存款和其他货币资金。这几个账簿可以统称为现金类日记账。其具体步骤如下。

1）设置库存现金日记账、银行存款日记账和其他货币资金日记账。因为企业的日常核算就要设置这3个日记账，因此，一般只需增设现金等价物明细账即可。

2）在现金类日记账的摘要旁增加“现金流量表行次”一列，简称行次，以备积累编制现金流量表的基本资料。“行次”的数字以本书现金流量表中列示的行次为准，实际代表的是该行现金流量表的项目名称。

3）企业发生的影响现金流量的业务，在登记现金类日记账借贷方的同时，确认该业务应记入现金流量表的项目，将该项目对应的行次的序号记入该账户的“行次”一列。例如，企业从银行借入3年期借款500 000元，存入银行。在登记银行存款日记账借方500 000元的同时，在行次内加注序号（筹资活动中“借款收到的现金”所在的行号），表明该项现金流入应列入筹资活动的借款收到的现金项目。

4）在某项业务涉及现金及现金等价物，但不影响企业的现金净流量，在登记现金类日记账的同时，在行次内画“×”，表示该项业务不应记入现金流量表。例如，从银行提取现金600 000元，备发工资。在银行存款日记账的贷方登记600 000元，同时在行次内画“×”，现金日记账的登记方法相同。

5）期末，现金类日记账中行次相同的项目所记录的数字汇总，将其合计数列入现金流量表对应的项目，即可完成现金流量表的编制。

需要注意的是，如果一借一贷的会计分录，分别属于现金流量表的2个不同项目，要分别注明对应的科目名称、金额及所属的现金流量表行次。例如，支付工资4 000 000元。其中，支付给在建工程人员工资100 000元、其他职工工资300 000元。在登记库存现金日记账时，行次应分别填对应购建固定资产、无形资产及其他长期资产支付的现金（假定为30行）和支付给职工及为职工支付的现金（假定为12行）项目的所在行。现金类日记账格式如表4.4所示。

表4.4 库存现金日记账

元

业务号	摘　要	行　次	对方科目	借　方	贷　方	余　额
	期初余额					500
27	提现金	×	银行存款	400 000		
31	支付在建工程人员工资	30	应付职工薪酬		100 000	
	支付其他人员工资	12	应付职工薪酬		300 000	
	期末余额			400 000	400 000	500

2. 现金流量台账法

由于现金流量表是按经营活动、投资活动、筹资活动三大类反映现金流入和流出的数量，因此可以直接根据现金流量的这三大类设置台账，根据收款、付款凭证及与现金流量表有关的转账凭证分别登记现金流量台账，作为编制现金流量表的基础。其具体步骤如下。

1）开设经营活动现金流量、投资活动现金流量和筹资活动现金流量三大类台账，每类台账中按现金流入各项目、现金流出各项目、现金净流量设置分析栏。

2）对于设计现金及现金等价物收支、引起现金净流量发生变化的经济业务，不仅按照会计核算程序登记“库存现金日记账”、“银行存款日记账”和“其他货币资金日记账”等账户，同时，还应登记经营活动现金流量、投资活动现金流量和筹资活动现金流量三大类台账，分别列入现金流量表的对应项目。

3）每期终了，计算台账中各项目的合计数，计算现金流入小计、现金流出小计、现金流量净额。编制年度现金流量表时，将各月份的数字加总即可。

现金流量台账如表4.5所示。

表 4.5 经营活动现金流量台账

元

年		凭证号	摘要	现金流入量				现金流出量					现金净流量
月	日			流入合计	销售商品、提供劳务收到现金	收到税费返还	收到其他经营活动现金流量	流出合计	购买商品、接收劳务付现	支付给职工及为职工支付现金	支付税费	支付其他与经营活动有关现金	
略		3	支付材料款						199 540				
		7	支付汇票款						170 000				
		9	收到销售款			165 000							
		11	支付宣传费										5 000
			合计										

4.1.4 阅读现金流量表项目

1. 经营活动现金流量主要项目分析

(1) 销售商品、提供劳务收到的现金

销售商品、提供劳务收到的现金是企业现金流入的主要来源,通常具有数额大、所占比重大等特点。通过与利润表中的营业收入总额对比,可以判断企业销售收现率的情况。一般来讲,较高的收现率表明企业产品定位正确,适销对路,并已形成卖方市场的良好经营环境。

(2) 收到的税费返还

收到的税费返还通常数额不大,对经营活动现金流入量的影响也不大。

(3) 收到其他与经营活动有关的现金

收到其他与经营活动有关的现金具有不稳定性,数额不应过多。

(4) 购买商品、接受劳务支付的现金

购买商品、接受劳务支付的现金应是企业现金流出的主要方向,通常具有数额大、所占比重大等特点。将其与利润表中的营业成本对比,可以判断企业购买商品付现率的情况,借此可以了解企业资金的紧张程度或企业的商业信用情况,从而可以更加清楚地认识到企业目前所面临的财务状况。

(5) 支付其他与经营活动有关的现金

支付其他与经营活动有关的现金具有不稳定性,数额不应过多。

2. 投资活动现金流量主要项目分析

(1) 收回投资收到的现金

收回投资收到的现金不能绝对地追求数额过大。投资扩张是企业未来创造利润的增长点,缩小投资可能意味着企业存在规避投资风险、投资战略改变或资金紧张等问题。

(2) 取得投资收益收到的现金

取得投资收益收到的现金表明企业进入投资回收期,通过分析可以了解投资回报率的高低。

(3) 处置固定资产、无形资产和其他长期资产收回的现金净额

处置固定资产、无形资产和其他长期资产收回的现金净额一般金额不大。如果数额较大,表明企业的产业、产品结构将有所调整,或者表明企业未来的生产能力将受到严重的影响,已经陷入深度的债务危机之中,靠出售设备来维持经营。

(4) 处置子公司及其他营业单位收到的现金净额

处置子公司及其他营业单位收到的现金净额反映企业处置子公司及其他营业单位所取得的现金减去相关处置费用后的净额。

(5) 购建固定资产、无形资产和其他长期资产支付的现金

购建固定资产、无形资产和其他长期资产支付的现金表明企业扩大再生产能力的强弱,可以了解企业未来的经营方向和获利能力,揭示企业未来经营方式和经营战略的发展变化。

(6) 投资支付的现金

投资支付的现金表明企业参与资本市场运作、实施股权及债权投资能力的强弱,分析投资方向与企业的战略目标是否一致。

3. 筹资活动现金流量主要项目分析

(1) 吸收投资收到的现金

吸收投资收到的现金表明企业通过资本市场筹资能力的强弱。

(2) 取得借款收到的现金

取得借款收到的现金数额的大小,表明企业通过银行筹集资金能力的强弱,在一定程度上代表了企业商业信用的高低。

(3) 偿还债务支付的现金

偿还债务支付的现金有助于分析企业资金周转是否已经进入良性循环状态。

(4) 分配股利、利润和偿付利息支付的现金

分配股利、利润和偿付利息支付的现金反映企业实际支付的现金股利,支付给其他投资单位的利润或用现金支付的借款利息、债券利息。利润的分配情况可以反映企业现金的充裕程度。

(5) 收到其他与筹资活动有关的现金、支付其他与筹资活动有关的现金

收到其他与筹资活动有关的现金、支付其他与筹资活动有关的现金数额一般较小。如果数额较大,应注意分析其合理性。

4. 汇率变动对现金的影响分析

汇率变动对现金的影响反映下列项目的差额。

① 企业外币现金流量及境外子公司的现金流量折算为记账本位币时,所采用的现金流量发生

日的即期汇率或按照系统合理的方法确定的、与现金流量发生日即期汇率近似的汇率折算的金额。

② 现金及现金等价物净增加额中外币现金净增加额按期末汇率折算的金额。如果现金及现金等价物净增加额数额较大，需要借助会计报表附注的相关内容分析其原因及合理性。

知识库

"财务分析"如何看上市公司现金流量表

对上市公司的现金流量表主要从以下3个方面进行分析。

1. 现金净流量与短期偿债能力的变化

如果本期现金净流量增加，表明公司短期偿债能力增强，财务状况得到改善；反之，则表明公司财务状况比较困难。当然，并不是现金净流量越大越好。如果公司的现金净流量过大，表明公司未能有效利用这部分资金，其实是一种资源浪费。

2. 现金流入量的结构与公司的长期稳定

经营活动是公司的主营业务。这种活动提供的现金流量可以不断用于投资再生出新的现金来。来自主营业务的现金流量越多，表明公司发展的稳定性也就越强。公司的投资活动是为闲置资金寻找投资场所，筹资活动则是为经营活动筹集资金，这2种活动所发生的现金流量，都是辅助性的，服务于主营业务的。这一部分的现金流量过大，表明公司财务缺乏稳定性。

3. 投资活动与筹资活动产生的现金流量与公司的未来发展

股民在分析投资活动时，一定要注意分析是对内投资还是对外投资。对内投资的现金流出量增加，意味着固定资产、无形资产等的增加，说明公司正在扩张，成长性较好，而如果对内投资的现金流量大幅增加，则意味着公司正常的经营活动未能充分吸纳现有的资金，资金的利用效率有待提高；对外投资的现金流入量大幅增加，意味着公司现有的资金不能满足经营需要，从外部引入了资金；如果对外投资的现金流出量大幅增加，说明公司正在通过非主营业务活动来获取利润。

任务完成

根据"任务布置"中W公司的有关资料，为完成现金流量表的编制任务，主要有以下工作步骤。

1）根据会计分录开设并登记现金类日记账（见表4.6至表4.8）。

表4.6 银行存款日记账

元

业务号	摘　要	行次	对方科目	借　方	贷　方	余额（略）
1	取得长期借款	24	长期借款	2 000 000		
2	采购材料	5	材料采购等		235 000	
3	出售股票	11	交易性金融资产等	200 500		
4	购买固定资产	17	固定资产等		102 450	
5	购买材料	×	其他货币资金	268		
6	偿还借款	27	短期借款		30 000	
7	购买工程物资	17	工程物资		260 000	

（续表）

业务号	摘　要	行次	对方科目	借　方	贷　方	余额（略）
10	支付利息	28	应付利息		116 000	
11	提现金	×	库存现金		500 000	
15	销售收现	1	主营业务收入	1 404 000		
18	处置固定资产	13	固定资产清理	300		
19	支付车间修理费	8	管理费用		20 000	
20	支付广告展览费	8	销售费用		28 000	
26	缴纳税金	7	应交税费		209 330	
28	收回货款	1	应收账款	80 500		
28	支付货款	5	应付账款		75 000	

表4.7　库存现金日记账　　元

业务号	摘　要	行次	对方科目	借　方	贷　方	余额（略）
11	提取现金	×	银行存款	500 000		
12	支付工资	6	应付职工薪酬		300 000	
	支付工资	17	应付职工薪酬		200 000	

表4.8　其他货币资金日记账　　元

业务号	摘　要	行次	对方科目	借　方	贷　方	余额（略）
5	购买材料	5	材料采购等		116 662	
5	购买材料	×	银行存款		268	

2）根据现金类日记账对应的现金流量表行次汇总、编制现金流量表（见表4.9）。

表4.9　现金流量表

编制单位：W公司　　2014年度　　元

项　目	行　次	本期金额	上期金额
一、经营活动产生的现金流量			
销售商品、提供劳务收到的现金	1	1 484 500	1 000 000
收到的税费返还	2		
收到其他与经营活动有关的现金	3		
经营活动现金流入小计	4	1 484 500	1 000 000
购买商品、接受劳务支付的现金	5	426 662	267 000
支付给职工及为职工支付的现金	6	300 000	280 000
支付的各项税费	7	209 330	127 000
支付其他与经营活动有关的现金	8	48 000	27 000
经营活动现金流出小计	9	983 992	701 000
经营活动产生的现金流量净额	10	500 508	299 000
二、投资活动产生的现金流量			

（续表）

项 目	行 次	本期金额	上期金额
收回投资所收到的现金	11	200 500	
取得投资收益所收到的现金	12		2 000
处置固定资产、无形资产和其他长期资产收回的现金净额	13	300	
处置子公司及其他营业单位收到的现金净额	14		
收到其他与投资活动有关的现金	15		
投资活动现金流入小计	16	200 800	2 000
购建固定资产、无形资产和其他长期资产支付的现金	17	562 450	193 000
投资所支付的现金	18		
取得子公司及其他营业单位支付的现金净额	19		
支付其他与投资活动有关的现金	20		
投资活动现金流出小计	21	562 450	193 000
投资活动产生的现金流量净额	22	-361 650	-191 000
三、筹资活动产生的现金流量			
吸收投资收到的现金	23		
取得借款收到的现金	24	2 000 000	200 000
收到其他与筹资活动有关的现金	25		
筹资活动现金流入小计	26	2 000 000	200 000
偿还债务所支付的现金	27	30 000	80 000
分配股利、利润或偿付利息支付的现金	28	116 000	89 000
支付其他与筹资活动有关的现金	29		
筹资活动现金流出小计	30	146 000	169 000
筹资活动产生的现金流量净额	31	1 854 000	31 000
四、汇率变动对现金及现金等价物的影响			
五、现金及现金等价物净增加额	32	1 992 858	139 000
加：期初现金及现金等价物余额	33	4 619 400	4 480 400
六、期末现金及现金等价物余额	34	6 612 258	4 619 400

技能训练

企业资料：A公司2014年有关资料如下。

（1）本年销售商品本年收到现金3 000万元，以前年度销售商品本年收到现金600万元，本年预收款项300万元，本年销售本年退回商品支付现金240万元，以前年度销售本年退回商品支付现金180万元。

（2）本年购买商品支付现金2 100万元，本年支付以前年度购买商品未付款项240万元和本年预付款项210万元，本年发生购货退回收到现金120万元。

（3）本年分配的生产经营人员的职工薪酬为400万元，“应付职工薪酬”年初余额和年末余额分别为40万元和20万元，假定应付职工薪酬本期减少数均为本年支付的现金。

（4）本年年利润表中的所得税费用为150万元（均为当期应交所得税产生的所得税费用）。

“应交税费——应交所得税”科目年初数为12万元,年末数为6万元。假定不考虑其他税费。

任务要求:

根据上述资料,计算下列相关项目。

(1) 销售商品、提供劳务收到的现金

(2) 购买商品、接受劳务支付的现金

(3) 支付给职工及为职工支付的现金

(4) 支付的各项税费。(答案金额单位为万元)

任务完成:

(1) 销售商品、提供劳务收到的现金 = 3 000 + 600 + 300 - 240 - 180 = 3 480(万元)。

(2) 购买商品、接受劳务支付的现金 = 2 100 + 240 + 210 - 120 = 2 430(万元)。

(3) 支付给职工及为职工支付的现金 = 400 + (40 - 20) = 420(万元)。

(4) 支付的各项税费 = 150 + (12 - 6) = 156(万元)。

任务4.2 比较分析现金流量表

任务布置

企业资料:企业背景资料仍以任务4.1中W公司数据为例。

要求:根据W公司现金流量表(见表4.9)的数据资料,对W公司的现金流量表编制水平现金流量表和垂直现金流量表,并对其现金流量表进行水平分析与垂直分析。

知识要点

4.2.1 编制并分析水平现金流量表

现金流量表水平分析,即通过现金流量表中每个项目的增减变动来观察企业现金流的变化情况。现金流量表水平分析是通过编制水平现金流量表来进行的。

知识库

现金流量趋势分析

企业的现金流入、现金流出及余额发生了怎样的变动,变动趋势如何,这种趋势对企业而言是有利的还是不利的,这就是现金流量表趋势分析的内容。现金流量趋势分析可以帮助会计信息使用者了解企业现金流量变动趋势,了解企业现金流量变动的原因,在此基础上预测企业未来的现金流量,为信息使用者的决策提供依据。

现金流量的趋势分析属于动态分析,可以采用定比与环比2种形式。定比即以某一年为基期,将其余各年的现金流量数额与基期的现金流量数额进行对比,计算出企业各年度各项现金流量的趋势比例;环比即以各项现金流量的本年数额与前一年的现金流量数额相比较,反映企业各项现金流量逐年变化的发展速度。

现金流量趋势分析要关注以下2个方面的内容。

1. 经营活动现金流量变动

一般来说,经营活动的现金流量是企业最主要的现金来源。如果经营活动的现金流量长期处于紧张状态，说明企业的经营中存在较大隐患，尤其要注意账面有盈余但经营活动现金流量长期紧张的企业。这种企业往往是虚假繁荣或有很大的经营风险。

分析经营活动现金流量变动，一是要与企业净利润的增长相联系；二是要分析各经营活动现金流入项目与流出项目的变动趋势，以找出经营活动现金流量净额变动的主要原因。

2. 投资活动现金流量变动

投资活动现金流量变动分析的重点，一是考察企业投资活动的现金流向，如主要是用于企业内部生产能力的扩张，还是用于对外投资的扩张；二是考察企业投资活动的主要来源。

投资活动现金流量变动分析要注意结合筹资活动现金流量变动分析和经营活动现金流量分析。

能力提升 4-11 假设某公司连续5年的汇总现金流量表如表4.10所示。据此对现金流量表编制趋势现金流量表并进行趋势分析。

表4.10 汇总现金流量表

万元

项 目	第1年	第2年	第3年	第4年	第5年
现金流入					
经营活动产生现金流入	8 000	9 750	10 600	12 150	13 600
投资活动产生现金流入	3 600	4 100	3 000	2 700	900
筹资活动产生现金流入	250	2 250	4 500	7 500	11 000
现金流入小计	11 850	16 600	18 100	22 350	25 500
现金流出					
经营活动产生现金流出	6 000	7 650	8 000	9 375	14 500
投资活动产生现金流出	2 900	3 950	2 150	1 750	1 650
筹资活动产生现金流出	100	2 500	4 000	6 500	2 800
现金流出小计	9 000	14 100	14 150	17 625	18 950
现金流量净额	2 850	2 000	2 000	4 725	6 550

对汇总现金流量表进行定比趋势分析，以第1年为基期编制趋势现金流量表（见表4.11）。

表4.11 趋势现金流量表

万元

项 目	第1年/(%)	第2年/(%)	第3年/(%)	第4年/(%)	第5年/(%)
现金流入					
经营活动产生现金流入	100	121.88	132.50	151.88	170.00
投资活动产生现金流入	100	113.89	83.33	75.00	25.00
筹资活动产生现金流入	100	900.00	1 800.00	3 000.00	4 400.00
现金流入小计	100	140.08	152.74	188.61	215.19
现金流出					
经营活动产生现金流出	100	127.50	133.33	156.25	241.67
投资活动产生现金流出	100	136.21	74.14	60.34	56.90
筹资活动产生现金流出	100	2 500.00	4 000.00	6 500.00	2 800.00
现金流出小计	100	156.67	157.22	195.83	210.56
现金流量净额	100	87.72	70.18	165.79	229.82

分析：

① 现金流入趋势分析。5年间经营活动产生的现金流入呈上升趋势，投资活动产生的现金流入呈先上升后下降趋势，筹资活动产生的现金流入呈急速上升趋势。现金流入量总体呈上升趋势。

② 现金流出趋势分析。5年间经营活动的现金流出呈上升趋势，投资活动产生的现金流出呈先上升后下降趋势，筹资活动产生的现金流出呈急速上升趋势。现金流出量总体上呈上升趋势。可见，各项现金流出与现金流入呈现相同的趋势。

分析可见，5年间企业的现金流量净额略有下降中呈上升趋势，现金流量波动较大。波动主要来自于企业筹资活动产生的现金流量的波动，而企业经营活动和投资活动所产生的现金流量振幅不太大。

知识库

现金流量是上市公司的试金石

上市公司财务报告会计报表包括4张，分别是资产负债表、利润表、现金流量表和所有者权益变动表。其中，尤以利润表和现金流量表最为关键，二者相辅相成、互为印证。现金流量表可以看作利润表的补充，与利润表编制基础为权责发生制不同，现金流量表实质上就是以首付实现制为核算基础的另类利润表，所阐述的经济实质与利润表存在诸多契合，同时也有不同，而这些不同点正是投资者最应该关注的关键点。

现金流量表分为3个部分，分别是经营性现金净流量、投资类现金净流量和筹资类现金净流量。其中，经营性现金净流量与上市公司利润实现质量和利润实现的真实性密切相关，也是需要重点分析的部分。理想财务状态下，受固定资产折旧、无形资产摊销等非付现费用的影响，经营性现金净流入金额应略高于同期的净利润。

例如，中国国贸，2011年年报披露实现净利润1.95亿元，同期实现经营性现金净流入金额为8.49亿元，远高于净利润。根据该公司年报129页披露的将净利润调节为经营活动现金流量相关信息，非付现费用合计影响金额为3.61亿元。其中，又以投资性房地产折旧发生金额为最，达到了2.28亿元。该公司所持投资性房地产项目主要为国贸一至三期商厦，其实不仅不会随时间贬值，而且还在大幅升值过程中，因此此处体现出来的投资性房地产折旧费用并非是该公司的真实损失。也就是说，从现金流量的角度来衡量，该公司的实际盈利水平是高于其账面利润的。

在大多数企业实际经营过程中，总会遇到经营性往来款项及存货余额的增减变动，直接作用于经营性现金净流入金额与净利润之间的差异。尽管造成这种差异的原因多种多样，但是归纳起来可以总结为：现金净流入大于净利润，至少不是坏事；现金净流入小于净利润，大多不是好事。

另一种情况也会导致现金净流入大于净利润，就是预收账款的大幅增长。例如，五粮液，2011年年报披露实现净利润63.94亿元，同期实现经营性现金净流入金额则为95.33亿元，比净利润金额高了31.39亿元，主要原因在于预收账款大幅增加了19亿元。预收账款通常可以看作未确认的收入，并且将在未来结转成营业收入，因此预收账款余额越高，对应公司未来业绩的保障也就越高。

再如大商股份，尽管2011年年报披露实现的净利润金额仅有2.83亿元，但是同期实现经营性现金净流入金额却高达27.22亿元。其中，预收账款净增额7.5亿元作为主要贡献，未来的业绩保障力度也相当高。

如果上市公司经营性现金净流入金额远远小于净利润实现金额，则往往不是好事。回想当年财务造假的银广夏、蓝田等公司，基本上都存在这一问题。并不是说凡是现金净流入小于净利润的公司财务方面都存在质疑，但至少会提醒投资者关注公司的业务质量和经营模式是否存在风险。

导致现金净流入小于净利润的原因主要包括应收账款的增加和存货的增加，前者更容易引起投资者重视，而且还会通过坏账准备的计提体现在利润数据当中。例如，超日太阳2011年就因为针对客户延长结款期，导致应收账款大幅增加进而导致大笔坏账费用和利润的下滑。

与应收账款增加相比，存货的增加则更具迷惑性。例如，首开股份，2011年实现净利润19.12亿元，但同期实现经营性现金净流入金额却是−58.71亿元。究其原因主要在于存货开发成本激增，从上年末的220.43亿元飙涨到今年末的370.79亿元。这就隐含了一个问题，在房地产调控持续、交易量萎靡的行业背景下，该公司的这些存货是否能够顺利出售？是否会导致存货积压而造成财务压力？这都是需要投资者仔细考量的。

能力提升4－12 B公司2014现金流量表如表4.12所示。根据现金流量表中2个会计年度的数据编制水平现金流量表，并对其进行水平分析。

表4.12 现金流量表

编制单位：B公司　　2014年度　　万元

项　目	本期金额	上期金额
一、经营活动产生的现金流量		
销售商品、提供劳务收到的现金	169 569	67 742
收到的税费返还	53	25
收到其他与经营活动有关的现金	6 067	4 953
经营活动现金流入小计	175 689	72 720
购买商品、接受劳务支付的现金	77 525	38 078
支付给职工及为职工支付的现金	13 512	3 275
支付的各项税费	21 597	9 594
支付其他与经营活动有关的现金	9 166	7 592
经营活动现金流出小计	121 800	58 539
经营活动产生的现金流量净额	53 889	14 181
二、投资活动产生的现金流量		
收回投资所收到的现金	310	8 475
取得投资收益所收到的现金	2 844	1 324
处置固定资产、无形资产和其他长期资产收回的现金净额	48	76
处置子公司及其他营业单位收到的现金净额		
收到其他与投资活动有关的现金	1 211	584
投资活动现金流入小计	4 413	10 459

（续表）

项　目	本期金额	上期金额
购建固定资产、无形资产和其他长期资产支付的现金	47 434	132 179
投资所支付的现金	5 100	9 790
取得子公司及其他营业单位支付的现金净额	4 733	
支付其他与投资活动有关的现金	4	1 568
投资活动现金流出小计	57 271	143 537
投资活动产生的现金流量净额	-52 858	-133 078
三、筹资活动产生的现金流量		
吸收投资收到的现金	7 917	30 350
其中：子公司吸收少数股东投资收到的现金	7 917	5 000
取得借款收到的现金	111 200	178 000
收到其他与筹资活动有关的现金	5 098	
筹资活动现金流入小计	124 215	208 350
偿还债务所支付的现金	84 808	80 404
分配股利、利润或偿付利息支付的现金	20 503	14 839
其中：子公司支付给少数股东的股利、利润	1 052	852
支付其他与筹资活动有关的现金		100
筹资活动现金流出小计	105 311	95 343
筹资活动产生的现金流量净额	18 904	113 007
四、汇率变动对现金及现金等价物的影响	-5	
五、现金及现金等价物净增加额	19 930	-5 890
加：期初现金及现金等价物余额	19 139	25 029
六、期末现金及现金等价物余额	39 069	19 139

根据表4.12编制B公司水平现金流量表，如表4.13所示。

表4.13　现金流量水平分析表

编制单位：B公司　　　　2014年度　　　　万元

项　目	本期金额	上期金额	增减额	增减/(%)
一、经营活动产生的现金流量				
销售商品、提供劳务收到的现金	169 569	67 742	101 827	150.32
收到的税费返还	53	25	28	112
收到的其他与经营活动有关的现金	6 067	4 953	1 114	22.49
经营活动现金流入小计	175 689	72 720	102 969	141.60
购买商品、接受劳务支付的现金	77 525	38 078	39 447	103.60
支付给职工及为职工支付的现金	13 512	3 275	10 237	312.58
支付的各项税费	21 597	9 594	12 003	125.11
支付其他与经营活动有关的现金	9 166	7 592	1 574	20.73

（续表）

项　目	本期金额	上期金额	增减额	增减/(%)
经营活动现金流出小计	121 800	58 539	63 261	108.07
经营活动产生的现金流量净额	52 890	14 181	39 709	280.02
二、投资活动产生的现金流量				
收回投资所收到的现金	310	8 475	-8 165	-96.34
取得投资收益所收到的现金	2 844	1 324	1 520	114.80
处置固定资产、无形资产和其他长期资产收回的现金净额	48	76	-28	-36.84
处置子公司及其他营业单位收到的现金净额				
收到其他与投资活动有关的现金	1 211	584	627	107.36
投资活动现金流入小计	4 413	10 459	-6 046	-57.81
购建固定资产、无形资产和其他长期资产支付的现金	47 434	132 179	-84 745	-64.11
投资所支付的现金	5 100	9 790	-4 690	-47.91
取得子公司及其他营业单位支付的现金净额	4 733		4 733	
支付其他与投资活动有关的现金	4	1 568	-1 564	-99.74
投资活动现金流出小计	57 271	143 537	-86 266	-60.10
投资活动产生的现金流量净额	-52 858	-133 078	80 220	60.28
三、筹资活动产生的现金流量				
吸收投资收到的现金	7 917	30 350	-22 433	-73.91
其中：子公司吸收少数股东投资收到的现金	7 917	5 000	2 917	58.34
取得借款收到的现金	111 200	178 000	-66 800	-37.53
收到其他与筹资活动有关的现金	5 098		5 098	
筹资活动现金流入小计	124 215	208 350	-84 135	-40.38
偿还债务所支付的现金	84 808	80 404	4 404	5.48
分配股利、利润或偿付利息支付的现金	20 503	14 839	5 664	38.17
其中：子公司支付给少数股东的股利、利润	1 052	852	200	23.47
支付其他与筹资活动有关的现金		100	-100	-100
筹资活动现金流出小计	105 311	95 343	9 968	10.45
筹资活动产生的现金流量净额	18 904	113 007	-94 103	-83.27
四、汇率变动对现金及现金等价物的影响	-5		-5	
五、现金及现金等价物净增加额	19 930	-5 890	25 820	438.37
加：期初现金及现金等价物余额	19 139	25 029	-5 890	-23.53
六、期末现金及现金等价物余额	39 069	19 139	19 930	104.13

分析：

①经营活动现金流量分析。公司经营活动现金流量净额本期比上期增加了39 709万元，较上期增长了280.02%。经营活动现金流入量和现金流出量分别比上期增长了141.60%和108.07%,增长额分别为102 969万元和63 261万元。经营活动现金流入量的增加主要是因为销售商品、提供劳务收到的现金增加了101 827万元,增长率为150.32%。经营活动现金流

出量的增加主要是因为购买商品、接受劳务支付的现金增加了 39 447 万元，虽然增长率低于支付给职工及为职工支付的现金的增长率，但是由于后者的基数较小，其增长额的微小变动都会引起增长幅度的较大变动，其变动额为 10 237 万元，只占购买商品、接受劳务支付的现金变动额的 26% 左右。

② 投资活动现金流量分析。投资活动现金流入较上期减少了 6 046 万元，降幅达到 57.81%，主要是由于本期收回投资收到的现金大大小于上期，上期收回投资 8 475 万元，本期只有 310 万元，这是由于公司投资政策改变造成的。从投资活动现金流出情况看，本期的投资额也大幅度下降，由上期的 1 568 万元下降到本期的 4 万元，降幅达 99.74%，这主要是由于本期该企业为购建固定资产、无形资产和其他长期资产支付的现金减少幅度达到了 64.11%，金额减少 84 745 万元。这说明，企业在上期期末收回了大量的投资金额，而且在本期没有大力追加投资，然而企业的发展取决于良好的投资项目给企业带来的优质现金流入，因此，该公司尽管本期经营活动现金流量增长较多，并不代表就一定有很好的发展前景。

③ 筹资活动现金流量分析。筹资活动产生的现金流量净额较上期减少了 94 103 万元。由于借款收到的现金减少了 66 800 万元，使得筹资活动现金流入较上期减少了 40.38%。筹资活动产生的现金流出额小幅度增加，主要是支付的利息及股利等项目都有所增加。

通过上述分析，可得出这些结论：该公司在前一年度大量收回投资，通过举债来回笼资金，公司在投资活动方面的投入明显大于本年，本年经营活动的现金流大幅度增加得益于前一年度一系列的投资活动。本年度，新的投资减少，企业管理把主要精力放在维持现有资产的良好运营上；在融资方面，举债增加额较上年大幅度减少，增加了偿付股利和利息等方面的金额。

4.2.2　编制并分析垂直现金流量表

现金流量表的垂直分析是指在现金流量表有关数据基础上分析现金流入、现金流出的构成和现金余额的形成。通过对现金流入垂直分析以了解企业现金流入的构成比例及来源。现金流出分析就是要识别现金的去向。

在进行现金流量的结构分析时，可以首先计算现金流入总额和现金流出总额；然后计算各现金流入项目与各现金流出项目占现金流入总额和现金流出总额的比例；最后分析各类现金流入和各类现金流出小计占现金流入总额和现金流出总额的比例，根据比例的大小或比例变动情况找出重点项目进行分析。

现金流量表的结构分析可以分为现金流入结构分析、现金流出结构分析和现金净流量结构分析。

1. 现金流入结构分析

现金流入结构反映企业的各项业务活动现金流入的比重，如经营活动、投资活动、筹资活动的现金流入等在全部现金流入中的比重，以及各项业务活动现金流入的具体项目的构成情况，以明确企业的现金来源。

从现金流量表内容分类中可得出这些现金流入结构分析模式：$\frac{\text{经营活动产生的现金流入}}{\text{现金流入总计}}\times 100\%$；$\frac{\text{投资活动产生的现金流入}}{\text{现金流入总计}}\times 100\%$；$\frac{\text{筹资活动产生的现金流入}}{\text{现金流入总计}}\times 100\%$。

以上3类模式以现金流入总计为关键项目。以此项目的数据作为基数，然后将现金流量表三大类现金流入量都以这个关键项目的百分率形式表示和纵向排列。同时，也可以把每类现金流入量作为基数，如分别以经营活动产生的现金流入量、投资活动产生的现金流入量、筹资活动产生的现金流入量为关键项目，以此项目的数据作为基数，然后各类中的现金收入项目都以这个关键项目的百分率形式表示和纵向排列。

能力提升4－13 承能力提升4－12中B公司现金流量表4.12资料，对B公司的现金流入进行垂直分析。分别以现金总流入与各类现金流入为基数计算结构百分比。

表4.14 现金流入垂直分析表

编制单位：B公司　　　　2014年度　　　　万元

项　目	本期金额	结构百分比/（%）	
		以现金流入小计为100%	以现金总流入为100%
一、经营活动产生的现金流入量			
销售商品、提供劳务收到的现金	169 569	96.52	55.72
收到的税费返还	53	0.03	0.02
收到其他与经营活动有关的现金	6 067	3.45	1.99
经营活动现金流入小计	175 689	100	57.73
二、投资活动产生的现金流入量			
收回投资所收到的现金	310	7.02	0.10
取得投资收益所收到的现金	2 844	64.45	0.93
处置固定资产、无形资产和其他长期资产收回的现金净额	48	1.09	0.02
处置子公司及其他营业单位收到的现金净额			
收到其他与投资活动有关的现金	1 211	27.44	0.40
投资活动现金流入小计	4 413	100	1.45
三、筹资活动产生的现金流入量			
吸收投资收到的现金	7 917	6.37	2.60
其中：子公司吸收少数股东投资收到的现金	7 917		
取得借款收到的现金	111 200	89.52	36.54
收到其他与筹资活动有关的现金	5 098	4.10	1.68
筹资活动现金流入小计	124 215	100	40.82
四、现金流入合计	304 317		100

分析：该公司当年主要现金流入来自于经营活动和筹资活动，分别占现金总流入的57.73%和40.82%。可见，虽然在水平分析中得出企业当年筹资活动金额大幅度下降，但是其在现金流

入中的比例仍然居高不下。在经营活动现金流入中,96.52%来自于销售商品、提供劳务收到的现金,说明企业的主营业务发展强劲,带来了良好的回报。虽然投资活动取得的现金流入只占现金总流入的1.45%,但是其主要来自于投资收益,而不是依靠收回投资。这是一个好现象,说明企业的投资方向正确。在筹资活动中,取得借款收到的现金占筹资活动现金流入的89.52%,说明企业主要通过借款来满足自身发展的需要。

2. 现金流出结构分析

现金流出结构反映企业各项业务活动中现金流出的比重。例如,经营活动、投资活动、筹资活动的现金流出等在全部现金流出中的比重,以及各项业务活动中现金流出具体项目构成情况,通过计算分析企业的现金用在哪些方面。

从现金流量表内容的分类中可得出这些现金流出结构分析模式:$\frac{\text{经营活动产生的现金流出}}{\text{现金流出总计}}\times 100\%$;$\frac{\text{投资活动产生的现金流出}}{\text{现金流出总计}}\times 100\%$;$\frac{\text{筹资活动产生的现金流出}}{\text{现金流出总计}}\times 100\%$。

以上3类模式以现金流出总计为关键项目,然后将现金流量表三大类现金流出量都以这个关键项目的百分率形式表示和纵向排列。同时,也可以把每类现金流出量作为基数,如分别以经营活动产生的现金流出量、投资活动产生的现金流出量、筹资活动产生的现金流出量为关键项目,以此项目的数据作为基数,然后各类中的现金流出项目都以这个关键项目的百分率形式表示和纵向排列。

能力提升4-14 承能力提升4-12中B公司现金流量表4.12资料,对B公司的现金流出进行垂直分析。分别以现金总流出与各类现金流出为基数计算结构百分比。

表4.15 现金流出垂直分析表

编制单位:B公司　　2014年度　　万元

项　目	本期金额	结构百分比/(%)	
		以现金流入小计为100%	以现金总流入为100%
一、经营活动产生的现金流出量			
购买商品、接受劳务支付的现金	77 525	63.65	27.26
支付给职工以及为职工支付的现金	13 512	11.09	4.75
支付的各项税费	21 597	17.73	7.59
支付其他与经营活动有关的现金	9 166	7.53	3.22
经营活动现金流出小计	121 800	100	42.83
二、投资活动产生的现金流出量			
购建固定资产、无形资产和其他长期资产支付的现金	47 434	82.82	16.68
投资所支付的现金	5 100	8.9	1.79
取得子公司及其他营业单位支付的现金净额	4 733	8.26	1.66
支付其他与投资活动有关的现金	4	0.01	0.00
投资活动现金流出小计	57 271	100	20.14
三、筹资活动产生的现金流出量			

（续表）

项　目	本期金额	结构百分比/(%)	
		以现金流入小计为 100%	以现金总流入为 100%
偿还债务所支付的现金	84 808	80.53	29.82
分配股利、利润或偿付利息支付的现金	20 503	19.47	7.21
其中：子公司支付给少数股东的股利、利润	1 052		
支付其他与筹资活动有关的现金			
筹资活动现金流出小计	105 311	100	37.03
四、现金流出合计	284 382		100

分析：该公司现金流出中经营活动与筹资活动的现金流出各占总流出的 42.83% 和 37.03%。其中，经营活动总流出中有 63.65% 用于日常生产经营，这一比例与经营活动所产生的现金流入是相配比的。在筹资活动中，现金流出占现金总流出的比重较高，主要原因是企业偿还了部分债务，这部分用现金偿还的债务占筹资活动现金流出的 29.82%。投资活动的现金流出占现金总流出的 20.14%，主要是企业购建固定资产、无形资产和其他长期资产支付的现金。

3. 现金净流量结构分析

现金净流量结构是指企业各项业务，包括经营活动、投资活动和筹资活动等现金净流量占全部现金净流量的百分比。它反映企业的现金净流量是如何形成的。

从现金流量表的内容分类可分析得出这些现金净流量结构分析模式：$\frac{\text{经营活动产生的现金流量净额}}{\text{现金流量净额合计}}\times 100\%$；$\frac{\text{投资活动产生的现金流量净额}}{\text{现金流量净额合计}}\times 100\%$；$\frac{\text{筹资活动产生的现金流量净额}}{\text{现金流量净额合计}}\times 100\%$。

以上 3 类模式以现金流量净额合计为关键项目，然后将现金流量表中三大类现金流量净额都以这个关键项目的百分率形式表示和纵向排列。

能力提升 4－15 承能力提升 4－12 中 B 公司现金流量表 4.12 资料，对 B 公司的现金净流量进行垂直分析。

表 4.16　现金净流量垂直分析表

编制单位：B 公司　　　　2014 年度　　　　万元

项　目	金　额	结构百分比/(%)
经营活动产生的现金净流量	53 889	270.32
投资活动产生的现金净流量	－52 858	－265.14
筹资活动产生的现金净流量	18 904	94.82
现金净流量合计	19 935	100

分析：从现金净流量构成看，公司生产经营活动产生的现金净流量为 53 889 万元，企业生产经营获取现金的能力较强，资金回笼及时；本年度投资活动的现金净流量为 －52 858 万元，说明企业本期采用了对外扩张的投资策略，如果投资方向得当，不仅会分散经营风险，而且会取得新的现金流入；筹资活动的现金净流量为 18 904 万元，说明公司本期借款与吸收投资收到的现金

大于偿债支付股利等活动支付的现金。

知识库

如何分析企业的现金净流量

一般来说,一个企业在生产经营正常、投资和筹资规模不变的情况下,现金净流量越大,则企业的活力越强。换句话说,如果企业的现金净流量主要是由于经营活动产生的,可以反映企业收现能力强,坏账风险小,其销售能力一般也不错。如果企业的现金流量净额主要是由于投资活动产生的,甚至是由处置固定资产、无形资产和其他长期资产引起的,这可能反映企业生产经营能力衰退,依靠处置非流动资产以缓解资金需求。当然,也可能是企业为了走出不良境地而调整资产结构,因此,还需要结合企业的资产负债表和利润表进一步分析。如果企业的现金净流量主要是由于筹资活动引起的,则说明企业将支付更多的股利或利息,它未来的现金净流量必须更大才能满足偿付需求,否则企业将承担更高的财务风险。

现金流量净额也可以是负数,即现金流出大于现金流入。这要视不同情况予以区分:如果企业经营活动产生的现金流量净额是负数且数额较大,而企业整体上现金流出主要是购建固定资产、无形资产或其他长期资产引起的,或者主要是对外投资引起的,这一般是由于企业进行设备更新或扩大生产能力,或者投资开拓更广阔的市场。因此,现金净额为负数,并不意味着企业经营能力不佳,而是意味着企业未来可能有更多的现金流入。如果企业现金流量为负数主要是由于偿还债务及利息引起的,这就意味着企业未来用于满足偿债需要的现金将可能减少,企业财务风险变小。企业只要营销状况正常,就不一定会走向衰退。如果现金净流量为负数主要是由于经营活动引起的,这将是一个危险的信号,不仅仅是短期偿债能力会受到影响,严重时会影响企业的生存。应积极采取措施,改善现金流量,避免影响企业的正常经营。

任务完成

根据“任务布置”中 W 公司的有关资料对 W 公司现金流量表进行比较分析。

1) 编制并分析 W 公司水平现金流量表。

根据 W 公司现金流量表 4.9 资料编制水平现金流量表(见表 4.17)。

表 4.17 现金流量水平分析表

编制单位:W 公司　　2014 年度　　元

项 目	本期金额	上期金额	增减额	增减/(%)
一、经营活动产生的现金流量				
销售商品、提供劳务收到的现金	1 484 500	1 000 000	484 500	48.45
收到的税费返还				
收到其他与经营活动有关的现金				
经营活动现金流入小计	1 484 500	1 000 000	484 500	48.45
购买商品、接受劳务支付的现金	426 662	267 000	159 662	59.80
支付给职工及为职工支付的现金	300 000	280 000	20 000	7.14
支付的各项税费	209 330	127 000	82 330	64.83
支付其他与经营活动有关的现金	48 000	27 000	21 000	77.78

（续表）

项　目	本期金额	上期金额	增减额	增减/(%)
经营活动现金流出小计	983 992	701 000	282 992	40. 37
经营活动产生的现金流量净额	500 508	299 000	201 508	40. 26
二、投资活动产生的现金流量				
收回投资所收到的现金	200 500		200 500	
取得投资收益所收到的现金		2 000	-2 000	-100
处置固定资产、无形资产和其他长期资产收回的现金净额	300		300	
处置子公司及其他营业单位收到的现金净额				
收到其他与投资活动有关的现金				
投资活动现金流入小计	200 800	2 000	198 800	9940
购建固定资产、无形资产和其他长期资产支付的现金	562 450	193 000	369 450	191. 42
投资所支付的现金				
取得子公司及其他营业单位支付的现金净额				
支付其他与投资活动有关的现金				
投资活动现金流出小计	562 450	193 000	369 450	191. 42
投资活动产生的现金流量净额	-361 650	-191 000	-170 650	89. 35
三、筹资活动产生的现金流量				
吸收投资收到的现金				
取得借款收到的现金	2 000 000	200 000	1 800 000	900
收到其他与筹资活动有关的现金				
筹资活动现金流入小计	2 000 000	200 000	1 800 000	900
偿还债务所支付的现金	30 000	80 000	-50 000	-62. 5
分配股利、利润或偿付利息支付的现金	116 000	89 000	27 000	30. 34
支付其他与筹资活动有关的现金				
筹资活动现金流出小计	146 000	169 000	-23 000	-13. 61
筹资活动产生的现金流量净额	1 854 000	31 000	1 823 000	5 880. 65
四、汇率变动对现金及现金等价物的影响				
五、现金及现金等价物净增加额	1 992 858	139 000	1 853 858	1 333. 71

分析：

① W 公司 2014 年现金及现金等价物的净增加额比 2013 年增加了 1 853 858 元。经营活动、投资活动和筹资活动产生的净现金流量变动额分别为 201 508 元、-170 650 元和 1 823 000 元。

② 经营活动净现金流量比上年增长了 40. 26%。经营活动现金流入量增长了 484 500 元，增长率为 48. 45%；经营活动现金流出量比上年增长了 282 992 元，增长率为 40. 37%。经营活动现金流入量的增加主要是因为销售商品、提供劳务收到的现金。经营活动现金流出量的增加主要是因为支付给职工及为职工支付的现金，购买商品、接受劳务支付的现金。

③ 投资活动的现金流入量比上年增长了 198 800 元，增长率为 9 940%，主要来自收回投资收到的现金；投资活动净现金流出量比上年增长了 89. 35%，主要原因是企业购建固定资产、无形

资产和其他长期资产支付的现金大幅增加。

④ 筹资活动的现金流入量为2 000 000元，增长了1 800 000元，增长率为900%，主要是由于企业借款筹资导致的；筹资活动的现金流出量降低了23 000元，降低率为13.61%；筹资活动净现金流量比上年增长了1 823 000元，增长率为5 880.65%，主要是因为企业取得借款收到的现金比上年大幅增加，即借款大于还款。

2）编制并分析W公司垂直现金流量表（现金流量流入流出结构分析表）。

根据W公司现金流量表4.9资料编制垂直现金流量表（见表4.18）。

表4.18　现金流量垂直分析表

编制单位：W公司　　2014年度　　金额单位：元　　结构单位：%

项　目	现金流入量	现金流入结构	现金流出量	现金流出结构	净现金流量	净现金流量结构
一、经营活动的现金流入总量	1 484 500	40.28				
其中：						
销售商品、提供劳务收到的现金	1 484 500	40.28				
收到的税费返还						
收到其他与经营活动有关的现金						
二、经营活动的现金流出总量			983 992	58.14		
其中：						
购买商品、接受劳务支付的现金			426 662	25.21		
支付给职工及为职工支付的现金			300 000	17.73		
支付的各项税费			209 330	12.37		
支付其他与经营活动有关的现金			48 000	2.83		
三、经营活动的净现金流量					500 508	25.12
四、投资活动的现金流入总量	200 800	5.45				
其中：						
收回投资所收到的现金	200 500	5.44				
处理固定资产而收到的现金净额	300	0.01				
五、投资活动的现金流出总量			562 450	33.23		
其中：						
购建固定资产所支付的现金			562 450	33.23		
权益性投资所支付的现金						
六、投资活动的净现金流量					-361 650	-18.15
七、筹资活动的现金流入总量	2 000 000	54.27				
其中：						
吸收权益性投资所收到的现金						
借款所收到的现金	2 000 000	54.27				
八、筹资活动的现金流出总量			146 000	8.63		
其中：						
偿还债务所支付的现金			30 000	1.77		
分配股利或利润所支付的现金			116 000	6.86		
偿还利息所支付的现金						
支付其他与筹资活动有关的现金						
九、筹资活动的净现金流量					1 854 000	93.03
现金流量总额	3 685 300	100	1 692 442	100	1 992 858	100

分析：

① 2014 年公司现金流入总量为 3 685 300 元，现金流出总量为 1 692 442 元，现金净流入量为 1 992 858 元，表明公司实现了现金资产的净增加。由于这些数据未表明何种业务活动导致了现金的净增加，因此，还必须从动态角度按照现金净增加额的形成过程展开分析，以判断对企业的影响是好还是坏。

② 从现金流入结构看，经营活动的现金流入量占全部现金流入量的 40.28%，全部为销售商品、提供劳务收到的现金。投资活动的现金流入量占全部现金流入量的 5.45%。其中，收回投资所收到的现金占 5.44%，这表明该公司投资带来的现金流入基本上全部是收回投资而非获利。筹资活动的现金流入量占全部现金流入量的 54.27%，全部为借款所收到的现金，表明该企业自身有着较充足的现金资源可供支配。

③ 从现金流出结构看，经营活动的现金流出量占全部现金流出量的 58.14%。其中，购买商品、接受劳务支付的现金占 25.12%，支付给职工及为职工支付的现金占 17.73%，支付的各项税费占 12.37%。投资活动的现金流出量占全部现金流出量的 33.23%，表明企业投资扩张。筹资活动的现金流出量占总流出量的 8.63%。其中，分配股利或利润所支付的现金占 6.86%，占较大比重。

④ 根据净现金流量结构，公司经营活动的净现金流量占 25.12%，投资活动的净现金流量占 -18.15%，筹资活动的净现金流量占 93.03%。

技能训练

企业资料：某商业企业为增值税一般纳税人，适用的增值税税率为 17%。该企业 2014 年有关资料如表 4.19 和表 4.20 所示。

① 资产负债表有关项目年初、年末余额和部分账户发生额如表 4.19 所示。

表 4.19 企业资产负债表部分账户余额

万元

账户名称	年初余额	本年增加	本年减少	年末余额
应收账款	3 000			2 800
应收票据	600			650
长期股权投资	200		50(出售)	250
存货	2 500			2 200
应付账款	900			800
应交税费				
应交增值税	100	527(销项)	207(已交) 300(进项)	120
应交所得税	30	100		40
短期借款	500	400		700

② 利润表有关账户本年发生额如表 4.20 所示。

表 4.20 企业利润表部分账户发生额

万元

账户名称	借方发生额	贷方发生额
营业收入		3 000
营业成本	1 700	
投资收益——出售长期股权投资		20

③ 其他有关资料:取得长期股权投资已支付现金;出售长期股权投资已收到现金;应收、应付款项均以现金结算;应收账款变动数中含有本期计提的坏账准备 5 万元。存货本期减少额中含有工程项目领用本企业商品 80 万元,该批产品计税价为 100 万元。不考虑该企业本年度发生的其他交易和事项。

任务要求:

计算以下现金流入和流出(要求列出计算过程)。

(1) 销售商品、提供劳务收到的现金(含收到的增值税销项税额)。

(2) 购买商品、接受劳务支付的现金(含支付的增值税进项税额)。

(3) 支付的各项税费。

(4) 收回投资所收到的现金。

(5) 取得借款所收到的现金。

(6) 偿还债务所支付的现金。

(7) 投资所支付的现金。

任务完成:

(1) 销售商品、提供劳务收到的现金 = 营业收入 3 000 + 本期增值税销项税额 527 - 视同销售的销项税 17(100 × 17%) + 应收账款(期初 - 期末)(3 000 - 2 800) + 应收票据(期初 - 期末)(600 - 650) - 本期计提的坏账准备 5 = 3 655(万元)

(2) 购买商品、接收劳务支付的现金 = 营业成本 1 700 + 本期进项税发生额 300 + 存货(期末 - 期初)(2 200 - 2 500) + 应付账款(期初 - 期末)(900 - 800) + 工程项目领用本企业商品 80 = 1 880(万元)

(3) 支付的各项税费 = 增值税已交税金 207 + 所得税本年发生额 100 + 应交所得税(期初 - 期末)(30 - 40) = 297(万元)

(4) 收回投资所收到的现金 = 20 + 50 = 70(万元)

(5) 取得借款所收到的现金 = 400(万元)(本期短期借款的增加数)

(6) 偿还债务所支付的现金 = 200(万元)(500 + 400 - 700)(短期借款本期减少数)

(7) 投资所支付的现金 = 100(万元)(长期股权投资本期增加数)(50 + 250 - 200)

项目总结

本项目主要介绍了现金流量表的结构、现金流量表的编制方法,以及现金流量表的比较分析和主要项目的阅读。

现金流量表是指反映企业一定会计期间内现金和现金等价物流入和流出的报表。现金流量表将各种活动引起的现金流量按结果不同,分为现金流入量、现金流出量和现金净流量。现金流量表的编制可以采用工作底稿法,也可以采用 T 型账户法。此外,现金流量表还有一些简化的编制方法。

在现金流量分析时要注意其各项目的构成及相互关系。在对现金流量表进行比较分析时,既要关注现金流量各项目的增减变动,也要关注其构成。

本项目学习的重点是根据企业的资料完成现金流量表的编制,并能够运用水平分析法和垂直分析法进行现金流量表的综合分析。

同步测试

一、单项选择题

1. 支付的在建工程人员的工资属于(　　)产生的现金流量。
   A. 筹资活动　　B. 经营活动　　C. 汇率变动　　D. 投资活动

2. 甲公司2014年度发生的管理费用为6 600万元。其中,以现金支付退休职工统筹退休金1 050万元和管理人员工资3 300万元、存货盘盈收益75万元、管理用无形资产摊销1 260万元、其余均以现金支付。假定不考虑其他因素,甲公司2014年度现金流量表中支付其他与经营活动有关的现金项目的金额为(　　)万元。
   A. 315　　B. 1 425　　C. 2 115　　D. 2 025

3. 会引起现金流量净额变动的是(　　)。
   A. 将现金存入银行　　B. 用银行存款购买1个月到期的债券
   C. 用固定资产抵偿债务　　D. 用银行存款清偿20万元的债务

4. 对于现金流量表的说法错误的是(　　)。
   A. 在具体编制时,可以采用工作底稿法或T型账户法
   B. 在具体编制时,也可以根据有关科目记录分析填列
   C. 采用多步式
   D. 采用报告式

5. 各项现金流出中属于企业现金流量表中经营活动产生的现金流量的是(　　)。
   A. 偿还应付账款　　B. 偿还长期借款
   C. 出售长期股权投资收到的现金　　D. 支付借款利息

二、多项选择题

1. 属于现金流量表中现金及现金等价物的有(　　　)。
   A. 库存现金　　B. 其他货币资金
   C. 3个月内到期的债券投资　　D. 股票投资

2. 属于现金流量表中现金等价物的有(　　　)。
   A. 库存现金　　B. 银行本票
   C. 银行承兑汇票　　D. 持有2个月内到期的国债

3. 属于现金流量表中经营活动产生的现金流量的有(　　　)。
   A. 收到的税费返还　　B. 偿还债务支付的现金
   C. 销售商品、提供劳务收到的现金　　D. 支付给职工及为职工支付的现金

4. 属于筹资活动产生的现金流量的有(　　　)。
   A. 分配股利支付的现金　　B. 清偿应付账款支付的现金
   C. 偿还债券利息支付的现金　　D. 清偿长期借款支付的现金

5. 不影响当期经营活动产生的现金流量的交易和事项有(　　　)。
   A. 用产成品偿还短期借款　　B. 支付管理人员工资
   C. 收到被投资单位利润　　D. 支付各项税费

三、简答题

1. 哪些交易和事项应该纳入现金流量表的编制范围?

2. 现金流量表编制的简要方法有哪几种？说明现金类日记账法的操作步骤。

综合技能强化训练

实训 对现金流量表进行结构分析

实训目标：

训练学生对现金流量表分析方法的运用。

实训任务资料：

科源公司2014年12月31日现金流量表如表4.21所示。根据现金流量表资料编制现金流入垂直分析表、现金流出垂直分析表与现金净流量垂直分析表，并对现金流量结构情况进行简要分析。

表4.21 现金流量表

会企03表

编制单位：科源公司　　2014年度　　元

项　目	本期金额
一、经营活动产生的现金流量	
销售商品、提供劳务收到的现金	2 538 000
收到的税费返还	
收到其他与经营活动有关的现金	1 570
经营活动现金流入小计	2 539 570
购买商品、接受劳务支付的现金	1 369 785.08
支付给职工及为职工支付的现金	120 000
支付的各项税费	134 292.56
支付其他与经营活动有关的现金	63 637.42
经营活动现金流出小计	1 687 715.06
经营活动产生的现金流量净额	851 854.94
二、投资活动产生的现金流量	
收回投资收到的现金	5 230
取得投资收益收到的现金	
处置固定资产、无形资产和其他长期资产收回的现金净额	18 500
处置子公司及其他营业单位收到的现金净额	
收到其他与投资活动有关的现金	
投资活动现金流入小计	23 730
购建固定资产、无形资产和其他长期资产支付的现金	7 246 500
投资支付的现金	609 500
取得子公司及其他营业单位支付的现金净额	

（续表）

项　目	本期金额
支付其他与投资活动有关的现金	
投资活动现金流出小计	7 856 000
投资活动产生的现金流量净额	-7 832 270
三、筹资活动产生的现金流量	
吸收投资收到的现金	3 292 295.08
取得借款收到的现金	3 516 779.99
收到其他与筹资活动有关的现金	
筹资活动现金流入小计	6 809 075.07
偿还债务支付的现金	
分配股利、利润或偿付利息支付的现金	10 000
支付其他与筹资活动有关的现金	
筹资活动现金流出小计	10 000
筹资活动产生的现金流量净额	6 799 075.07
四、汇率变动对现金及现金等价物的影响	
五、现金及现金等价物净增加额	-181 339.99
加：期初现金及现金等价物余额	
六、期末现金及现金等价物余额	

实训指导：

1）根据现金流量表资料编制现金流入垂直分析表（见表4.22），并进行分析。

表4.22　现金流入垂直分析表

编制单位：科源公司　　2014年度　　万元

项　目	本期金额	结构百分比/（%）	
		以现金流入小计为100%	以现金总流入为100%
一、经营活动产生的现金流入量			
销售商品、提供劳务收到的现金	2 538 000	27.08	99.94
收到其他与经营活动有关的现金	1 570	0.02	0.06
经营活动现金流入小计	2 539 570	27.10	100.00
二、投资活动产生的现金流入量			
收回投资所收到的现金	5 230	0.06	22.04
处置固定资产、无形资产和其他长期资产收回的现金净额	18 500	0.20	77.96
投资活动现金流入小计	23 730	0.25	100.00
三、筹资活动产生的现金流入量			
吸收投资收到的现金	3 292 295.08	35.13	48.35
取得借款收到的现金	3 516 779.99	37.52	51.65
筹资活动现金流入小计	6 809 075.07	72.65	100.00
四、现金流入合计	9 372 375.07	100.00	

分析:在公司的现金流入结构中,公司经营活动、投资活动与筹资活动的现金流入所占的比重分别为27.10%、0.25%和72.65%。可见,公司当年的现金流入主要来自于筹资活动,其次是经营活动,而投资活动现金流入的比重很小。在筹资活动中,35.13%来自于主权资本的投入、37.52%来自于负债筹资,结构较为合理;公司经营活动的现金流入仅占27.10%,应结合销售情况进行分析,以避免由于自身经营现金流量不足影响企业发展。

2)根据现金流量表资料编制现金流出垂直分析表(见表4.23),并进行分析。

表4.23 现金流出垂直分析表

编制单位:科源公司 2014年度 万元

项 目	本期金额	结构百分比/(%)	
		以现金流入小计为100%	以现金总流入为100%
一、经营活动产生的现金流出量			
购买商品、接受劳务支付的现金	1 369 785.08	14.34	81.16
支付给职工及为职工支付的现金	120 000	1.26	7.11
支付的各项税费	134 292.56	1.40	7.96
支付其他与经营活动有关的现金	63 637.42	0.66	3.77
经营活动现金流出小计	1 687 715.06	17.66	100.00
二、投资活动产生的现金流出量			
购建固定资产、无形资产和其他长期资产支付的现金	7 246 500	75.85	92.24
投资所支付的现金	609 500	6.38	7.76
投资活动现金流出小计	7 856 000	82.23	100.00
三、筹资活动产生的现金流出量			
分配股利、利润或偿付利息支付的现金	10 000	0.11	
筹资活动现金流出小计	10 000	0.11	
四、现金流出合计	95 533 715.06	100.00	

分析:在公司的现金流出结构中,经营活动、投资活动与筹资活动分别占17.66%、82.23%和0.11%。可见,公司当年的现金流出主要是用于投资活动的固定资产的购建,这为企业生产经营规模的扩大、未来的经营发展奠定了基础。这种现金流出结构,只有在企业特殊的年份才会出现。当新建的固定资产投产,现金流出结构也会随之改变。在正常生产经营的年份,企业经营活动的现金流出应该占主要比重,而投资与筹资活动的现金流出的比重不会过高。因此,分析现金流出结构时,要结合企业的生产经营周期与具体情况进行分析。

3)根据现金流量表资料编制现金净流量垂直分析表(见表4.24),并进行分析。

表4.24 现金净流量垂直分析表

编制单位:科源公司 2014年度 万元

项 目	金 额	结构百分比/(%)
经营活动产生的现金净流量	851 854.94	-469.75
投资活动产生的现金净流量	-7 832 270.00	4 319.10
筹资活动产生的现金净流量	6 799 075.07	-3 749.35
现金净流量合计	-181 339.99	100

分析:从公司现金净流量构成来看,生产经营活动的现金净流量为 851 854.94 元,应结合利润表的收入情况分析公司资金的回笼是否及时,生产经营情况是否正常。本年度现金净流量净额为 -181 399.99 元,主要是由于投资活动产生的现金净流量为 -7 832 270.00 元。尽管公司通过筹资活动弥补了现金缺口 6 799 075.07 元,但最终现金净流量出现负数。这不是由于公司生产经营不善造成的,而是受公司投资策略的影响。

项目 5 所有者权益变动表编制与分析

专业能力目标

能够运用所有者权益变动表的编制方法完成所有者权益变动表的编制；能够运用比较分析法编制比较所有者权益变动表，并对其进行比较分析。

职业核心能力目标

能够合理安排学习计划；能够对企业资料进行分析整理，筛选出用于所有者权益变动表编制的资料；能够对报表数据进行计算比较；能够与老师和同学进行沟通，明确学习任务；能够与团队成员协作，完成学习任务；能够在数据分析中说明自己的观点，得出结论。

项目结构

任　务	内　容
任务 5.1　编制所有者权益变动表	5.1.1　所有者权益变动表的结构 5.1.2　所有者权益变动表的编制方法
任务 5.2　比较分析所有者权益变动表	5.2.1　所有者权益变动表项目分析 5.2.2　所有者权益变动表水平分析 5.2.3　所有者权益变动表垂直分析

项目目标

根据会计核算总账报表岗位的要求，通过对本项目的学习明确所有者权益变动表的结构，能够完成所有者权益变动表的编制，能够编制垂直所有者权益变动表并对其进行分析。

项目引例

《企业会计准则第 30 号——财务报表列报》（简称《财务报表列报准则》）规定，企业除了编制资产负债表、利润表、现金流量表之外，还必须编制所有者权益（或股东权益）变动表。《财务报表列报准则》的规定对我国财务报表体系产生了深远的影响。它宣告了我国第 4 张报表——所有者权益变动表的诞生，打破了我国长达半个多世纪之久由 3 张报表组成财务报表体系的局面，标志着我国财务报表的改革迈出了重要的一步。

通过编制所有者权益变动表披露全面收益比传统的利润表能更好地体现损益满计

观。在确认利润表应披露的信息范围问题上有2种不同的观点,即损益满计观和当期营业观。尽管目前的主流观点倾向于损益满计观,并且不少人认为现行的利润表已经是损益满计观的产物,但经过仔细分析现行的利润表后发现,它所披露的损益其实并没有满计,有相当部分的损益绕过利润表而直接计入了资产负债表的所有者权益。因此,为了真正体现损益满计观,我们也应该披露全面收益。

引例分析:综上所述,新会计准则的发布导致我国财务报表发生了重大变化。所有者权益变动表是一张反映企业全面收益的报表,向信息使用者提供更加相关、可靠的信息。公允价值计价的广泛运用要求会计披露全面收益信息。现阶段,我国采用所有者权益变动表的形式披露全面收益信息,既符合国际化的要求又适合我国国情。

任务5.1　编制所有者权益变动表

任务布置

公司资料:W公司有关资料以项目2中“任务布置”中为例。

要求:根据W公司有关资料,通过对“知识要点”的学习,在“任务完成”中编制所有者权益变动表。

知识要点

5.1.1　所有者权益变动表的结构

根据《企业会计准则第30号——财务报表列报》的规定,企业财务报表体系包括资产负债表、利润表、现金流量表、所有者权益变动表及附注。所有者权益变动表是新增的一张主要报表。在新准则颁布以前,所有者权益变动表不是主要报表。在上市公司的财务报告中,它仅作为附表在会计数据和业务数据摘要中列示,而在新颁布的会计准则中,它成为了主要报表之一,其地位和作用凸显了其重要性。

所有者权益变动表是反映构成所有者权益的各组成部分当期增减变动情况的报表,又称为股东权益变动表。所有者权益变动表不仅反映各项交易或事项导致的所有者权益增减变动的信息,还反映所有者权益各组成部分增减变动的结构性信息。

1. 所有者权益变动表的内容

所有者权益是指企业资产扣除负债后由所有者享有的剩余权益,又称为净资产。它是股东投资资本与经营过程中形成的留存收益的集合，是股东投资和公司发展实力的资本体现。所有者权益变动表，根据所有者权益变动的性质，分别按照当前净利润、直接计入所有者权益的利得和损失项目、股东投入资本和向股东分配利润、提取盈余公积等情况分析填列。

所有者权益变动表主要反映这些内容：净利润；直接计入所有者权益的利得和损失项目及其总额；会计政策变更和差错更正的累积影响金额；所有者投入资本和向所有者分配利润等；按照规定提取的盈余公积；实收资本（或股本）、资本公积、盈余公积、未分配利润的期初和期末余额及调节情况。

资产负债表是某一时点的价值存量，利润表、现金流量表与所有者权益变动表是2个时点之间的存量变化，即流量。利润表反映了所有者权益变化的一部分，现金流量表反映了现金的变化过程，所有者权益变动表反映的是资产负债表中所有者权益具体项目的变化过程。

知识库

所有者权益变动表分析的目的

所有者权益变动表分析是通过所有者权益的来源及变动情况了解会计期间内所有影响所有者权益增减变动的具体原因，判断构成所有者权益各项目变动的合法性与合理性，为报表使用者提供较为真实的所有者权益总额及变动信息。

① 通过对所有者权益变动表的分析，可以清晰地体现会计期间构成所有者权益各个组成项目的结构比例和变动趋势，揭示所有者权益变动的原因及过程，反映公司自有资本的质量，提供资本保值增值的重要信息。

② 通过对所有者权益变动表的分析，可以进一步报告全面、有用的财务业绩信息，以满足报表使用者投资、信贷及其他经济决策的需要。

③ 通过对所有者权益变动表的分析，可以反映会计政策变更的合理性及前期差错更正的幅度，具体报告会计政策变更和前期差错更正对所有者权益的影响金额。

④ 通过对所有者权益变动表的分析，可以反映股利分配政策、股权分置等财务政策对所有者权益的影响。

2. 所有者权益变动表的结构

所有者权益变动表以矩阵的形式列示：一方面，列示导致所有者权益变动的交易或事项，即所有者权益变动的来源，对一定时期内所有者权益的变动情况进行全面反映；另一方面，按照所有者权益各组成部分（即实收资本、资本公积、盈余公积、未分配利润和库存股）列示交易或事项对所有者权益各部分的影响。此外，企业还需要提供比较所有者权益变动表，其分为“本年金额”和“上年金额”两栏，分别反映当年和上年所有者权益增减变动及年初、年末情况。其格式如表5.1所示。

表5.1 所有者权益变动表

会企04表

编制单位：　　　　年度　　　　元

项目	本年金额						上年金额					
	实收资本（或股本）	资本公积	减：库存股	盈余公积	未分配利润	所有者权益合计	实收资本（或股本）	资本公积	减：库存股	盈余公积	未分配利润	所有者权益合计
一、上年年末余额												
加：会计政策变更												
前期差错更正												
二、本年年初余额												
三、本年增减变动金额（减少以“－”填列）												
（一）净利润												
（二）直接计入所有者权益的利得和损失												
1. 可供出售金融资产公允价值变动净额												
2. 权益法下被投资单位其他所有者权益变动的影响												
3. 与计入所有者权益项目相关的所得税影响												
4. 其他												
上述（一）和（二）小计												
（三）所有者投入和减少资本												
1. 所有者投入资本												
2. 股份支付计入所有者权益的金额												
3. 其他												
（四）利润分配												
1. 提取盈余公积												
2. 对所有者（或股东）的分配												
3. 其他												

（续表）

项目	本年金额						上年金额					
	实收资本（或股本）	资本公积	减:库存股	盈余公积	未分配利润	所有者权益合计	实收资本（或股本）	资本公积	减:库存股	盈余公积	未分配利润	所有者权益合计
（五）所有者权益内部结转												
1. 资本公积转增资本（或股本）												
2. 盈余公积转增资本（或股本）												
3. 盈余公积弥补亏损												
4. 其他												
四、本年年末余额												

5.1.2 所有者权益变动表的编制方法

所有者权益变动表中涉及的是所有者权益类的各个账户,反映企业所有者权益各项目的增减变化。各项目应根据"实收资本(股本)"、"资本公积"、"盈余公积"、"库存股"、"利润分配"各明细账户的本年年初余额、借方发生额、贷方发生额、年末余额分析填列,增加金额用"+"填列,减少金额用"-"填列。

1. 所有者权益变动表各项目的填列

(1) 上年年末余额

上年年末余额反映企业上年资产负债表中实收资本(或股本)、资本公积、库存股、盈余公积、未分配利润的年末余额。

(2) 会计政策变更和前期差错更正

会计政策变更和前期差错更正分别反映企业采用追溯调整法处理的会计政策变更的累积影响金额和采用追溯重述法处理的会计差错更正的累积影响金额。影响的项目主要涉及盈余公积、未分配利润项目。填列时,要根据"盈余公积"、"利润分配"账户的发生额。

(3) 本年增减变动金额

本年增减变动金额分别反映如下内容。

① 净利润,反映企业当年实现的净利润(或净亏损)金额,并对应列在"未分配利润"一栏。

② 直接计入所有者权益的利得和损失,反映企业当年直接计入所有者权益的利得和损失金额。其主要包括以下内容。

- 可供出售金融资产公允价值变动净额,反映企业持有的可供出售金融资产当年公允价值变动的金额,并对应列在"资本公积"栏。

企业根据自身业务的特点和风险管理的要求对取得的金融资产在初始确认时,可分为以下几类:以公允价值计量且其变动计入当期损益的金融资产,如交易性金融资产;持有至到期投资;贷款和应收款项;可供出售的金融资产。

- 权益法下被投资单位其他所有者权益变动的影响,反映企业对按照权益法核算的长期股权投资,在被投资单位除当年实现的净损益以外其他所有者权益当年变动中应享有的份额,并对应列在"资本公积"栏。
- 与计入所有者权益项目相关的所得税影响,反映企业根据《企业会计准则第18号——所得税》规定应计入所有者权益项目的当年所得税影响金额,并对应列在"资本公积"栏。

③ 所有者投入和减少资本,为后3项的合计数。

- 所有者投入资本。按当期所有者投入资本的金额填列实收资本(或股本)和资本公积。如果投入的资本是由债务重组中的债务转换的,当期按债务转成股份的面值总额填列实收资本(或股本),按股份的公允价值总额与相应的实收资本(或股本)之间的差额填列资本公积。

- 股份支付计入所有者权益的金额。当期发生以权益结算的股份支付换取职工或其他方提供服务的,应按确定的金额填列资本公积;当期发生行权的以权益结算的股份,按行权所支付的股票数量与面值之积,以正数填列实收资本(或股本),以负数填列资本公积。

- 其他。涉及的事项和交易主要有归还投资者投资、回购股票和有效套期等。

按当期归还投资者的投资金额,以负数填列实收资本(或股本)、未分配利润,以正数填列盈余公积。当期发生股票回购的,按回购的股票数量与回购价格以正数填列"减:库存股",按回购的股票数量与面值以负数填列实收资本(或股本),按两者的差额以负数填列资本公积(不足部分依次冲减盈余公积、未分配利润)。有效套期的利得和损失按当期发生的现金流量套期和境外经营净投资套期中被套期工具属于有效套期的利得与预计未来现金流量现值变动额的较低者以正数填列资本公积(损失以负数填列);按当期发生的现金流量套期和境外经营净投资套期中被套期项目影响企业损益时应转出原计入所有者权益部分的金额,填列"资本公积"。

④ 利润分配

利润分配下的各项目反映当年对所有者(或股东)分配的利润(或股利)金额和按照规定提取的盈余公积金额,并对应列在"未分配利润"和"盈余公积"栏。

未分配利润是指企业留待以后年度分配的结存利润,也是企业所有者权益的组成部分。从数量上来说,是期初未分配利润,加上本期实现的净利润,减去提取的盈余公积和分出利润后的余额。

未分配利润通常用于以后年度向投资者进行分配。因此,这部分利润越多,说明企业当年和以后年度的积累能力、股利分配能力,以及应付风险的能力就越强。未分配利润相对于盈余公积而言,属于未确定用途的留存收益,因此企业在使用上有较大的自主权,受国家法律法规的限制较少。

⑤ 所有者权益内部结转

所有者权益内部结转下的各项目反映不影响当年所有者权益总额的所有者权益各组成部分之间当年的增减变动,包括资本公积转增资本(或股本)、盈余公积转增资本(或股本)、盈余公积弥补亏损等项金额。

能力提升5-1 编制所有者权益变动表。

某公司2013年末实收资本为5 000 000元、盈余公积100 000元、未分配利润为50 000元,所有者权益合计金额为5 150 000元。2014年全年实现净利润197 704元,分配现金股利32 215.85元,提取盈余公积24 770.40元。假定公司没有其他导致所有者权益变化的事项,请编制该公司2014年所有者权益变动表。

表 5.2 所有者权益变动表

会企 04 表

编制单位： 2014 年度 元

项 目	本年金额						上年金额					
	实收资本（或股本）	资本公积	减：库存股	盈余公积	未分配利润	所有者权益合计	实收资本（或股本）	资本公积	减：库存股	盈余公积	未分配利润	所有者权益合计
一、上年年末余额	5 000 000			100 000	50 000	5 150 000						
加：会计政策变更												
前期差错更正												
二、本年年初余额	5 000 000			100 000	50 000	5 150 000						
三、本年增减变动金额（减少以“－”填列）				24 770.40	140 717.75							
（一）净利润					197 704	197 704						
（二）直接计入所有者权益的利得和损失												
1. 可供出售金融资产公允价值变动净额												
2. 权益法下被投资单位其他所有者权益变动的影响												
3. 与计入所有者权益项目相关的所得税影响												
4. 其他												
上述（一）和（二）小计												
（三）所有者投入和减少资本												
1. 所有者投入资本												
2. 股份支付计入所有者权益的金额												
3. 其他												
（四）利润分配												
1. 提取盈余公积				24 770.40	－24 770.40	0						
2. 对所有者（或股东）的分配					－32 215.85	－32 215.85						
3. 其他												

（续表）

项　目	本年金额						上年金额					
	实收资本（或股本）	资本公积	减：库存股	盈余公积	未分配利润	所有者权益合计	实收资本（或股本）	资本公积	减：库存股	盈余公积	未分配利润	所有者权益合计
（五）所有者权益内部结转												
1. 资本公积转增资本（或股本）												
2. 盈余公积转增资本（或股本）												
3. 盈余公积弥补亏损												
4. 其他												
四、本年年末余额	5 000 000			124 770. 40	190 717. 75	5 315 488. 15						

2. “上年金额”和“本年金额”栏的填列说明

所有者权益变动表“上年金额”栏内各项数字，应根据上年度所有者权益变动表“本年金额”栏内所列数字填列。如果上年度所有者权益变动表规定的各个项目的名称和内容同本年度不一致，应对上年度所有者权益变动表各项目的名称和数字按本年度的规定进行调整，并填入所有者权益变动表“上年金额”栏内。

所有者权益变动表“本年金额”栏内各项数字一般应根据“实收资本（或股本）”、“资本公积”、“盈余公积”、“利润分配”、“库存股”、“以前年度损益调整”账户的发生额分析填列。

任务完成

根据“任务布置”中 W 公司的有关资料，为完成 W 公司所有者权益变动表的编制任务，主要有以下工作步骤。

1）可以先根据资产负债表中的期初数据将所有者权益项目填入所有者权益变动表中“本年年初余额”。

2）分析经济业务，按照所有者权益变动表的各个项目查找企业经济业务中与所有者权益相关的，将数据填入表中。例如，“直接计入所有者权益的利得和损失”中的“权益法下被投资单位其他所有者权益变动的影响”根据业务资料（23）填入“资本公积”90 000 元。

3）将所有者权益各项目从“年初余额”调整“本年增减变动”得到所有者权益项目的“本年年末余额”，完成所有者权益变动表的编制。

表 5.3　所有者权益变动表

会企 04 表

编制单位：W 公司　　　　2014 年度　　　　元

项　目	本年金额						上年金额					
	实收资本（或股本）	资本公积	减：库存股	盈余公积	未分配利润	所有者权益合计	实收资本（或股本）	资本公积	减：库存股	盈余公积	未分配利润	所有者权益合计
一、上年年末余额	10 000 000	235 700		185 430	231 800	10 652 930	10 000 000	235 700		171 930	173 300	10 580 930
加：会计政策变更												
前期差错更正												
二、本年年初余额	10 000 000	235 700		185 430	231 800	10 652 930	10 000 000	235 700		171 930	173 300	10 580 930
三、本年增减变动金额（减少以“－”填列）	95 000	55 000		－45 780	61 620	165 840				13 500	58 500	72 000
（一）净利润					94 800	94 800					90 000	90 000
（二）直接计入所有者权益的利得和损失												
1. 可供出售金融资产公允价值变动净额												
2. 权益法下被投资单位其他所有者权益变动的影响		90 000				90 000						
3. 与计入所有者权益项目相关的所得税影响												
4. 其他												
上述（一）和（二）小计		90 000			94 800	184 800					90 000	90 000
（三）所有者投入和减少资本												
1. 所有者投入资本												
2. 股份支付计入所有者权益的金额												
3. 其他												
（四）利润分配												
1. 提取盈余公积				14 220	－14 220					13 500	－13 500	
2. 对所有者（或股东）的分配					－18 960	－18 960					－18 000	－18 000
3. 其他												

（续表）

项　目	本年金额						上年金额					
	实收资本（或股本）	资本公积	减：库存股	盈余公积	未分配利润	所有者权益合计	实收资本（或股本）	资本公积	减：库存股	盈余公积	未分配利润	所有者权益合计
（五）所有者权益内部结转												
1. 资本公积转增资本（或股本）	35 000	-35 000										
2. 盈余公积转增资本（或股本）	60 000			-60 000								
3. 盈余公积弥补亏损												
4. 其他												
四、本年年末余额	10 095 000	290 700		139 650	293 420	10 818 770	10 000 000	235 700		185 430	231 800	10 652 930

技能训练

针对本任务，设计类似任务，请学生完成。“技能训练”要体现实操性，让学生动手操作，“学”、“做”互动，使其更适应岗位。技能训练也以“工作任务”形式给出，提供资料并提出要求，仿照讲述的内容，让学生操作，并给予指导。

任务 5.2　比较分析所有者权益变动表

任务布置

企业资料：企业背景资料仍以 W 公司数据为例。

要求：根据 W 公司所有者权益变动表（见表 5.3）的数据资料，对其所有者权益变动表编制水平与垂直所有者权益变动表，并对其进行分析。

知识要点

5.2.1　所有者权益变动表项目分析

1. 实收资本项目分析

实收资本是企业通过吸收投资形成的资本。企业设立时经过登记注册形成注册资本。一般情况下，实收资本相对固定不变，如有增减变动，必须符合一定的条件。

实收资本（股本）增加的途径主要有资本公积转入、盈余公积转入、投资者投入资本（包括发行新股）等。其中，前 2 种途径增加的实收资本是所有者权益项目的内部结转所带来的，而投资者投入资本（包括发行新股），不仅能够增加实收资本，而且还可以增加公司的资产，表明投资者对公司的发展充满信心。

实收资本的增加既能为公司发展积累物质基础，也可能带来一些新的问题。因此，对实收资本变动的分析要综合进行。对资本公积转入、盈余公积转入所增加的实收资本主要应关注其转增的合理性。对投资者投入资本（或发行新股）应着重分析公司的业务范围、资金的使用效率及盈利能力，是否形成新的利润增长点，为公司的持续发展和利润的稳定增长奠定基础。

实收资本的减少，一般很少发生，除非企业资本过剩或出现重大亏损等情况，才能依法减资。

2. 资本公积项目分析

资本公积是指由股东投入,但不构成实收资本(股本),或者从其他来源取得的属于股东的权益,主要包括资本溢价等内容。

根据资本公积的性质和内容,在分析时应注意了解资本公积的形成过程,关注其使用流向,进而分析公司权益资本的质量。资本公积增加的原因包括资本溢价(股本溢价)和其他资本公积。

资本公积减少的原因主要是转增资本(股本)。资本公积转增资本是公司内部权益资本结构的调整。它既不是投入资本的实质性增加,也不属于利润分配。分析时应注意转增资本额度的确定、转增股本后的股数和新的股权比例情况及转增资本以后对未来收益的影响等。具体可通过转增股本前后的股本收益率、每股净资产等指标进一步加以分析。

3. 库存股项目分析

库存股是指公司收回已发行的且尚未注销的股票。它同时具备这些特点:是本公司的股票;是已发行的股票;是收回后尚未注销的股票;是可以再次出售的股票。

库存股对企业所有者权益的影响有:库存股不是公司的资产,而是公司所有者权益的减项;库存股变动不影响损益,只影响权益;库存股的权利受到限制。由于库存股没有具体股东,库存股不具有股利分派权、表决权、优先认购权和分配剩余财产权。

从实质上看,股票回购可以被认为是将股利一次性支付给股东,属于间接股利分配,但股票回购比高股利政策更具有财务影响。①合理增加库存股能够进一步提高股价,吸引投资者。公司通过增加库存股可以减少发行在外的流通股,从而达到提高每股净收益和每股股利的目的。②合理增加库存股可以减少股东人数,化解外部控制或减少施加重要影响的公司或企业。③公司通过库存股的合理运用,可以调整自身资本结构,保证股东和债权人的利益。

股份公司减资时采取收购并注销本公司股票的方式,按照注销股票面值总额减少股本,借记"股本"科目,按照注销库存股的账面余额,贷记"库存股"科目,按其差额借记"资本公积——股本溢价"科目。溢价不足冲减的,应依次冲减"盈余公积"、"利润分配——未分配利润"等科目。

如果购回股票支付的价款低于面值总额的,应按股票面值总额借记"股本"科目,按所注销的库存股账面余额,贷记"库存股"科目,按其差额贷记"资本公积——股本溢价"科目。

库存股的分析因回购目的的不同而有所不同,具体可以根据我国《公司法》第143条所规定的公司可以回购本公司股份的以下几种情形来展开。

(1) 减少注册资本

为减少公司注册资本目的回购的,公司应当自收购之日起10日内注销所回购股份。分析时应关注公司的回购日与注销日之间的时间间隔,尤其是公司回购的股份是否已按《公司法》规定注销。也就是说,为了减少公司注册资本而回购的股份不应形成库存股。

(2) 股权激励计划

基于公司股权激励计划回购的本公司股份不得超过本公司已发行股份总额的5%;用于收购的资金应当从公司的税后利润中支出;所收购的股份应当在1年内转让给职工。也就是说,对回购股份的比例、所用资金,以及转让给职工的时间都有明确的规定。

(3) 与其他持股公司合并

因为与持有本公司股份的其他公司合并,或者股东因对股东大会作出的公司合并、分立决议持异议,要求公司收购其股份的,公司应当在6个月内转让或注销该股份。

分析时应特别注意的是：公司在进行股票回购时有无操纵市场的嫌疑；公司的董事有无利用股份购回及再出售机制来操控公司股价；当公司出于正当目的进行重大库存股运作前，公司董事个人或其他内幕人员有无通过事先采取行动而从中获利；公司是否通过缩小股本规模而提高每股收益或其他业绩比率营造业绩较好的表象，使报表使用者以为其股份有价值等。

4. 盈余公积项目分析

盈余公积是指公司按照规定从净利润中提取的各种积累资金。盈余公积根据其用途不同，可分为公益金和一般盈余公积。公益金专门用于公司职工福利设施的支出。按现行规定，上市公司按照税后利润的5% ~10%的比例提取法定公益金。

盈余公积的提取实际上是企业当期实现的净利润向投资者分配利润的一种限制。提取盈余公积并不是单独将这部分资金从企业资金周转过程中抽出。企业提取的盈余公积无论是用于弥补亏损，还是用于转增资本，只不过是在企业所有者权益内部结构的转换。至于企业盈余公积的结存数，实际只表现企业所有者权益的组成部分，表明企业生产经营资金的一个来源而已，其形成的资金可能表现为一定的货币资金，也可能表现为一定的实物资产。

对于盈余公积项目的分析，应从以下几方面进行。

（1）分析盈余公积形成是否合法

因为盈余公积是从企业税后利润中提取的积累资金，所以要注意分析公司是否按照有关规定提取盈余公积（包括法定盈余公积、任意盈余公积），提取的基数是否准确，比例如何确定，任意盈余公积的提取是否依据股东大会的决议等。

（2）分析盈余公积使用是否符合规定

盈余公积属于企业留存收益中指定专门用途的积累资金。所谓专门用途，是指这部分净利润不能再直接分配给投资者，而是要用于法律、公司章程或股东会议指定的方面。各种不同形式的盈余公积在其使用上有着各自不同的规定。

① 分析用盈余公积弥补亏损时，应注意是否由董事会提议，并经股东大会批准。

② 分析盈余公积转增资本（股本）时，应注意转增资本是否经股东大会作出决议，是否办理了增资手续。用法定盈余公积派送新股时，按股票面值和派送新股总数计算的金额，如有差额，是否记入“资本公积——股本溢价”账户。

③ 公司用盈余公积分派股利的分析，应注意是否经股份有限公司股东大会作出决议；用法定盈余公积分派股票股利增加的股本是否办理了增资手续；分派股票股利的每股面值与派送价格之差是否记入“资本公积——股本溢价”账户。

5. 未分配利润项目分析

未分配利润是指企业历年净利润数扣除历年累计分配后的余额。

$$\text{未分配利润}=\text{历年累计盈余}-\text{历年累计分配}$$
$$=\text{年初未分配利润}+\text{本年净利润}-\text{本年利润分配}$$

历年累计盈余的来源包括经营损益、投资收益、筹资收益、前期损益调整等。历年累计分配包括分给股东的利润、提取盈余公积和转增资本等。未分配利润是两者的差额，代表着可供以后向股东分配红利的盈余。按照公司法的规定，企业必须有累计盈余才能给股东分红。因此，未分配利润可以反映为股东分红的能力。如果累计分配超过累计盈余，未分配利润账户出现在左方，称为累计亏损。

对未分配利润的分析主要应注意了解未分配利润的增减变动总额、变动原因和变动趋势，尤其是分析由于净利润的变动对未分配利润的影响，同时应分析公司的利润分配政策对未分配利润的影响。

5.2.2 所有者权益变动表水平分析

所有者权益变动表水平分析是将所有者权益各个项目的本期数与基准进行对比（可以是上期数等），揭示公司当期所有者权益各个项目的水平及变动情况，解释公司净资产的变动原因，借以进行相关决策的过程。

能力提升 5-2 ZY 公司所有者权益变动表如表 5.4 所示。编制该公司的所有者权益变动水平分析表（见表 5.5），并进行分析。

表 5.4 ZY 公司所有者权益变动表

千元

项 目	2014 年	2013 年
一、上年年末余额	12 888 408	11 325 837
加：会计政策更正		
前期差错更正		
二、本年年初余额	12 888 408	11 325 837
三、本年增减变动		
（一）净利润	1 911 935	1 451 451
（二）直接计入所有者权益的利得和损失		
1. 可供出售金融资产公允价值变动净额	580 210	
2. 权益法下被投资单位其他所有者权益变动的影响	5 847	
3. 与计入所有者权益项目相关的所得税的影响		
4. 其他（外币报表折算差额）	-182 584	-36 329
上述（一）和（二）小计	2 315 408	1 415 122
（三）所有者投入和减少资本		
1. 所有者投入资本		17 207
2. 股份支付计入所有者权益的金额	299 551	297 668
3. 其他	-29 860	
（四）利润分配		
1. 提取盈余公积		
2. 对所有者或股东的分配	-289 960	-167 426
3. 其他		
（五）所有者权益内部结转		
1. 资本公积转增资本		
2. 盈余公积转增资本		
3. 盈余公积补亏		
4. 其他		
四、本年年末余额	15 183 547	12 888 408

表5.5 ZY公司所有者权益变动水平分析表

千元

项　目	2014年	2013年	变动额	变动率/(%)
一、上年年末余额	12 888 408	11 325 837	1 562 571	13.80
加：会计政策更正				
前期差错更正				
二、本年年初余额	12 888 408	11 325 837	1 562 571	13.80
三、本年增减变动				
（一）净利润	1 911 935	1 451 451	460 484	31.73
（二）直接计入所有者权益的利得和损失				
1. 可供出售金融资产公允价值变动净额	580 210		580 210	
2. 权益法下被投资单位其他所有者权益变动的影响	5 847		5 847	
3. 与计入所有者权益项目相关的所得税的影响				
4. 其他	-182 584	-36 329	-146 255	402.58
上述(一)和(二)小计	2 315 408	1 415 122	900 286	63.62
（三）所有者投入和减少资本				
1. 所有者投入资本		17 207	-17 207	-100
2. 股份支付计入所有者权益的金额	299 551	297 668	1 883	0.63
3. 其他	-29 860		-29 860	
（四）利润分配				
1. 提取盈余公积				
2. 对所有者或股东的分配	-289 960	-167 426	-122 543	73.19
3. 其他				
（五）所有者权益内部结转				
1. 资本公积转增资本				
2. 盈余公积转增资本				
3. 盈余公积补亏				
4. 其他				
四、本年年末余额	15 183 547	12 888 408	2 295 139	17.81

分析：由表5.5的计算结果可以看出，ZY公司2014年所有者权益比2013年增加了2 295 139千元，增长率为17.81%；从影响的主要项目看，最重要的原因是本年净利润大幅度增长，效益明显提高，同期增加460 484千元，增幅为31.73%。可见，净利润是本期经营资本增加的源泉，也是所有者权益增长的主要途径。此外，年初余额增加1 562 571千元，可供出售金融资产公允价值变动净额增加580 210千元，也是导致所有者权益增长的有利因素。在公司所有者权益变动表中，导致所有者权益减少的项目有外币报表折算差额的负增长、所有者投入资本相对减少和对所有者或股东分配的增加。

5.2.3 所有者权益变动表垂直分析

所有者权益变动表的垂直分析，也称为所有者权益变动表的结构分析，是将所有者权益各个子项目的变动占所有者权益变动的比重予以计算，并进行分析评价，解释公司净资产构成的变动原因，借以进行相关决策的过程。

此外，由于所有者权益中的盈余公积和未分配利润属留存收益，是企业税后利润分配的结果。因此，所有者权益垂直分析也能反映企业的内部积累能力，间接反映企业的经营状况。

1. 影响所有者权益变动表结构的内部因素

(1) 所有者权益规模

所有者权益的变化往往会由于规模或总量的变动而相应变动。例如，在其他条件相对稳定时，投资者追加投资或法定收回投资或盈余公积转增资本、送配股等，都会引起所有者权益总量或其中某个项目总量的变动，进而引起所有者权益结构的变动。

(2) 利润分配政策

企业所有者权益的内部结构受制于企业的利润分配政策。若企业某期采取高利分配政策，而盈余公积又按照法定比例提取，则未分配利润减少，必然引起留存收益的比重降低；反之，采取低利润分配或暂缓分配政策，留存收益的比重必然会因此提高。

公司的利润分配是由刚性分配与弹性分配相结合的分配。公司法定盈余公积金是按法定比例提取的，属于刚性分配；优先股股利是按优先股票筹资合同规定支付的，一般也属于刚性分配。企业可自主确定分配比例的只有任意盈余公积、普通股股利和未分配利润，它们属于弹性分配。利润分配政策变化分析就是对这部分弹性分配内容变化情况的分析。

这类分析主要揭示公司对待积累或内部筹资态度的变化。该态度变化又是对公司未来实际盈利能力信心的体现。如果公司对待未来盈利能力的信心较强，会多支付普通股股利，多提取盈余公积，未分配利润检查，利润分配政策趋于激进；反之，若公司提取任意盈余公积下降，支付普通股股利下降，未分配利润上升，说明公司的利润分配政策转向保守，公司对未来盈利能力的信心不足。

(3) 企业控制权

企业的控制权掌握在控股股东或持有一定股份的大股东手中。如果企业决定接受其他投资者的投资，就会稀释股权，分散企业的控制权。若企业现有的投资者(股东)愿意接受这种筹资方式，其结果必然引起所有者权益结构的变化。如果所有者不愿分散对企业的控制权，就会采取负债筹资的方式，这样不会影响所有者权益结构。

(4) 权益资本成本

企业的权益资本成本往往要高于负债资本成本。这是因为所有者承担的风险要大于债权人承担的风险，所以其要求的回报也要高一些。在所有者权益的内部，投入资本的资本成本往往要高于留存收益的资本成本。因此，要降低筹资成本，应尽量利用留存收益，加大其比重。这样，综合资本成本率则会相对降低。

2. 影响所有者权益变动结构的外部因素

企业在选择筹资渠道时，往往不因企业的意志而定，还受到经济环境、金融政策、资本市场状况等因素的制约，这些因素影响企业的筹资方式，也必然影响所有者权益结构。

能力提升 5-3 ZY公司所有者权益变动表如表5.4所示。编制该公司的所有者权益变动垂直分析表（见表5.6），并进行分析。

表5.6 ZY公司所有者权益变动垂直分析表

千元

项 目	2014年	2013年	2014年构成/(%)	2013年构成/(%)
一、上年年末余额	12 888 408	11 325 837	84.88	87.88
加：会计政策更正				
前期差错更正				
二、本年年初余额	12 888 408	11 325 837	84.88	87.88
三、本年增减变动				
（一）净利润	1 911 935	1 451 451	12.59	11.26
（二）直接计入所有者权益的利得和损失				
1. 可供出售金融资产公允价值变动净额	580 210		3.82	
2. 权益法下被投资单位其他所有者权益变动的影响	5 847		0.04	
3. 与计入所有者权益项目相关的所得税的影响				
4. 其他	-182 584	-36 329	-1.20	-0.28
上述(一)和(二)小计	2 315 408	1 415 122	15.25	10.98
（三）所有者投入和减少资本				
1. 所有者投入资本		17 207		0.13
2. 股份支付计入所有者权益的金额	299 551	297 668	1.97	2.31
3. 其他	-29 860		-0.20	
（四）利润分配				
1. 提取盈余公积				
2. 对所有者或股东的分配	-289 960	-167 426	-1.91	-1.30
3. 其他				
（五）所有者权益内部结转				
1. 资本公积转增资本				
2. 盈余公积转增资本				
3. 盈余公积补亏				
4. 其他				
四、本年年末余额	15 183 547	12 888 408	100	100

分析：由表 5.6 的计算结果可知，ZY 公司 2014 年与 2013 年相比，其所有者权益项目结构有所变化，年初余额比重降低了 3%；2014 年净利润比重上升了 1.33%，可供出售金融资产公允价值变动净额比重上升了 3.82%，这是公司 2014 年所有者权益上升的 2 个主要因素。净利润的变动可以结合利润表进行分析。另外，股份支付计入所有者权益的金额和对所有者或股东的分配两项的比重比 2013 年分别减少了 0.34% 和 0.61%，可以根据报表附注分析其变动的原因及合理性。

任务完成

根据“任务布置”中 W 公司的有关资料，为完成 W 公司水平所有者权益变动表与垂直所有者权益变动表的编制与分析任务，主要有以下工作步骤。

1）编制 W 公司所有者权益变动水平分析表（见表 5.7）。

表 5.7 W 公司所有者权益变动水平分析表

元

项　目	2014 年	2013 年	增减额	增减率/（%）
一、上年年末余额	10 652 930	10 580 930	72 000	0.68
加：会计政策更正				
前期差错更正				
二、本年年初余额	10 652 930	10 580 930	72 000	0.68
三、本年增减变动				
（一）净利润	94 800	90 000	4 800	5.33
（二）直接计入所有者权益的利得和损失				
1. 可供出售金融资产公允价值变动净额				
2. 权益法下被投资单位其他所有者权益变动的影响	90 000		90 000	
3. 与计入所有者权益项目相关的所得税的影响				
4. 其他				
上述（一）和（二）小计	184 800	90 000	94 800	105.33
（三）所有者投入和减少资本				
1. 所有者投入资本				
2. 股份支付计入所有者权益的金额				
3. 其他				
（四）利润分配				
1. 提取盈余公积				
2. 对所有者或股东的分配	-18 960	-18 000	-960	-5.33
3. 其他				
（五）所有者权益内部结转				
1. 资本公积转增资本				
2. 盈余公积转增资本				
3. 盈余公积补亏				
4. 其他				
四、本年年末余额	10 818 770	10 652 930	165 840	1.56

分析：公司所有者权益总额 2014 年比 2013 年增加了 165 840 元，增长率为 1.56%。这主要是因为公司权益法下被投资单位其他权益变动增加了90 000 元，同时当期实现净利润比上期增长了4 800 元。此外，对股东分配利润比 2013 年增加了 960 元，导致所有者权益减少了。对于所有者权益变动表的水平分析，可以结合各所有者权益项目的变动情况进一步分析。

2）编制 W 公司所有者权益变动垂直分析表（见表 5.8）。

表 5.8 W 公司所有者权益变动垂直分析表

元

项　目	2014 年	2013 年	2014 年构成/（%）	2013 年构成/（%）	差异/（%）
一、上年年末余额	10 652 930	10 580 930	98.47	99.32	-0.85
加：会计政策更正					
前期差错更正					
二、本年年初余额	10 652 930	10 580 930	98.47	99.32	-0.85
三、本年增减变动					
（一）净利润	94 800	90 000	0.88	0.84	0.04
（二）直接计入所有者权益的利得和损失					
1. 可供出售金融资产公允价值变动净额					
2. 权益法下被投资单位其他所有者权益变动的影响	90 000		0.83		0.83
3. 与计入所有者权益项目相关的所得税的影响					
4. 其他					
上述（一）和（二）小计	184 800	90000	1.71	0.84	0.87
（三）所有者投入和减少资本					
1. 所有者投入资本					
2. 股份支付计入所有者权益的金额					
3. 其他					
（四）利润分配					
1. 提取盈余公积					
2. 对所有者或股东的分配	-18 960	-18 000	-0.18	-0.16	-0.02
3. 其他					
（五）所有者权益内部结转					
1. 资本公积转增资本					
2. 盈余公积转增资本					
3. 盈余公积补亏					
4. 其他					
四、本年年末余额	10 818 770	10 652 930	100	100	—

分析：公司所有者权益结构比较稳定，各项目构成变化不大；年初余额的结构 2014 年比 2013 年下降了 0.85%、净利润比重上升了 0.04、权益法下被投资单位其他所有者权益变动的影响比重上升了 0.83%。所有者权益变动表的垂直分析可以结合各所有者权益项目的结构情况进一步分析。

知识库

如何对所有者权益变动表各项目进行结构分析

以W公司所有者权益变动表资料为例,对公司所有者权益变动表各项目的结构进行分析,如表5.9所示。

表5.9 所有者权益结构及增减变动分析表

金额单位:元 比重单位:%

项目	2013年		2014年		差异	
	金额	比重	金额	比重	金额	比重
实收资本	10 000 000	93.87	10 095 000	93.31	95 000	-0.56
资本公积	235 700	2.21	290 700	2.69	55 000	0.48
盈余公积	185 430	1.74	139 650	1.29	-45 780	-0.45
未分配利润	231 800	2.18	293 420	2.71	61 620	0.53
所有者权益合计	10 652 930	100	10 818 770	100	165 840	0

由表5.9可知,W公司所有者权益2014年比2013年增加了165 840元。其中,实收资本增加了95 000元,资本公积增加了55 000元,盈余公积减少了45 780元,未分配利润增加了61 620元。这说明W公司除了盈余公积项目减少以外,其他所有者权益项目都有所增加。其中,实收资本增长额度最多,未分配利润其次。

技能训练

企业资料:红帆公司2014年度所有者权益变动表如表5.10所示。

表5.10 红帆公司所有者权益变动表

2014年度 万元

项目	本年金额					
	实收资本	资本公积	减:库存股	盈余公积	未分配利润	所有者权益合计
一、上年年末余额	26 256	56 967		7 186	36 187	126 596
加:会计政策更正		228 561		-2	84 401	312 960
前期差错更正						
二、本年年初余额	26 256	285 528		7 184	120 588	439 556
三、本年增减变动	40 000	288 769		18 859	159 128	506 756
(一)净利润					353 156	353 156
(二)直接计入所有者权益的利得和损失		-228 561			-308 171	536 732
1. 可供出售金融资产公允价值变动净额						
2. 权益法下被投资单位其他所有者权益变动的影响						
3. 与计入所有者权益项目相关的所得税的影响						

（续表）

项 目	本年金额					
	实收资本	资本公积	减:库存股	盈余公积	未分配利润	所有者权益合计
4. 其他(外币报表折算差额)		-228 561			-308 171	536 732
上述(一)和(二)小计		-228 561			44 985	-183 576
(三) 所有者投入和减少资本	40 000	649 182			6 471	695 653
1. 所有者投入资本	40 000	647 182			6 471	695 653
2. 股份支付计入所有者权益的金额						
3. 其他		2 000				2 000
(四) 利润分配				5 631	-10 952	-5 321
1. 提取盈余公积				5 631	-5 631	0
2. 对所有者或股东的分配						
3. 其他					-5 321	-5 321
(五) 所有者权益内部结转		-131 852		13 228	118 624	0
1. 资本公积转增资本						
2. 盈余公积转增资本						
3. 盈余公积补亏						
4. 其他		-131 852		13 228	118 624	0
四、本年年末余额	66 256	574 297		26 043	279 716	946 312

任务要求：

对红帆公司的实收资本、资本公积、盈余公积和未分配利润进行分析；对红帆公司所有者权益结构进行分析。

任务完成：

1. 对红帆公司的实收资本、资本公积、盈余公积、未分配利润进行分析。

（1）实收资本分析：红帆公司实收资本上年（2013年）年末余额为26 256万元，本年（2014年）年末余额为66 256万元，本年比上年增加了40 000万元，是由于2014年所有者投入资本所致。该公司2014年末实收资本占所有者权益总额的比重为7%（66 256万元÷946 312万元），显然，该比例非常低。2013年末实收资本占所有者权益总额的比重为20.74%（26 256万元÷126 596万元）。显然，实收资本结构变动比较明显，应结合所有者权益其他项目的变动情况加以具体分析。

（2）资本公积分析：该公司2014年资本公积比2013年明显增加，增加的原因也很明确。2013年度为56 967万元，加上会计政策变更影响后为285 528万元；而2014年度为574 297万元，比上年增加了288 769万元，主要是由于本年所有者投入资本所带来的增加（649 182万元），同时直接计入所有者权益的利得和损失228 561万元，所有者权益内部结转为131 852万元（其中，转入盈余公积13 228万元，转入未分配利润118 624万元）。可结合企业财务情况说明书进行具体分析，从而分析资本公积增加和内部结转的合理性。

（3）盈余公积分析：红帆公司每年均提取了盈余公积。2014年提取额为5 631万元，加上所有者权益内部结转的13 228万元，净增加额为18 859万元，年末余额为26 043万元，占公司所有者权益的比重为2.75%。说明该公司为了积累发展所需资金正常地提取了盈余公积,有了一定的资金积累。

(4) 未分配利润分析:红帆公司未分配利润2014年比2013年增加了159 128万元,增长了131.96%,主要是由于当年净利润增加了353 156万元及所有者权益内部结转了118 624万元。说明公司的获利水平大幅度提高。

2. 对红帆公司所有者权益结构及增减变动进行分析,如表5.11所示。

表5.11 红帆公司所有者权益结构及增减变动分析表

项目	2013年		2014年		差异	
	金额	比重	金额	比重	金额	比重
实收资本	26 256	5.97	66 256	7.00	40 000	1.03
资本公积	285 528	64.96	574 297	60.69	288 769	-4.27
盈余公积	7 184	1.63	26 043	2.75	18 859	1.12
未分配利润	120 588	27.44	279 716	29.56	159 128	2.12
所有者权益合计	439 556	100	946 312	100	506 756	0.00

由表5.11可知:公司所有者权益2014年比2013年增加了506 756万元。其中,实收资本增加了40 000万元,资本公积增加了288 769万元,盈余公积增加了18 859万元,未分配利润增加了159 128万元。说明红帆公司包括实收资本项目在内,所有者权益项目都有所增加,特别是未分配利润增长额度较大,其次是盈余公积的增长。资本公积项目虽然也有所增加,但需进一步分析。这意味着公司的自有资金增加,投资和债权的保证程度提高,公司的偿债能力和获利能力都提高了。

项目总结

本项目主要介绍了所有者权益表的结构、所有者权益变动表的编制方法,以及所有者权益变动表的比较分析和主要项目的阅读。

所有者权益变动表是反映构成所有者权益的各组成部分当期增减变动情况的报表,又称为股东权益变动表。所有者权益变动表不仅反映各项交易或事项导致的所有者权益增减变动的信息,还反映所有者权益各组成部分增减变动的结构性信息。我国企业的所有者权益变动表采用矩阵式结构。所有者权益变动表中涉及的是所有者权益类的各个账户,反映企业所有者权益各项目的增减变化。各项目应根据“实收资本(股本)”、“资本公积”、“盈余公积”、“库存股”、“利润分配”各明细账户的本年年初余额、借方发生额、贷方发生额、年末余额分析填列,增加金额用“+”填列,减少金额用“-”填列。

在所有者权益变动表分析时要注意其各项目的构成及相互关系。所有者权益变动表比较分析主要是对所有者权益变动表进行水平分析和垂直分析。在分析时要注意揭示所有者权益变动表各项目变动的根本原因及其结构的合理性。

本项目学习的重点是根据企业的资料完成所有者权益变动表的编制,并能够运用水平分析法和垂直分析法进行资产负债表的比较分析。

同步测试

一、单项选择题

1. 会引起所有者权益变动的业务是(　　)。

A. 资本公积转增资本　　B. 盈余公积转增资本

C. 实际发放股票股利　　D. 宣告发放现金股利

2. 不在“所有者权益变动表”中单独填列的是(　　)。

A. 净利润

B. 公允价值变动收益

C. 可供出售金融资产公允价值变动净额

D. 与计入所有者权益项目相关的所得税的影响

3. 某公司的有关资料为:股东权益总额8 000万元,其中优先股权益340万元;全部股票数是620万股,其中优先股股数170万股。经计算每股净资产是(　　)。

A. 12.58　　B. 12.34　　C. 17.75　　D. 17.02

4. 企业发生会计估计变更时,不需要在会计报表附注中进行披露的是(　　)。

A. 会计估计变更的内容　　B. 会计估计变更的累积影响数

C. 会计估计变更的理由　　D. 会计估计变更对当期损益的影响金额

5. 按股份有限公司会计制度规定,上市公司本年度发现的以前年度重大的记账差错,应(　　)。

A. 做本年度事项处理　　B. 修改以前年度的账表

C. 不做处理　　D. 调整本年度会计报表的期初数和上年数

二、多项选择题

1. 不会引起所有者权益总额发生变动的有(　　)。

A. 用盈余公积弥补亏损　　B. 用盈余公积发放现金股利

C. 宣告分配现金股利　　D. 实际发放股票股利

2. 能同时引起负债和所有者权益同时发生变动的项目有(　　)。

A. 企业发放股票股利　　B. 企业宣告分配利润

C. 以盈余公积派发现金股利　　D. 转销无法支付的应付账款

3. 只是改变了企业的资产负债比例,不会改变原有的股权结构的筹资方式是(　　)。

A. 短期借款　　B. 发行债券　　C. 吸收投资

D. 接受捐赠　　E. 赊购原材料

4. 可引起所有者权益变动的有(　　)。

A. 接受投资者投入固定资产　　B. 接受固定资产捐赠

C. 用盈余公积弥补亏损　　D. 经批准将资本公积转增资本

5. 可引起所有者权益减少的有(　　)。

A. 以盈余公积弥补亏损　　B. 经批准减资

C. 以资本公积转增股本　　D. 宣告发放现金股利

三、简答题

1. 所有者权益变动表的作用有哪些?

2. 影响所有者权益变动的因素有哪些?

综合技能强化训练

实训 对所有者权益项目进行结构分析

实训目标:

训练学生对所有者权益变动表结构分析方法的运用。

实训任务资料:

某公司 2014 年 12 月 31 日有关所有者权益项目的金额如表 5. 12 所示。

表 5. 12 所有者权益资料

元

项 目	2013 年	2014 年
实收资本	1 627 500 000. 00	1 627 500 000. 00
资本公积	2 419 524 045. 25	2 418 870 848. 91
盈余公积	398 723 313. 15	465 300 196. 93
未分配利润	661 015 000. 28	927 322 535. 43
所有者权益合计	5 106 762 358. 68	5 438 993 581. 27

要求:编制结构分析表,并对所有者权益结构变动情况进行分析。

实训指导:

根据资料编制所有者权益结构及增减变动分析表(见表 5. 13)。

表 5. 13 所有者权益结构及增减变动分析表

金额单位:元 比重单位:%

项 目	2013 年		2014 年		差 异	
	金 额	比 重	金 额	比 重	金 额	比 重
实收资本	1 627 500 000. 00	31. 87	1 627 500 000. 00	29. 92	—	-1. 95
资本公积	2 419 524 045. 25	43. 38	2 418 750 848. 91	44. 48	-773 196. 34	1. 10
盈余公积	398 723 313. 15	7. 81	465 300 196. 93	8. 55	66 576 883. 78	0. 74
未分配利润	661 015 000. 28	12. 94	927 322 535. 43	17. 05	266 307 535. 15	4. 11
所有者权益合计	5 106 762 358. 68	100. 00	5 438 993 581. 27	100. 00	332 231 222. 59	—

分析:公司 2014 年度所有者权益总额比 2013 年度有所增长,增长了 332 231 222. 59 元。从各项目构成来看,实收资本金额未发生变化,但由于所有者权益总额增加,导致其比重由 2013 年度的 31. 87% 下降到了 2014 年度的 22. 92%;资本公积的金额及比重变化均不大;盈余公积 2014 年度的比重为 8. 55%,比上年增加了 0. 74%;未分配利润 2014 年度的比重为 17. 05%,比上年增加了 4. 11%,说明公司加强了内部积累,经营情况比较稳定。通过所有者权益结构变动的比较可以看出,公司的所有者权益结构较为稳定。

项目 6
财务效率分析

专业能力目标

能够熟悉企业财务效率分析的内容与评价方法，掌握主要的偿债能力、获利能力、营运能力指标的计算与分析。

职业核心能力目标

能够对企业资料进行分析整理，计算出相关指标，并对指标进行分析比较；能够与老师和同学进行沟通，明确学习任务；能够与团队成员协作，完成学习任务；能够在数据分析中说明自己的观点，得出结论。

项目结构

任　务	内　容
任务 6.1　企业偿债能力分析	6.1.1　短期偿债能力分析 6.1.2　长期偿债能力分析
任务 6.2　企业获利能力分析	6.2.1　分析企业经营获利能力 6.2.2　分析企业资产与资本经营获利能力 6.2.3　分析上市公司的获利能力指标
任务 6.3　企业营运能力分析	6.3.1　营运能力的影响因素 6.3.2　流动资产营运能力指标计算与分析 6.3.3　固定资产营运能力指标计算与分析 6.3.4　总资产营运能力指标计算与分析

项目目标

根据会计核算总账报表岗位的要求，通过对本项目的学习明确财务效率分析指标的计算与分析方法，能够综合运用各类指标进行相关能力的分析，为企业解决实际问题提供参考意见。

项目引例

在财务分析里有 5 个维度，企业财务管理咨询专家说它包括偿债能力、营运能力、盈利能力、发展能力、现金流获取能力分析。

① 现金流获取能力分析包括结构分析和盈利质量分析。现金流结构分析包括流入结构、流出结构和流入流出比例分析；盈利质量分析通过营业现金净流量和相关比值来表

示。作为财务分析维度,如果净利润有充足的现金流入,则盈利质量高;否则,则盈利质量低。它能对企业盈利能力指标进行进一步修正和检验。

② 营运能力分析是指通过企业生产经营资金周转速度的有关指标所反映出的企业资金利用的效率。它表明企业管理人员经营管理、运用资金的能力。营运能力分析包括流动资产周转情况分析、固定资产周转情况分析和总资产周转情况分析。

③ 盈利能力分析是指通过对企业的投入产出比进行分析,反映企业获取利润能力的一种分析手段。

企业盈利能力分析可从企业盈利能力一般分析和股份公司税后利润分析 2 个方面来研究。它包括净资产收益率、总资产报酬率、收入利润率、成本利润率、每股收益、普通股权益报酬率和股利发放率等基本指标。

④ 发展能力分析主要是通过对企业连续几期的财务指标、财务比率和财务报告的比较来了解企业财务状况的变动趋势,包括变动的方向、数额和幅度,从而据以预测企业未来财务活动的发展前景。

⑤ 偿债能力分析包括短期偿债能力分析和长期偿债能力分析 2 个方面。

短期偿债能力主要表现为公司到期债务与可支配流动资产之间的关系,主要的衡量指标有流动比率和速动比率。长期偿债能力是指企业偿还 1 年以上债务的能力,可通过资产负债率、长期负债与营运资金的比率及利息保障倍数等指标来分析。

引例分析:通过上述资料可以看出,财务分析的一项主要内容是财务指标分析。财务信息使用者通过对反映企业财务效率的各项指标计算评价,可以对企业的偿债能力、获利能力进行整体把握。本项目的学习将告诉大家如何分析企业的财务效率。

任务 6.1 企业偿债能力分析

任务布置

1. 公司概况

W 公司为小型模具加工企业,属于机械制造业,一般纳税人,适用的增值税税率为 17%,所得税税率为 25%。有关情况如下。

公司地址:南江市红河区淮河路 79 号

纳税人登记号:7892371234566543

开户银行:南江红河区工商银行

电话:7654321

法人代表:林楠

出纳:张晓　总账会计:王丽　成本会计:黄晓飞　会计主管:张丹

2. 公司业务资料(见表 6.1 至表 6.3)

表6.1 资产负债表

编制单位:W公司 2014年12月31日 元

资 产	期末余额	年初余额	负债和所有者权益	期末余额	年初余额
流动资产			流动负债		
货币资金	635 109	1 506 300	短期借款	50 000	300 000
交易性金融资产	135 000	15 000	交易性金融负债	0	
应收票据	46 000	246 000	应付票据	100 000	200 000
应收账款	598 200	299 100	应收账款	953 800	953 800
预付款项	100 000	100 000	预收款项	0	
应收利息	0	0	应付职工薪酬	137 500	110 000
应收股利	0	0	应交税费	92 104	36 600
其他应收款	5 000	5 000	应付利息	11 500	1 000
存货	2 587 300	2 580 000	应付股利	36 448. 75	0
一年内到期的非流动产	0	0	其他应付款	50 000	50 000
其他流动资产	0	0	一年内到期的非流动负债	0	400 000
流动资产合计	4 106 609	4 751 400	其他流动负债	0	0
非流动资产			流动负债合计	1 431 352. 75	2 051 400
可供出售金融资产	0	0	非流动负债		
持有至到期金融资产	0	0	长期借款	1 160 000	1 200 000
长期应收款	0	0	应付债券	0	0
长期股权投资	250 000	250 000	长期应付款	0	0
投资性房地产	0	0	专项应付款	0	0
固定资产	2 186 470	1 100 000	预计负债	0	0
在建工程	550 000	1 500 000	递延所得税负债	0	0
工程物资	150 000	0	其他非流动负债	0	0
固定资产清理	0	0	非流动负债合计	1 160 000	1 200 000
生产性生物资产	0	0	负债合计	2 591 352. 75	3 251 400
油气资产	0	0	所有者权益		
无形资产	540 000	600 000	实收资本	5 000 000	5 000 000
开发支出	0	0	资本公积	0	0
商誉	0	0	减:库存股	0	0
长期待摊费用	0	0	盈余公积	141 726. 25	100 000
递延所得税资产	0	0	未分配利润	250 000	50 000
其他非流动资产	200 000	200 000	所有者权益合计	5 391 726. 25	5 150 000
非流动资产合计	3 876 470	3 650 000			
资产合计	7 983 079	8 401 400	负债和所有者权益合计	7 983 079	8 401 400

表 6.2 利润表

编制单位:W 公司　　2014 年 12 月　　元

项　目	本期金额	上期金额
一、营业收入	1 250 000	1 000 000
减：营业成本	750 000	700 000
营业税金及附加	2 000	1 500
销售费用	20 000	18 000
管理费用	102 500	87 125
财务费用	83 900	79 000
资产减值损失	0	0
加：公允价值变动收益(损失以"-"填列)	20 000	18 000
投资收益(损失以"-"填列)	29 000	21 000
其中：对联营企业和合营企业的投资收益		
二、营业利润(亏损以"-"填列)	340 600	153 375
加：营业外收入	50 000	40 000
减：营业外支出	19 700	25 000
其中：非流动资产处置损失	19 700	25 000
三、利润总额(亏损总额以"-"填列)	370 900	168 375
减：所得税费用	92 499	42 093.75
四、净利润(净亏损以"-"填列)	278 401	126 281.25
五、每股收益		
(一) 基本每股收益		
(二) 稀释每股收益		
六、综合收益		
(一) 其他综合收益		
(二) 综合收益总额		

表 6.3 现金流量表

编制单位:W 公司　　2014 年度　　元

项　目	本期金额	上期金额
一、经营活动产生的现金流量		
销售商品、提供劳务产生的现金流量	1 322 500	
收到的税费返还	0	
收到其他与经营活动有关的现金	0	
经营活动现金流入小计	1 322 500	
购买商品、接受劳务支付的现金	392 266	
支付给职工及为职工支付的现金	300 000	
支付的各项税费	204 399	
支付其他与经营活动有关的现金	50 000	

（续表）

项　目	本期金额	上期金额
经营活动现金流出小计	946 665	
经营活动产生的现金流量净额	375 835	
二、投资活动产生的现金流量		
收回投资收到的现金	16 500	
取得投资收益收到的现金	30 000	
处置固定资产、无形资产和其他长期资产收到的现金净额	300 300	
处置子公司及其他营业单位收到的现金净额	0	
收到其他与投资活动有关的现金	0	
投资活动现金流入小计	346 800	
构建固定资产、无形资产和其他长期资产所支付的现金	451 000	
投资所支付的现金	260 326	
取得子公司及其他营业单位支付的现金净额	0	
支付其他与投资活动有关的现金	0	
投资活动现金流出小计	711 326	
投资活动产生的现金流量净额	-364 526	
三、筹资活动产生的现金流量		
吸收投资收到的现金	0	
取得借款收到的现金	400 000	
收到其他与筹资活动有关的现金	0	
筹资活动现金流入小计	400 000	
偿还债务支付的现金	1 250 000	
分配股利、利润和偿付利息支付的现金	12 500	
支付其他与筹资活动有关的现金	20 000	
筹资活动现金流出小计	1 282 500	
筹资活动产生的现金流量净额	-882 500	

注：公司发行在外的普通股为 100 万股，年度内没有发生股数增减变动的情况。

要求：根据 W 公司资产负债表，通过对“知识要点”的学习，在“任务完成”中计算各项反映公司偿债能力的财务指标，并对公司的偿债能力进行简要评价。

知识要点

偿债能力是企业债权人非常关注的指标。它具体包括哪些内容呢？

偿债能力是指企业偿还本身所欠债务的能力。根据偿债期间的长短,偿债能力分析可分为短期偿债能力分析和长期偿债能力分析。

6.1.1 短期偿债能力分析

短期偿债能力一般也称为支付能力,主要是指企业用流动资产偿还流动负债的现金保障程度。

短期偿债能力的高低对企业的生产经营活动和财务状况有重要影响。一个企业即使拥有良好的营运能力和盈利能力,一旦短期偿债能力不强,就会因为资金周转困难而影响正常的生产经营,进而降低企业的盈利能力,严重时会出现债务危机并导致破产。

从短期偿债能力对企业的影响可以看出,企业必须十分重视短期偿债能力的分析和研究。影响企业短期偿债能力的因素总体来说包括内部因素和外部因素。内部因素主要包括企业自身经营业绩、资金结构、资产结构、融资能力等;外部因素是指与企业所处经济环境相关的因素,如经济形势、证券市场的发育情况、银行的信贷政策等。

1. 认知短期偿债能力的影响因素

(1) 影响短期偿债能力的内部因素

① 企业的资产结构,特别是流动资产的结构。在企业的资产结构中,如果流动资产所占的比重大,则企业的短期偿债能力相对大些。这是因为流动负债一般要通过流动资产变现来偿还。如果流动资产所占的比重较高,但其内部结构不合理,企业的实际偿债能力也会受到影响。例如,企业的流动资产中存货比重较大,由于存货的变现速度一般低于其他流动资产,因此其偿债能力也会减弱。

② 流动负债的结构。企业的流动负债有些必须用现金来偿付,如短期借款、应付账款等;有些则可以用产品或劳务来偿还,如预收账款等。需要用现金偿还的流动负债对流动资产流动性的要求更高,企业只有拥有足够的现金才能保证其清偿能力。此外,流动负债中各种负债的偿还期限是否集中,也会对偿债能力产生影响。

③ 企业的融资能力。有时仅仅通过偿债能力指标还不足以判断企业的实际偿债能力。有些企业各种偿债能力指标都很好,但却不能按期偿付到期债务;而有些企业,因为有较强的融资能力,随时能够从银行等金融机构筹集到大量资金,即使偿债能力指标不高,也能按期偿付其债务本息。因此,融资能力也是影响偿债能力的重要因素。

④ 企业经营现金流量水平。由于企业的短期债务多数是用现金来偿付的,因此,现金流量是决定企业短期偿债能力的重要因素。企业现金流量状况主要受企业的经营状况和融资能力两方面的影响。如果没有充足的现金流量,即使是盈利企业也可能因无法及时偿还到期债务而导致信用危机,甚至破产。

(2) 影响短期偿债能力的外部因素

① 宏观经济形势。当国家经济持续稳定增长时,社会的有效需求也会随之稳定增长,产品畅销。由于市场条件良好,企业的产品和存货可以较容易地通过销售转化为货币资金,从而提高企业的短期偿债能力;反之,国民经济处于迟滞阶段,消费者购买力不足,就会使企业产品积压,企业资金周转不灵,企业间相互拖欠形成"三角债",企业的偿债能力受到影响。

② 证券市场的完善程度。企业流动资产包括一些有价证券。在分析企业短期偿债能力时,是把有价证券视同等量现金的。实际上,这样计算的偿债能力与企业实际偿债能力是有区别的。因为如果证券市场发达,企业就随时可以将手中的短期证券出售转换为现金;而如果证券市场不发达,企业转让有价证券就很困难,或者不得已将短期证券以较低的价格出售。这就会对企业的

短期偿债能力产生影响。

③ 银行信贷政策。国家为保证国民经济正常运转，就会利用金融、税收等宏观经济政策调整产业结构与经济发展速度。一个企业的产品是国民经济急需的，发展方向是属于国家政策鼓励的，就会较为容易地从银行取得借款，其偿债能力也会提高。

2. 短期偿债能力静态指标计算与分析

短期偿债能力静态分析主要是根据资产负债表的资料分析流动资产类项目对流动负债类项目偿还的保障程度。

(1) 营运资本分析

营运资本是流动资产总额减去流动负债总额的差额。营运资本表示的是企业偿还流动负债之后的剩余部分。它是一个绝对数。营运资本越多，证明企业越有能力偿还短期债务。其计算公式如下。

$$营运资本 = 流动资产 - 流动负债$$

如果流动资产高于流动负债，即营运资本大于0，表示企业有一定的短期偿付能力。该指标越高，表示企业可用于偿还流动负债的资金越充足，企业的短期偿付能力越强，企业面临的短期流动性风险越小，债权人安全程度较高，但并不是越高越好。因为营运资本过大，说明企业闲置资金过多，既未用于投资，也未用于偿还债务。因此，可以将营运资本作为评价企业短期偿债能力的绝对数指标。对营运成本进行分析，可以从静态上评价企业当期的偿债能力状况，也可以结合企业规模等因素，评价企业不同时期的偿债能力的变动情况。

(2) 流动比率分析

流动比率是流动资产与流动负债的比率。它表明每1元的流动债务有多少流动资产作为偿还保证，反映企业有多少流动资产可以在短期内转化为现金对到期的流动负债进行偿还的能力。其计算公式如下。

$$流动比率 = \frac{流动资产}{流动负债}$$

通常认为，流动比率越高，企业的短期偿还能力就越强，企业面临的短期流动性风险就越小。一般认为，流动比率为2∶1比较合适。在这种情况下，每1元短期债务都能有2元的流动资产与之相对应，不仅能够满足企业日常的经营所需，还能够比较轻松地偿还到期债务。如果这个比率过低，分析者普遍认为企业就没有足够的能力来偿还到期债务；比率过高，分析者又会认为企业的流动资金占用过多，企业资金使用效率低下，盈利能力也会受到影响。

站在短期债权人角度，流动比率越高越好，而站在企业经营者角度，过高的流动比率意味着企业闲置现金持有过多，必然导致企业机会成本增加和获利能力下降。这主要是协调流动性与盈利性矛盾的过程，企业应尽可能将流动比率维持在不使货币资金闲置的水平。

知识库

流动比率过高的原因

① 对资金未能有效运用，即流动资产过多。

② 赊销过多，即流动资产中有大量的应收账款，自有资金被别人占用，相当于自己家的牛在别人家的牛棚里产奶。

③ 销售不力，存货积压，即流动资产中存货过多。

（3）速动比率分析

速动比率是指企业速动资产与流动负债的比率。由于流动比率有时并不能很好地衡量企业的偿债能力，如并不是所有的流动资产都具有很好的变现能力，能够在短时间内转化成现金偿还到期债务，如存货。因此，人们通常使用另一个衡量企业偿还能力的指标——速动比率。

知识库

速动资产

速动资产是指流动资产扣除存货、待摊费用、预付账款、一年内到期的非流动资产和其他流动资产等后的差额，包括货币资金、交易性金融资产和各种应收款项等。之所以要扣除存货等非速动资产，是因为存货是流动资产中变现速度最慢的资产，而且存货在销售时由于受到市场价格的影响，其变现价值带有很大的不确定性，在市场萧条或产品不对路的情况下，有可能滞销无法转化为现金；预付账款本质上属于预付费用，只能减少企业未来时期的现金支出，其流动性实际很低；待摊费用不能出售变现；一年内到期的非流动资产和其他非流动资产具有偶然性，不能代表企业正常的变现能力。

速动比率的计算公式如下。

$$速动比率=\frac{速动资产}{流动负债}$$

速动资产主要指可偿债资产。用速动比率衡量企业的短期偿债能力更加准确。一般认为，速动比率控制在 1∶1 会比较合适。在这种情况下，企业每 1 元的负债都有 1 元能够迅速变现的资产与之相对应，偿还能力较好，又不会过多地占用资金，影响企业的获利能力。当然，这仅是一般的看法，没有统一的标准，行业不同，速动比率会有很大的差别。例如，采用大量现金销售的商店，几乎没有应收账款，小于 1 的速动比率则是比较合理的；相反，一些应收账款较多的公司，速动比率可能要大于 1 才会被认为是合理的。

对公司短期偿债能力的分析，应将速动比率与流动比率结合起来评价。当速动比率较高、流动比率较低时，公司的短期偿债能力仍然较强；反之，关键要看存货的变现能力。如果存货的变现能力较强，公司的短期偿债能力也不弱；只有 2 个比率都较低，且大大低于标准时，才会表现出公司短期偿债能力弱。

（4）现金比率分析

现金比率是指企业现金类资产与流动负债的比率。其中，现金类资产是指速动资产中流动性最强、可直接用于偿债的资产，包括企业所有的货币资金和现金等价物，如易于变现的有价证券。虽然流动比率、速动比率能够反映资产的流动性或偿债能力，但这种反映具有一定的局限性。因为真正能用于偿还短期债务的是现金，有利润的年份不一定有足够的现金来偿还债务，所以利用现金和流动债务之比可以更好地反映偿债能力的强弱。现金比率的计算公式如下。

$$现金比率=\frac{现金}{流动负债}\times100\%=\frac{货币资金+交易性金融资产}{流动负债}\times100\%$$

利用该指标评价公司偿债能力将更为谨慎。它衡量了企业直接偿付流动负债的能力，是最严格、最稳健的偿债指标，反映了企业在最坏情况下的偿债能力。一般情况下，现金比率越高，说明企业可立即用于支付债务的现金类资产越多，短期偿债能力越强。从公司资金的合理使用角度看，比率过高意味着公司拥有闲置资金过多，资金使用效率差。因此，公司应根据行业实际情况来确定最佳比率。

能力提升 6－1 根据表 6.4 中的资料计算甲公司的营运资本。

表 6.4 甲公司营运资本计算资料

元

项 目	2013 年	2014 年
流动资产	30 500 000	46 000 000
流动负债	15 000 000	20 000 000
营运资本	15 500 000	26 000 000

甲公司 2014 年和 2013 年流动资产偿还流动负债后都有剩余，即营运资金大于 0，说明该企业短期偿债能力较强；且期末营运资本大于期初营运资本，说明该企业 2014 年较 2013 年短期偿债能力有所增强。

能力提升 6－2 根据表 6.5 中的资料计算甲公司的流动比率。

表 6.5 甲公司流动比率计算资料

元

项 目	2013 年	2014 年
流动资产	30 500 000	46 000 000
流动负债	15 000 000	20 000 000

2013 年流动比率 =30 500 000 ÷15 000 000 =2.03

2014 年流动比率 =46 000 000 ÷20 000 000 =2.3

2014 年、2013 年的流动比率都大于 2，如果按一般标准来衡量，说明企业流动资产对流动负债的保障程度较高，短期偿债能力较强；且 2014 年流动比率大于 2013 年，说明 2014 年短期偿债能力较年初有所增强。

能力提升 6－3 根据表 6.6 中的资料计算甲公司的速动比率。

表 6.6 甲公司速动比率计算资料

元

项 目	2013 年	2014 年
流动资产	30 500 000	46 000 000
存货	5 500 000	9 000 000
速动资产	25 000 000	37 000 000
流动负债	15 000 000	20 000 000

2013 年速动比率 =25 000 000 ÷15 000 000 =1.67

2014 年速动比率 =37 000 000 ÷20 000 000 =1.85

2014 年、2013 年速动比率都大于 1，说明企业的短期偿债能力较强。2014 年较 2013 年比率有所增长，说明企业速动资产对流动负债偿还的保障程度增强。

能力提升 6－4 根据表 6.7 中的资料计算甲公司的现金比率。

表 6.7 甲公司现金比率计算资料

元

项 目	2013 年	2014 年
货币资金	330 000	460 000
交易性金融资产	120 000	240 000
现金资产	450 000	700 000
流动负债	15 000 000	20 000 000

2013 年现金比率 =450 000 ÷15 000 000 =0.03

2014 年现金比率 =700 000 ÷20 000 000 =0.035

2014 年现金比率较 2013 年有所增加,说明企业现金偿债能力有所增强。

知识库

流动比率、速动比率和现金比率之间的关系

流动比率、速动比率和现金比率的关系如下。

① 流动比率是以全部流动资产作为偿付流动负债的基础所计算的指标。它包括可变现能力较差的存货和不能变现的待摊费用。若存货中存在超储积压物资时,会形成企业短期偿债能力较强的假象。

② 速动比率以扣除能力较差的存货和不能变现的待摊费用作为偿付流动负债的基础。它弥补了流动比率的不足。

③ 现金比率以现金类资产作为偿付流动负债的基础,然而现金持有量过大会对企业资产利用效果不利。这一指标仅在企业面临财务危机时使用,相对于流动比率和速动比率来说,其作用力度较小。一般情况下,只将现金比率作为流动比率和速动比率的补充或辅助指标。

3. 短期偿债能力动态指标计算与分析

短期偿债能力动态指标主要是指运用现金流量表和其他有关资料进行动态分析。

(1) 现金流量比率分析

现金流量比率是指企业经营活动现金流量净额与平均流动负债的比率,用来衡量企业流动负债用经营活动所产生现金来支付的程度,是流动比率、速动比率的延伸。其计算公式如下。

$$现金流量比率=\frac{经营活动现金流量净额}{平均流动负债}$$

经营活动现金流量净额的大小反映出企业某一会计期间生产经营活动产生现金的能力,是企业偿还到期债务的基本资金来源。当该指标等于或大于 1 时,表示企业有足够的能力以生产经营活动产生的现金来偿还短期债务,表明企业偿债的时效性越强;如果该指标小于 1,表示企业生产经营活动产生的现金不足以偿还到期债务,必须对外筹资或出售资产才能清偿债务。

能力提升 6－5 根据表 6.8 中的资料计算甲公司的现金流量比率。

表 6.8 甲公司现金流量比率计算资料

元

项 目	2013 年	2014 年
经营活动现金流量净额	15 450 000	30 000 000
流动负债	15 000 000	20 000 000

2013 年现金流量比率 =15 450 000 ÷15 000 000 =1.03

2014 年现金流量比率 =30 000 000 ÷20 000 000 =1.5

2013 年、2014 年的现金流量比率均大于 1,表示企业有足够的能力以生产经营活动产生的净现金来偿还短期债务,现金资产对债务偿还的保障程度较高。

(2) 速动资产够用天数分析

在财务报告分析中,除了以流动负债作为基础外,还可以以营业开支水平说明企业的短期偿债能力。通常用速动资产够用天数来表示企业速动资产维持企业正常经营开支水平的程度。该指标可以作为速动比率的补充指标。其计算公式如下。

$$速动资产够用天数 = \frac{速动资产}{预计每天营业所需现金支出}$$

从该指标的计算公式可以看出,如果速动资产较多,而每天营业所需现金开支较少,速动资产够用天数就越多;反之,速动资产够用天数就越少。企业速动资产够用天数少,表明企业偿债能力较低。

能力提升 6 - 6 根据甲公司近年来的开支记录预计 2015 年营业总开支为 60 000 000 元。其中,非现金开支为 6 720 000 元。2014 年末速动资产为 37 000 000 元。试计算甲公司速动资产够用天数。(一年按 360 天计算)

$$速动资产够用天数 = 37\ 000\ 000 \div \frac{60\ 000\ 000 - 6\ 720\ 000}{360} = 250(天)$$

这就表示现有的速动资产预计可供 2015 年 250 天营业之用而无须补充新的资源。显然这是很稳健的。

能力提升 6 - 7 根据乙公司资产负债表和利润表有关资料(见表 6.9)计算该公司营运资本、流动比率、速动比率、现金比率和现金流量比率,填入表 6.10 中并进行简要评价。

表 6.9 乙公司资料

元

项 目	2013 年	2014 年
货币资金	9 238 800	13 224 516
交易性金融资产	420 000	60 000
预付款项	216 400	216 400
存货	11 016 800	10 278 200
流动资产合计	21 872 160	25 417 276
流动负债合计	3 323 700	3 459 136
经营活动现金流量净额	598 000	1 001 016

表 6.10　乙公司短期偿债能力指标计算

元

短期偿债能力指标	2013 年	2014 年	指标计算公式
营运资本	21 872 1 60 − 3 323 700 = 18 548 460	25 417 276 − 3 459 136 = 21 958 140	流动资产 − 流动负债
流动比率	21 872 160 ÷ 3 323 700 = 6.58	25 417 276 ÷ 3 459 136 = 7.35	流动资产 ÷ 流动负债
速动比率	(21 872 160 − 11 016 800 − 216 400) ÷ 3 323 700 = 3.20	(25 417 276 − 10 278 200 − 216 400) ÷ 3 459 136 = 4.31	速动资产 ÷ 流动负债
现金比率	(9 238 800 + 420 000) ÷ 3 323 700 = 2.91	(13 224 516 + 60 000) ÷ 3 459 136 = 3.84	(货币资金 + 交易性金融资产) ÷ 流动负债
现金流量比率	598 000 ÷ 3 323 700 = 0.18	1 001 016 ÷ 3 459 136 = 0.29	经营活动现金流量净额 ÷ 流动负债

乙公司 2014 年营运成本为 21 958 140 元，2013 年营运成本为 18 548 460 元，均大于 0，说明企业用于偿还流动负债的资金较充足，且年末营运资本的偿债能力较年初有所增强；2014 年流动比率为 7.35，2013 年流动比率为 6.58，均远远超过了经验值 2，说明企业的流动资产对流动负债的偿还保障能力较高，且 2014 年流动资产偿债能力比 2013 年有所提高；2013 年的速动比率为 3.20，2014 年的速动比率为 4.31，均超过经验值 1，应警惕企业是否存在速动资产存量过多影响获利能力的现象；2013 年的现金比率为 2.91，2014 年达到了 3.84，主要是由于现金资产的增长速度超过了流动负债的增长速度导致的。上述指标说明了企业流动资产偿还流动负债的能力很强，偿债压力不大。乙公司 2013 年现金流量比率为 0.18，2014 年现金流量比率为 0.29，表明企业 2014 年经营活动现金偿债能力有所增强。然而这 2 年的现金流量比率均未达到 1，说明企业依靠生产经营活动产生的现金满足不了偿债的需要，公司必须依靠其他方式取得现金，才能保证债务及时偿还。

知识库

影响短期偿债能力的表外因素

1. 增强企业短期偿债能力的因素

① 可动用的银行贷款指标。银行已同意、企业未办理贷款手续的银行贷款限款可以随时增加公司的现金，提高公司的支付能力。

② 准备很快变现的长期资产。由于某种原因，企业可能将一些长期资产很快出售变成现金，以增加企业的短期偿债能力。

③ 偿债能力的信誉。如果企业的长期偿债能力一贯很好，即企业信用良好，当企业短期偿债方面出现困难时，企业可以很快地通过发行债券和股票等方法来解决短期资金短缺，提高短期偿债能力。这种提高企业偿债能力的因素取决于企业自身的信用状况和资本市场的筹资环境。

2. 降低企业短期偿债能力的因素

① 与担保有关的或有负债，如为他人向金融机构借款提供担保、为他人履行有关经济责任担保等。如果它数额较大并且有可能发生，就应该引起关注，因为它并不在报表中反映。

② 经营租赁合同中承诺的付款，很可能是需要偿还的义务。

③ 建造合同、长期资产购置合同中的分阶段付款，也是一种承诺，应视同需要偿还的债务。

6.1.2 长期偿债能力分析

1. 认知长期偿债能力影响因素

(1) 企业的盈利能力

企业的短期偿债能力主要受流动资产结构、流动负债结构、企业的变现能力及流动资产与流动负债的对比关系的影响,需要从资产变现的角度来进行分析。长期偿债能力则不同,由于衡量的时间较长,对未来较长时间的现金流量很难做出可靠预测,而且所包含的因素比较复杂,难以通过资产变现情况做出判断。

从企业的偿债义务来看,包括按期偿付本金和按期支付利息 2 个方面。企业的非流动负债大多用于非流动资产投资,形成企业的长期资产。在正常生产经营条件下,企业不能靠出售资产作为偿债的资金来源,而只能依靠生产经营所得。从举债的目的看,企业使用资本较低的负债资金是为了获取财务杠杆利益,增加企业的收益,其利息支出自然要从融通资金所创造的收益中予以偿付。因此,企业的长期偿债能力与获利能力密切相关。就一般情况而言,企业的获利能力越强,长期偿债能力越强。如果企业长期亏损,则必须通过变卖资产来清偿债务,否则企业的正常生产经营活动就不能进行,最终会影响投资人和债权人的利益。

(2) 权益资金的增长和稳定程度

尽管企业的获利能力是影响长期偿债能力的最主要因素,但如果企业将绝大多数利润都分配给了投资者,权益资金很少增长,就会降低偿还债务的可靠性。对于债权人而言,将大多数利润留在企业,会使权益资金增长,利润外流减少。这对投资人没有什么实质影响,但会增加偿还债务的可靠性,从而提高企业的长期偿债能力。

(3) 投资效果

企业所举借的长期债务主要用于长期资产(如固定资产等)。投资的效果就决定了企业是否有能力偿还长期债务。特别是当某项具体投资的资金全部依靠非流动负债来筹措时,情况更是如此。因此,企业必须以一定比例的权益资金作为偿债的保障。如果企业的每一项投资都不能达到预期的目标,即使有相当比例的权益资金,其偿债能力也会受到影响。

(4) 企业经营现金流量

企业的债务主要是用现金来清偿。虽然企业的获利能力是偿还债务的根本保证,但是企业获利毕竟不等于现金流量充足。企业只有同时具备较强的变现能力、有充裕的现金才能保证具有真正的偿债能力。

以上这些因素从不同角度反映了企业的偿债能力,将这些因素加以综合分析,才能真正揭示企业的偿债能力。因此,长期偿债能力分析包括 3 个方面,即资产规模对长期偿债能力影响指标的计算与分析，获利能力对长期偿债能力影响指标的计算与分析，现金流量对长期偿债能力影响指标的计算与分析。

2. 资产规模对长期偿债能力影响指标的计算与分析

负债表明企业的债务负担，资产是偿还负债的物质基础。单凭负债和资产并不能说明一个企业的偿债能力。负债少并不意味着企业的偿债能力强，同样，资产规模大也不能说明企业偿债能力强。企业的偿债能力体现在资产和负债的对比关系上。由这种对比关系反映出来的企业长期偿债能力指标主要有资产负债率、产权比率、所有者权益比率和有形净值债务率。

（1）资产负债率分析

资产负债率是负债总额与资产总额的比率。它反映企业总资产中有多少是通过举债获得的。该指标能够从总体上反映公司的债务状况、负债能力和债权保障程度。其计算公式如下。

$$资产负债率=\frac{负债总额}{资产总额}\times 100\%$$

从理论上讲，一般认为资产负债率的水平为 50% 为宜。在利用资产负债表进行财务分析时，应从不同角度分析该指标。

对债权人来说，该指标越低说明企业债务负担越轻，偿债能力越强，债权人权益保障程度越高。

对投资人来说，他们主要关心的是投资收益率是否超过借入资金的利息率。当投资收益率大于借入资金的利息率时，他们希望借入更多的资金，即提高资产负债率，从而使企业得到更高的回报。

从企业管理当局的角度来看，必须将资产负债率控制在一个合理的水平。资产负债率越高，企业承担的风险就越大，同时获利的机会也越大。资产负债率越低，企业承担的风险越小，但过低的资产负债率会使公司无法充分获取借入资金利息率小于总资产收益率时所带来的财务杠杆利益，影响公司获利能力的提高，从而削弱公司的长期偿债能力。

因此，企业必须权衡利弊，保持适度的资产负债率。

能力提升 6－8　根据表 6.11 中的资料计算甲公司的资产负债率。

表 6.11　甲公司资产负债率计算　　万元

项　目	2013 年	2014 年
资产总额	262 178	234 403
负债总额	60 301	70 321
资产负债率	60 301 ÷ 262 178 = 23%	70 321 ÷ 234 403 = 30%

该公司 2013 年和 2014 年的资产负债率均低于 50%，说明企业的资产对负债偿还的保障程度较高。2014 年的资产负债率比 2013 年增长了 7%，资产负债率有上升趋势，可能是企业意识到负债经营的低成本和财务杠杆效应的有利因素增加了负债资本的比重。

知识库

资产负债率控制在多少比较合适

资产负债率的合理水平一般为50%。如果企业经营前景较为乐观,可以适当地提高资产负债率,以增加获利的机会;倘若前景不佳,则应减少负债经营,降低资产负债率,以减轻债务负担。总之,对企业资产负债率的评价应结合企业的获利能力进行综合考察。有些企业为了谋求更多的经济利益会过度举债。资产负债率过高,资金链过于紧绷,一旦债务到期无力偿还,又由于高的负债率难以再次借款,很容易导致企业资金链断裂、破产或倒闭。对于债权人而言,也承担了很高的收不回贷款的风险。

(2) 产权比率分析

产权比率是负债总额与股东权益总额的比率。该指标也是衡量企业长期偿债能力的指标之一。其计算公式如下。

$$产权比率=\frac{负债总额}{股东权益总额}$$

该项指标反映由债权人提供的资本与股东提供的资本的相对关系,反映企业基本财务结构是否合理。一般而言,该指标应小于100%。产权比率高,是高风险、高报酬的财务结构;产权比率低,是低风险、低报酬的财务结构。该指标反映企业财务结构的风险性大小和所有者权益对偿债风险承受能力的大小。产权比率越大,表明企业的长期偿债能力越弱,债权人承担的风险越大。

从投资者角度看,在通货膨胀加剧时期,企业多借债可以把损失和风险转嫁给债权人;在经济萎缩时期,少借债可以减轻利息负担、降低财务风险;在经济繁荣时期,多借债可以获得额外的利润。

资产负债率和产权比率具有共同的经济意义,2 个指标可以相互补充。其中,资产负债率侧重分析债务偿付安全性的物质保障程度,产权比率侧重分析自有资金对偿债风险的承受能力。企业应对收益与风险进行权衡,力求保持合理、适度的财务结构,以便既能提高获利能力,又能保障债权人的利益。

能力提升 6-9 根据表 6.12 中的资料计算甲公司的产权比率。

表 6.12 甲公司产权比率计算

万元

项 目	2013 年	2014 年
负债总额	60 301	70 321
股东权益总额	201 877	164 082
产权比率	60 301 ÷ 201 877 = 30%	70 321 ÷ 164 082 = 43%

2013 年和 2014 年的产权比率均远远小于 100%,说明企业的长期偿债能力较强,债权人承担的风险较低。2014 年较 2013 年产权比率有所增加,说明企业提高了负债资金的比重,使其资本结构向更合理的方向调整。

知识库

资产负债率和产权比率之间的关系

产权比率是资产负债率的另一种表现形式，两者之间可以相互换算。其计算公式如下。

$$
\begin{aligned}
\text{产权比率} &= \frac{\text{负债总额}}{\text{股东权益总额}} \times 100\% \\
&= \frac{\text{负债总额}}{\text{资产总额} - \text{负债总额}} \times 100\% \\
&= \frac{\text{资产负债率}}{1 - \text{资产负债率}} \times 100\%
\end{aligned}
$$

① 产权比率是对资产负债率的必要补充，与资产负债率具有共同的经济意义。其分析方法与资产负债率的相似。资产负债率中应注意的问题在产权比率分析中也应引起注意。

② 尽管产权比率与资产负债率可以互相补充，都用于衡量长期偿债能力，但 2 个指标之间又有区别。它们的区别是反映长期偿债能力的侧重点不同。产权比率侧重于揭示债务资本和权益资本的相互关系，说明所有者权益对偿债风险的承受能力；资产负债率侧重于揭示总资本中有多少是靠负债取得的，说明债权人权益受保障程度。

(3) 权益乘数

权益乘数也是资产负债率的一种表现形式。其计算公式如下。

$$
\begin{aligned}
\text{权益乘数} &= \frac{\text{资产总额}}{\text{所有者权益总额}} \\
&= \frac{\text{资产总额}}{\text{资产总额} - \text{负债总额}} \\
&= \frac{1}{1 - \text{资产负债率}}
\end{aligned}
$$

权益乘数表明每一元股东权益所拥有的资产总额，即资产总额是股东权益的多少倍。权益乘数越大，企业负债程度越高。该指标还可以利用和产权比率的关系进行计算。权益乘数较大，表明企业负债较多。企业负债较多一般会导致企业财务杠杆率较高，财务风险较大。

能力提升 6－10 根据表 6.13 中的资料计算甲公司的权益乘数。

表 6.13 甲公司权益乘数计算

万元

项 目	2013 年	2014 年
资产总额	262 178	234 403
股东权益总额	201 877	164 082
权益乘数	262 178 ÷ 201 877 = 1.30	234 403 ÷ 164 082 = 1.43

2014 年较 2013 年权益乘数有所增加，说明企业偿债风险加大。通常认为权益乘数为 200% 比较好，但是比率在 100% 以下的，说明企业有偿债能力，还应结合企业的具体情况加以分析。

知识库

权益乘数、资产负债率和产权比率的关系

权益乘数、资产负债率和产权比率具有相同的经济意义，它们之间相互关联且可以相互换算。

① 权益乘数的大小主要受资产负债率的影响。若资产总额不变，权益乘数与其呈同方向变动趋势，即负债比率越高，权益乘数就越高，说明企业负债程度较高，能给企业带来较多的财务杠杆收益，但同时也有较大的财务风险。

② 权益乘数与产权比率也有密切关系。在总资产不变的情况下，负债越高，权益乘数就越高，产权比率也越高，表明企业股东权益对债权人权益的保障程度越低，企业长期偿债能力越差。

权益乘数、产权比率和资产负债率之间的关系可用以下关系来表示。

$$权益乘数 = 1 + 产权比率$$

$$资产负债率 + 1 \div 权益乘数 = 1$$

（4）所有者权益比率分析

所有者权益比率是所有者权益总额与资产总额的比率。该指标反映了企业资产中有多少是所有者投入的。其计算公式如下。

$$\begin{aligned}所有者权益比率 &= \frac{所有者权益总额}{资产总额} \times 100\% \\ &= \frac{资产总额 - 负债总额}{资产总额} \times 100\% \\ &= 1 - 资产负债率\end{aligned}$$

该指标越高，表明企业资产中由投资人投资所形成的资产越多，偿还债务的保证越大。由于所有者权益比率与资产负债率之和等于1，所有者权益比率越大，资产负债率就越小，企业财务风险就越小，企业偿还长期债务的能力就越强。该指标还可利用与资产负债率的关系进行计算。

能力提升 6－11 根据表6.14中的资料计算甲公司的所有者权益比率。

表6.14 甲公司所有者权益比率计算

万元

项目	2013 年	2014 年
股东权益总额	201 877	164 082
资产总额	262 178	234 403
所有者权益比率	201 877 ÷ 262 178 = 77%	164 082 ÷ 234 403 = 70%

企业2013年所有者权益比率为77%，2014年下降到了70%。这表明企业资产中由投资人投资所形成的资产减少，权益资产对偿还债务的保证减弱，但企业整体财务风险不高。

（5）有形净值债务率分析

有形净值债务率是将无形资产等从所有者权益中扣除，从而计算企业负债总额与有形净值总额的比率。该指标反映了企业在清算时债权人投入的资本受到股东权益的保障程度。其计算公式如下。

$$有形净值债务率=\frac{负债总额}{有形净值总额}\times 100\%$$

式中，有形净值是指净资产扣除无形资产、开发支出、商誉等价值不稳定的资产后的资产。

该指标越大，表明企业对债权人的保障程度越低，企业风险越大，长期偿债能力越弱；反之，表明企业长期偿债能力越强，企业财务风险越小。

运用有形净值债务率指标分析时，应注意以下问题。

① 有形净值债务率实质上是产权比率的延伸，是更为谨慎、保守地反映在企业清算时债权人投入的资产受到股东权益的保障程度。从长期偿债能力来讲，比率越低越好。

② 有形净值债务率最大的特点是在可用于偿还债务的净资产中扣除了无形资产，包括商标、专利权及非专利技术等。这主要是因为无形资产的计量缺乏可靠的基础，不可能作为偿还债务的资源，为谨慎起见，一律视为不能还债，将其从分母中扣除。

3. 获利能力对长期偿债能力影响指标的计算与分析

由于企业取得资产不是为了偿债，而是利用资产进行经营以获取收益，因此债务清偿要依赖资产变现。资产变现主要通过产品销售来实现。因此，获利能力对评价偿债能力也很重要。从获利能力角度分析评价企业长期偿债能力的指标主要有销售利息比率、利息保障倍数和债务本息保证倍数。

（1）销售利息比率分析

销售利息比率是反映企业一定时期的利息费用与营业收入的比率。其计算公式如下。

$$销售利息比率=\frac{利息费用}{营业收入}\times 100\%$$

该指标可以用企业销售状况对偿付债务的保障程度进行衡量。企业的负债最终要通过经营所得去偿还。如果经营不佳，经营期间偿付债务就会缺少根本保障，而企业权益资金的多少对于偿债的保证只有在企业处于破产清算时才能真正发挥作用。在企业负债规模基本稳定的情况下，销售状况越好，偿还到期债务给企业造成的冲击越小。该指标越小越好，指标越小，说明企业通过销售所获得的收入用于偿还利息的比例越小，企业的偿债压力越小。

（2）利息保障倍数分析

企业为了保证再生产的顺利进行，在取得营业收入后，需要首先补偿在生产经营中的耗费。营业收入虽然是利息支出的资金来源，但利息费用的真正资金来源是营业收入补偿生产经营中的耗费之后的余额。若其余额不足以支付利息费用，企业的再生产就会受到影响。因此，利息保障倍数比销售利息比率更能反映企业偿债能力的保障程度。

利息保障倍数（已获利息倍数）是息税前利润与利息费用的比率。它反映公司经营业务所获得的收益支付债务利息的能力。其计算公式如下。

$$利息保障倍数=\frac{息税前利润}{利息费用}$$

式中的息税前利润是指利润中未扣除利息费用和所得税之前的利润。它可以用利润总额加利息费用来测算，也可以用净利润加所得税、利息费用来测算。式中的利息费用包括财务费用中的利息支出和资本化利息。分子中的利息支出仅包括计入财务费用的利息费用。这是因为利息已经从营业收入中予以扣除，营业利润是扣除了利息后的余额。

一般而言，利息保障倍数大于1，否则便不能举债经营。利息保障倍数的经验值为3～6倍。

利息保障倍数越大，说明企业支付利息和偿还债务的能力越强，债权人利益的保障程度越高。

在实务中，可将其与同业平均或历史资料相比较。通过与同行业平均水平或竞争对手进行比较，可以了解企业的付息能力在整个行业中的情况；若指标过高或过低，应找出原因并采取措施及时调整。通过与本企业以前各期的利息保障倍数进行比较，可以观察企业的付息能力的稳定性和变化趋势。如果在某一期间利息保障倍数突然恶化，则应进一步查找原因，确定是由于盈利水平下降导致的，还是由于债务增加引起的，并及时采取改善对策，防止企业的付息能力进一步恶化进而出现财务危机。

（3）债务本息保证倍数分析

根据企业经营状况来反映偿债能力的保证程度，债务本息保证倍数比利息保障倍数更精确。对于债权人而言，如果连本金都不能收回，就更不敢奢求利息了。债权人借款给企业，目的虽然是取得利息收入，但基本前提是按期收回本金。由于企业的偿债义务是按期支付利息和到期归还本金，因此其偿债能力的高低不能仅看偿付利息的能力，更重要的是看偿还本金的能力。企业在正常经营条件下，本金的偿还必须以企业经营所得赚取的利润来支付。

债务本息保证倍数是指企业一定时期的息税前利润与还本付息金额的比率。它反映出现金流入量对财务需要（现金流出）的保证程度，通常用倍数来表示。其计算公式如下。

$$债务本息保证倍数=\frac{息税前利润}{利息费用+\dfrac{年度还本额}{1-所得税率}}$$

企业偿还本金与利息支出是有区别的。利息是所得税前开支项目。支付 1 元的利息，只需 1 元的营业收入，或者说是减少 1 元的利润额，而偿还本金则需要动用企业的净收入，即企业偿还 1 元的本金将需要更多的税前利润，因此要将偿还的本金数还原到所得税前水平。

该指标最低标准为 1。该指标越高，表明企业偿债能力越强。如果该指标低于 1，说明企业偿债能力较弱，会因为还本付息造成资金周转困难、支付能力下降，从而使其信誉受损。

能力提升 6－12 根据丙公司资产负债表和利润表有关资料（见表 6. 15）计算该公司资产负债率、产权比率、有形净值债务比率和利息保障倍数（见表 6. 16）。

表 6. 15 丙公司资料

元

项 目	2014 年	2013 年
资产总额	30 805 876	26 338 760
负债总额	9 168 336	5 032 900
所有者权益总额	21 637 540	21 305 860
无形资产	4 912 000	611 200
财务费用	32 000	20 000
利润总额	252 800	224 000

其他资料：丙公司 2014 年发生资本化利息支出 200 000 元。

表6.16 丙公司长期偿债能力指标计算

长期偿债能力指标	2014 年	2013 年
资产负债率	9 168 336 ÷ 30 805 876 = 29.76%	5 032 900 ÷ 26 338 760 = 19.11%
产权比率	9 168 336 ÷ 21 637 540 = 42.37%	5 032 900 ÷ 21 305 860 = 23.62%
有形净值债务比率	9 168 336 ÷ (21 637 540 − 4 912 000) = 54.82%	5 032 900 ÷ (21 305 860 − 611 200) = 24.32%
利息保障倍数	(252 800 + 32 000) ÷ (32 000 + 200 000) = 1.23	(224 000 + 20 000) ÷ 20 000 = 12.2

丙公司2013年资产负债率为19.11%,2014年上升到了29.76%,可以看出该公司有足够的资产用以偿还债务,但也反映出该公司没有很好地利用负债经营,从而扩大生产经营规模,以获得更多的利润。

丙公司2013年产权比率为23.62%,2014年为42.37%。结合资产负债表项目分析,产权比率上升的主要原因是公司的长期负债比重大幅度上升;但公司2014年负债筹集的资金不到自有资金的一半,说明公司有充足的自有资金用以偿债。

丙公司2013年有形净值债务比率为24.32%,2014年为54.82%。有形净值债务比率上升的主要原因是公司的负债大幅度上升。公司2014年的有形净值偿债能力比2013年有所下降,负债不到有形净值比重的一半,说明公司的偿债能力仍是较强的。

丙公司2013年利息保障倍数为12.2,说明公司利息偿付能力很强。2014年利息保障倍数为1.23,结合企业详细资料分析,主要原因是本期发生资本化利息支出200 000元,然而公司2014年的息税前利润仍然足够支付所有的利息。

4. 现金流量对长期偿债能力影响指标的计算与分析

运用现金流量指标可以比较真实地反映出企业的偿债能力。将现金流量与负债进行比较,可以用来评价企业长期偿债能力,主要指标有到期债务本息偿付比率、强制性现金支付比率和现金债务总额比率等。

(1) 到期债务本息偿付比率分析

到期债务本息偿付比率用来衡量企业到期债务本金及利息可由经营活动创造的现金来支付的程度。其计算公式如下。

$$\text{到期债务本息偿付比率} = \frac{\text{经营现金流量净额}}{\text{到期债务本息}} \times 100\%$$

经营现金流量净额是企业最稳定的经常性现金来源,是清偿债务的基本保证。如果到期债务本息偿付比率小于1,说明企业经营活动产生的现金不足以偿付到期的债务和利息支出,企业必须通过其他渠道筹资或出售资产才能清偿债务。这一指标越大,说明企业长期偿债能力越强。

(2) 强制性现金支付比率分析

企业经营中,有些现金流出是带有强制性的,必须支付,如生产经营中必须支付的现金,偿还本金、支付利息等必须支付的现金等。企业现金流入必须满足这种需要,才能保证生产经营的正常进行,保证企业良好的信誉。强制性现金支付比率就是反映企业是否有足够的现金履行其偿还债务、支付经营费用等责任的指标。其计算公式如下。

$$\text{强制性现金支付比率} = \frac{\text{现金流入总量}}{\text{经营现金流出量} + \text{偿还到期本息付现}}$$

该指标应至少等于1,即现金流入总量能满足强制性项目支付的需要。这一指标越大,表明企业偿债能力越强，其超过 100% 的部分，可以用来满足企业其他方面的现金需求。

(3) 现金债务总额比率分析

现金债务总额比率是指经营活动现金流量净额与期初、期末负债平均余额的比率，用来衡量企业负债总额用经营活动所产生的现金来支付的程度。其计算公式如下。

$$现金债务总额比率=\frac{经营活动现金流量净额}{负债平均余额}$$

企业真正能用于偿债的现金流量，通过现金流量和债务的比较可以更好地反映企业的偿债能力。现金债务总额比率能够反映企业生产经营活动产生现金流量净额偿还各种债务的能力。该比率越高，企业偿债能力越强。

(4) 利息现金保证倍数分析

利息现金保证倍数是以年度经营活动产生的现金净流量与税金之和同本期支付的利息相比，表明企业利息支付能力的指标。其计算公式如下。

$$利息现金保证倍数=\frac{经营活动现金净流量+本期支付的所得税}{本期支付的利息}$$

一般而言，利息现金保证倍数越大，说明企业偿付到期债务的能力就越强。如果该比率小于 1，说明企业支付利息的能力堪忧。

(5) 现金再投资比率分析

现金再投资比率用来衡量企业来自经营活动中的现金已被保留的部分，使其同各项资产相比较，从而测定其重新再投资于各项营业资产的百分比关系。这个比例反映企业有多少现金留下来，并能用于资产的更新和企业的发展。其计算公式如下。

$$现金再投资比率=\frac{来自经营活动的现金净流量-现金股利}{固定资产总额+对外投资+其他资产+营运资金}$$

该比率中，分母各组成部分是某时点上的存量，反映企业用于维持和扩大经营所需的全部再投资。其中，固定资产总额是指未扣除累计折旧的固定资产总额；对外投资是指介于流动资产和股东资产之间的长期投资；其他资产是指资产负债表中最下方的其他资产总计；营运资金是指流动资产减去流动负债后的余额。分子中的现金股利为普通股和优先股现金股利之和。分子反映了企业实际可以支配的现金。

现金再投资比率通常为 7% ~ 10%，但各行业有所区别，同一企业的不同年份也有所区别。一般地说，在企业高速扩张的年份，现金再投资比率低一些，在稳定发展的年份则高一些。

任务完成

根据任务 6.1“任务布置”中 W 公司的资料计算该公司主要偿债能力指标，并得出分析结论。

1) 从企业短期偿债能力指标进行计算并分析评价(见表 6.17)。

表 6.17 W 公司短期偿债能力指标计算

元

项 目	2014 年	2013 年	指标计算公式
营运资本	4 106 609 - 1 431 352.75 = 2 675 256.25	4 751 400 - 2 051 400 = 2 700 000	流动资产 - 流动负债
流动比率	4 106 609 ÷ 1 431 352.75 = 2.87	4 751 400 ÷ 2 051 400 = 2.32	流动资产 ÷ 流动负债

（续表）

项　目	2014 年	2013 年	指标计算公式
速动比率	(4 106 609 − 100 000 − 2 587 300) ÷ 1 431 352.75 = 0.99	(4 751 400 − 100 000 − 2 580 000) ÷ 2 051 400 = 1.01	速动资产 ÷ 流动负债
现金比率	(634 109 + 135 000) ÷ 1 431 352.75 = 53.80%	(1 506 300 + 15 000) ÷ 2 051 400 = 74.16%	(货币资金 + 交易性金融资产) ÷ 流动负债

分析：该企业 2014 年、2013 年营运资本均大于 0，流动比率均大于 2，速动比率也控制在 1 左右，说明企业短期偿债能力较强，流动资产对短期债务偿还的保障程度较高。2014 年的流动比率大于 2013 年的，主要是由于流动负债的下降速度快于流动资产的下降速度导致的；2014 年的速动比率小于 2013 年的，主要是由于存货年末比年初略有上升导致的。

综合评定该公司的短期偿债能力较强，但年末用于偿还债务的现金类资产比率较年初有所下降，说明年末短期偿债能力稍逊于年初。由于该公司流动资产中存货所占份额较大，存货的变现能力较差，如果在短期内债权人催缴账款，企业容易出现无法偿还到期债务的风险，需要通过其他筹资渠道筹措资金，以满足正常经营所需资金。

2）从企业长期偿债能力指标进行计算并分析评价（见表 6.18）。

表 6.18　W 企业长期偿债能力指标计算　　元

项　目	2014 年	2013 年	指标计算公式
资产负债率	2 591 352.75 ÷ 7 983 079 = 32.46%	3 251 400 ÷ 8 401 400 = 38.70%	负债总额 ÷ 资产总额
产权比率	2 591 352.75 ÷ 5 391 726.25 = 48.06%	3 251 400 ÷ 5 150 000 = 63.13%	负债总额 ÷ 股东权益总额
权益乘数	7 983 079 ÷ 5 391 726.25 = 1.48	8 401 400 ÷ 5 150 000 = 1.63	资产总额 ÷ 所有者权益总额
所有者权益比率	5 391 726.25 ÷ 7 983 079 = 67.54%	5 150 000 ÷ 8 401 400 = 61.30%	股东权益总额 ÷ 资产总额
有形净值债务率	2 591 352.75 ÷ (5 391 726.25 − 540 000) = 53.41%	3 251 400 ÷ (5 150 000 − 600 000) = 71.46%	负债总额 ÷ 有形资产总额
销售利息比率	83 900 ÷ 1 250 000 × 100% = 6.71%	79 000 ÷ 1 000 000 × 100% = 7.9%	利息费用 ÷ 营业收入
利息保障倍数	(370 900 + 83 900) ÷ 83 900 = 5.42	(168 375 + 79 000) ÷ 79 000 = 3.13	息税前利润 ÷ 利息支出

说明：假设利润表中的财务费用均为利息支出。

分析：该企业 2014 年资产负债率为 32.46%，2013 年为 38.7%，均小于理论上的经验值 50%，说明企业长期偿债能力较强，而 2014 年产权比率和权益乘数均小于 2013 年，说明 2014 年较 2013 年企业债务负担变轻，偿债能力变好。2014 年所有者权益比率高于 2013 年，说明债务资金的比重降低，所有者权益对企业债务的保障程度较年初较好，长期偿债风险比年初低。2014 年有形净值债务率小于 2013 年，说明企业扣除无形资产后，2014 年长期偿债能力优于 2013 年，企业财务风险降低。W 公司连续两年利息保障倍数均超过经验值的 3 倍，说明企业获利能力对债务偿还的保障程度较好。公司连续两年销售利息比率在 7% 左右，应结合银行借款利率与行业数据进行分析。

总体而言，该公司的短期偿债能力和长期偿债能力较强，短期偿债压力较小，企业的债权人资金的安全性较好，公司财务风险不高。

技能训练

企业资料：M 电器公司 2010—2014 年有关财务数据如表 6.19 所示。

表 6.19 M 电器公司短期偿债能力趋势

元

项 目	2010 年	2011 年	2012 年	2013 年	2014 年
营运资本	695 515.59	252 756.42	798 763.72	(2 138 594.60)	2 138 594.60
流动比率	1.12	1.03	1.07	0.86	1.12
速动比率	0.54	0.48	0.48	0.54	0.81
现金比率	0.219 2	0.141 7	0.171 1	0.142 7	0.205 9
现金与流动负债比率	32.67%	14.09%	14.00%	23.43%	10.90%

任务要求：

根据表 6.19 中 M 电器公司短期偿债能力数据对该公司 2010—2014 年的短期偿债能力变化趋势进行分析。

任务完成：

由表 6.19 可知，反映 M 公司各项短期偿债能力的指标一直都处于一般公认标准比值之下，如流动比率的 2、速动比率的 1、现金比率的 0.2 等，说明 M 电器公司短期偿债能力一直较弱。其中，受金融环境不景气的影响，2013 年各项财务指标还较大幅度下滑，但是由于公司及时采取措施，2014 年各项指标均有明显改善。可见，不考虑金融环境不景气的影响，M 电器公司的短期偿债能力一直比较平稳，没有太大变化。不过 2014 年现金流量与流动比率有较大下滑，这应该引起注意。评价 M 电器公司的短期偿债能力还要结合行业平均水平进行综合分析。

任务 6.2 企业获利能力分析

任务布置

企业资料：仍以任务 6.1 中 W 公司的数据资料为例。

要求：对公司的获利能力指标进行分析评价。

知识要点

6.2.1 分析企业经营获利能力

1. 影响公司获利能力的因素

获利能力是指企业赚钱的能力。企业进入战略经营管理时代,获利能力的分析也变得越来越重要。影响企业获利能力的因素如下。

(1) 国家政策

国家政策与企业息息相关。其中,税收政策是国家政策中为了实现一定历史时期的任务选择确立的税收分配活动的方针和原则。它是国家进行宏观调控的主要手段。税收政策的制定与实施有利于调节社会资源的有效配置,为企业提供公平的纳税环境,能有效地调整产业结构。税收政策对于企业的发展有很重要的影响。符合国家税收政策的企业能够享受税收优惠,增强获利能力;不符合国家税收政策的企业,则被要求缴纳高额的税收,从而不利于获利能力的提高。国家税收政策与企业的获利能力之间存在一定的关系。评价分析企业的获利能力,离不开对其面临的税收政策环境的评价。

(2) 经营模式

企业的经营模式就是企业如何赚取利润的途径和方式。它是指企业将内外部资源要素巧妙而有机地整合,为企业创造价值的模式。独特的经营模式往往是企业获得超额利润的源泉,也会成为企业的核心竞争力。一个企业即使拥有先进的技术和人才,若没有一个较好的经营模式,也很难生存。因此,要想发现企业获利的源泉,财务人员就必须关注该企业的经营模式,分析企业获利的深层机制,而不是简单地从企业行业特征上进行判断和分析。

(3) 利润的构成

企业的利润主要有毛利、营业利润、利润总额、净利润、息税前利润。一般来说,利润总额中营业利润所占的比例较大。要考虑到引起不同利润的因素对其的影响,包括营业收入、营业成本、营业费用引起毛利、营业利润、利润总额、净利润、息税前利润的影响。

(4) 资本结构

资本结构是影响企业获利能力的另一个重要因素。企业负债经营程度的高低对企业的获利能力有直接的影响。当企业的资产报酬率高于企业的借款利息率时,企业负债经营可以提高企业的获利能力,否则企业负债经营会降低企业的获利能力。有些企业只注重增加资本投入、扩大企业投资规模而忽视了资本结构是否合理。这有可能会妨碍企业利润的增长。

2. 收入利润率指标的计算与分析

由于企业的营业收入是企业获利的主要来源,因此,可以设置若干以营业收入为基础的评价指标进行获利能力分析。主要指标有营业毛利率、营业利润率、税前利润率、营业净利率等。

(1) 营业毛利率

营业毛利率是指企业营业毛利与营业收入的比率。其中,营业毛利是指企业在一定时期内的营业收入与营业成本的差额。因此,该指标反映了企业主营业务的经营成果状况,能够反映企业的主要获利能力。其计算公式如下。

$$营业毛利率=\frac{营业毛利}{营业收入}\times 100\%$$

该指标反映了企业主营业务的基本获利能力。只有较高的营业毛利率,才能保证企业获得较高的净利润,因此,该指标越高,说明企业获利能力越强;反之,获利能力越弱。同时,营业毛利率指标与毛利结合分析,能够分别从相对数和绝对数2个角度分析企业的获利能力。

由于营业毛利率具有明显的行业特性,如商品零售行业,营业周期短、固定费用低,其行业毛利润低;而制造行业,营业周期长、固定费用高,其行业毛利润高。因此,在分析利用该指标时应当结合企业所处的行业特点、经营周期等,并与行业平均值、行业先进水平相比较,以评价企业的获利能力及企业在同行业中所处的地位,进一步分析活力差距及其成因,从而找出提高获利能力的途径。

知识库

营业成本率

与营业收入相关的指标还有营业成本率。营业成本率是指企业营业成本与营业收入的比率。营业成本是变动成本,将随着产品销售数量的增加而按比例增加。该指标反映企业营业成本占营业收入的比重,从而反映企业的主要获利能力。其计算公式如下。

$$营业成本率=\frac{营业成本}{营业收入}\times 100\%$$

营业成本率反映了企业控制营业成本的情况。该比率越低,说明企业成本控制得越好,获利能力越强;反之,获利能力则较弱。

同行业的营业成本率也是比较接近的,如果与其他企业有所差别,应该分析其原因,看是成本控制不当,还是价格制定不当,从而采取相应的改进措施。只有营业成本率控制得当,企业才有能力承受期间费用等其他支出,保证有较高的净利润。

能力提升 6-13 根据丁公司利润表部分数据(见表6.20)计算营业毛利率(见表6.21),并进行简要评价。

表6.20 利润表

编制单位:丁公司　　2014年12月　　元

项　目	2014年	2013年
营业收入	84 000 000	65 000 000
营业成本	67 200 000	51 350 000
营业费用	4 200 000	4 355 000
营业利润	12 600 000	9 295 000
营业外收入	560 000	1 488 458
营业外支出	140 000	3 850 125
利润总额	13 020 000	6 933 333
净利润	9 765 000	5 200 000

表 6.21　丁公司营业毛利率计算

元

项　目	2014 年	2013 年
营业收入	84 000 000	65 000 000
营业成本	67 200 000	51 350 000
营业毛利率	(84 000 000 − 67 200 000) ÷ 84 000 000 = 20%	(65 000 000 − 51 350 000) ÷ 65 000 000 = 21%

丁公司营业毛利率 2014 年为 20%,2013 年为 21%,说明比较稳定。企业的毛利率情况应结合行业平均水平进行分析。

能力提升 6 - 14　根据丁公司利润表部分数据(见表 6.20)计算营业成本率(见表 6.22),并进行简要评价。

表 6.22　丁公司营业成本率计算

元

项　目	2014 年	2013 年
营业收入	84 000 000	65 000 000
营业成本	67 200 000	51 350 000
营业成本率	67 200 000 ÷ 84 000 000 = 80%	51 350 000 ÷ 65 000 000 = 79%

丁公司营业成本率 2013 年为 79%,2014 年为 80%,说明企业成本费用比重较为稳定。营业成本率的高低应结合行业情况进一步分析。

(2) 营业利润率

营业利润率是指企业的营业利润与营业收入的比率。该指标扣除了变动成本和主要固定成本并加上投资收益后利润占营业收入的比率。该指标反映企业每单位营业收入带来的营业利润的数额,也是评价企业获利能力的主要指标。其计算公式如下。

$$营业利润率 = \frac{营业利润}{营业收入} \times 100\%$$

与营业毛利率相比,在评价企业的获利能力方面,营业利润率更近了一步。不仅考虑了变动成本(即营业成本)和主要固定成本(即期间费用),同时也考虑了投资收益。同样,该比率越高,反映企业经营状况越好,获利能力越强;反之,说明企业获利能力较弱。

能力提升 6 - 15　根据丁公司利润表部分数据(见表 6.20)计算营业利润率(见表 6.23),并进行简要评价。

表 6.23　丁公司营业利润率计算

元

项　目	2014 年	2013 年
营业收入	84 000 000	65 000 000
营业利润	12 600 000	9 295 000
营业利润率	12 600 000 ÷ 84 000 000 = 15%	9 295 000 ÷ 65 000 000 = 14.30%

丁公司营业利润率 2013 年为 14.3%,2014 年为 15%,说明该公司经营获利能力比较稳定,年末比年初略有上升。

(3) 营业净利率

营业净利率是企业净利润与营业收入的比率。该比率反映了每单位营业收入带来的净利润数额，代表了企业最终的获利能力。其计算公式如下。

$$营业净利率=\frac{净利润}{营业收入}\times100\%$$

营业净利率越高，说明企业最终获利能力越强；反之，则说明企业最终获利能力越弱。该比率的分子净利润是企业最终的利润，能够用以评价企业最终获取利润的水平。该指标与税前利润率比较，可以反映出企业所得税的情况。对于不同国家、不同地区、不同行业的企业，所得税的计算方法和税率也可能不同。因此，即使税前利润率相同的企业，也会由于所得税的不同而使最终的获利能力不同。

能力提升 6－16 根据丁公司利润表部分数据（见表 6.20）计算营业净利率（见表 6.24），并进行简要评价。

表 6.24 丁公司营业净利率计算

元

项　目	2014 年	2013 年
营业收入	84 000 000	65 000 000
净利润	9 765 000	5 200 000
营业净利率	9 765 000 ÷ 84 000 000 = 11.63%	5 200 000 ÷ 65 000 000 = 8%

丁公司营业净利率 2014 年为 11.63%，2013 年为 8%，说明该公司净利润的增长速度快于营业收入的增长速度，企业创造净利润的能力增强。

3. 成本费用利润率指标的计算与分析

反映成本费用利润率的指标有许多形式，主要有营业成本利润率、营业费用利润率、全部成本费用利润率等。

（1）营业成本利润率

营业成本利润率是指企业营业利润与营业成本之间的比率。其计算公式如下。

$$营业成本利润率=\frac{营业利润}{营业成本}\times100\%$$

营业成本利润率为正指标，即指标值越高越好。分析评价时，可将各指标实际值与标准值进行对比。标准值可根据分析的目的与管理要求来确定。营业成本利润率是综合反映企业成本效益的重要指标。

能力提升 6－17 根据丁公司利润表部分数据（见表 6.20）计算营业成本利润率（见表 6.25），并进行简要评价。

表 6.25 丁公司营业成本利润率计算

元

项　目	2014 年	2013 年
营业成本	67 200 000	51 350 000
营业利润	12 600 000	9 295 000
营业成本利润率	12 600 000 ÷ 67 200 000 = 18.75%	9 295 000 ÷ 51 350 000 = 18.10%

丁公司营业成本利润率 2014 年为 18.75%，2013 年为 18.10%，说明该公司营业成本利润

率比较稳定;2014年略高于2013年,说明该公司2014年获利能力要好于2013年。

(2) 营业费用利润率

营业费用利润率是指企业营业利润与营业费用之间的比率。营业费用包括营业成本、营业税费、期间费用和资产减值损失。期间费用包括销售费用、管理费用、财务费用等。其计算公式如下。

$$营业费用利润率 = \frac{营业利润}{营业费用} \times 100\%$$

其中,营业费用包括企业为了获取营业利润所付出的所有成本费用,反映了企业利用成本费用资源创造基本利润的能力。该指标为正指标,越高越好。

能力提升6-18 根据丁公司利润表部分数据(见表6.20)计算营业费用利润率(见表6.26),并进行简要评价。

表6.26 丁公司营业费用利润率计算

元

项　目	2014年	2013年
营业费用	4 200 000	4 355 000
营业利润	12 600 000	9 295 000
营业费用利润率	12 600 000 ÷ 4 200 000 = 3%	9 295 000 ÷ 4 355 000 = 2.13%

丁公司营业费用利润率2014年为3%,2013年为2.13%,该指标有所提高,说明成本费用创造收益的能力增强。

(3) 全部成本费用利润率

该指标可以分为全部成本费用总利润率和全部成本费用净利润率2种形式。

① 全部成本费用总利润率。全部成本费用总利润率的计算公式如下。

$$全部成本费用总利润率 = \frac{利润总额}{营业费用 + 营业外支出} \times 100\%$$

能力提升6-19 根据丁公司利润表部分数据(表6.20)计算全部成本费用总利润率(见表6.27),并进行简要评价。

表6.27 丁公司全部成本费用利润率计算

元

项　目	2014年	2013年
营业费用	4 200 000	4 355 000
营业外支出	140 000	3 850 125
全部成本费用总额	4 340 000	8 205 125
利润总额	13 020 000	6 933 333
全部成本费用总利润率	13 020 000 ÷ 4 340 000 = 300%	6 933 333 ÷ 8 205 125 = 85%

丁公司全部成本费用总利润率2014年为300%,2013年为85%,全部成本费用利润率明显增高,说明该公司成本费用获利能力增强。

② 全部成本费用净利润率。全部成本费用净利润率的计算公式如下。

$$全部成本费用净利润率 = \frac{净利润}{营业费用 + 营业外支出} \times 100\%$$

全部成本费用净利润率反映了企业全部投入与全部产出的水平,即所得与所费的比率。对于投资者而言,当然是全部成本费用利润率越大越好。全部成本费用利润率越大,说明同样的成本费用能取得更多的利润,或者说企业取得同样的利润只需花费更少的成本费用支出。这样,企业的获利能力越强;反之,获利能力则较弱。

能力提升 6-20 根据丁公司利润表部分数据(表6.20)计算全部成本费用净利润率(见表6.28),并进行简要评价。

表6.28 丁公司全部成本费用净利润率

元

项 目	2014 年	2013 年
营业费用	4 200 000	4 355 000
营业外支出	140 000	3 850 125
净利润	9 765 000	5 200 000
全部成本费用利润率	9 765 00 ÷ (4 200 000 + 140 000) = 2.25	5 200 000 ÷ (4 355 000 + 3 850 125) = 0.63

丁公司全部成本费用净利润率2014年高于2013年,说明公司投入与净产出能力明显增强,2014年获利能力好于2013年。

根据能力提升6-13至能力提升6-20,丁公司经营获利能力综合分析要点如下。

营业毛利率2013年为21%,2014年为20%,该指标下降了1%;营业成本率2013年为79%,2014年为80%,该指标上升了1%。2014年销售额大幅提高的同时,营业成本也因原材料成本的提高而上涨,使得毛利率略有下降。可见,公司近2年营业毛利率维持在一个较为均衡的水平。

营业利润率2013年为14.30%,2014年为15%,该指标上升了0.7%;营业净利率2013年为8%,2014年为11.63%,该指标上升了3.63%。2014年销售大幅提高的同时营业费用相对节约,使得企业营业利润率和营业净利率均有所上升,获利能力较强。

营业成本利润率2013年为18.10%,2014年为18.75%,该指标上升了0.65%;营业费用利润率2013年为2.13,2014年为3%,该指标上升了0.87%,获利能力较强。

该公司全部成本费用总利润率和全部成本费用净利润率2014年较2013年均有所上升,说明投入产出能力增强,公司应进一步加强管理以提高经营获利能力。

6.2.2 分析企业资产与资本经营获利能力

企业的经营获利能力分析主要是针对企业收入利润率及成本费用利润率的比较分析。通俗地说,就是对企业买卖结果的分析。对于投资人而言,仅仅了解企业目前买卖是否赚钱还不够,还需要确认相同的资本投资在哪一家企业获得的利润更多些。这就需要对企业与投资相关的获利能力指标进行分析。这些指标主要有总资产报酬率、净资产收益率等。

1. 资产经营获利能力分析

资产经营获利能力分析是指企业运营资产产生利润的能力。反映企业资产经营获利能力的指标主要有总资产报酬率和总资产收益率。

(1) 总资产报酬率

在分析企业总体资产的获利能力时,还常常会用到总资产报酬率这个指标。因为有观点认为,“企业所有资金提供人都是公平的”。这种观点认为,不管是企业股东,还是债权人,他们都向企业投入了资金,企业在关注他们的感受时,应该用平等的眼光,不能仅考虑股东。

基于这种观点,就不能用净利润来分析总资产的获利能力了。因为,在计算净利润时,扣除了分配给债权人的收益——利息费用,这就使得收益不完整了。同样道理,所得税虽然是按税法强制要求上缴给国家的,但这也是企业创造的收益,只不过这部分收益作为企业对社会的贡献上缴了。在衡量经营业绩时,应该考虑他们用全部资产创造的全部收益,因此,应在净利润的基础上加上利息支出和所得税费用,从而得到息税前利润。用这一利润来衡量总资产的获利能力指标就是总资产报酬率。

总资产报酬率,即企业一定期间的息税前利润与平均总资产之间的比率。运用资产负债表和利润表资料,可计算总资产报酬率。其计算公式如下。

$$总资产报酬率=\frac{息税前利润}{平均总资产}\times 100\%$$

式中,息税前利润 = 税前利润 + 利息支出

= 净利润 + 所得税 + 利息支出

总资产报酬率反映了企业的基本获利能力。因为它排除了不同资金来源方式对企业利润的影响,体现的是企业使用所拥有的全部资产获取利润的能力。

知识库

总资产报酬率影响因素分析

(1) 总资产报酬率的影响因素

根据总资产报酬率指标的经济内容,可将其做如下分解。

总资产报酬率 =(销售收入/平均总资产)×(利润总额 + 利息支出)/销售收入

= 总资产周转率 × 销售息税前利润率

可见,影响总资产报酬率的因素有 2 个:一是总资产周转率,该指标作为反映企业运营能力的指标,可用于说明企业资产的运用效率,是企业资产经营效果的直接体现;二是销售息税前利润率,该指标反映了企业商品生产经营的盈利能力。产品盈利能力越强,销售利润率越高。可见,资产经营盈利能力受商品经营盈利能力和资产运营效率两方面的影响。

(2) 总资产报酬率的因素分析

在上述总资产报酬率因素分解式的基础上,运用连环替代法或定基替代法分析总资产周转率和销售息税前利润率变动对总资产报酬率的影响。

(2) 总资产收益率

总资产收益率是企业一定期间内实现的收益额与该时期企业平均资产总额的比率。该指标也是用来衡量企业总体资产获利能力的指标。其计算公式如下。

$$总资产收益率=\frac{净利润}{平均总资产}\times 100\%$$

式中,平均总资产 =(期初总资产 + 期末总资产)÷2

影响总资产收益率的因素是企业本期净利润和企业总资产的规模。净利润与该指标正相关,即净利润越高,总资产收益率就越高。企业的资产规模与该指标负相关,即净利润一定的情

况下，企业资产的规模越大，总资产的收益率就越低。这就如同粮食就这么多，吃饭的人越多，每个人能吃到的就越少。

总资产收益率作为衡量企业总体资产获利能力的指标，对其进行分析，可以实现以下目标。

① 该指标能够直观地衡量企业资产运用效率和资金利用效果。同一行业，A股东投资B公司的收益率为50%，此时，C股东投资D公司的收益率为60%，也就是说A、B都投资100元的话，A比C少赚10元，说明B公司的资产运用效率不如D公司。

② 在企业资产总额一定的情况下，通过总资产收益率指标可以分析企业获利能力的稳定性和持久性，确定企业所面临的风险。只要不扩大生产经营规模，企业在每期期末都将利润全部分配给股东的情况下，资产总额就会保持在一个比较稳定的状态。如果此时比较企业不同期间内的总资产收益率，就能判断出企业获利能力的稳定性。

2. 资本经营获利能力计算与分析

资本经营获利能力是指企业所有者通过投入资本经营取得利润的能力。反映资本经营获利能力的指标主要有净资产收益率和资本金收益率。

（1） 净资产收益率

净资产收益率，又称为股东权益报酬率、股东权益收益率或所有者权益收益率，即企业一定时期内净利润与平均净资产的比率。其计算公式如下。

$$净资产收益率=\frac{净利润}{平均净资产}\times 100\%$$

净资产是指企业资产减去负债后的余额，包括实收资本、资本公积、盈余公积和未分配利润等，也就是资产负债表中的所有者权益部分。

平均净资产一般为年初与年末净资产（股东权益）的平均数。如果要通过该指标观察分配能力，则取年度末的净资产更为恰当。

知识库

净资产收益率的因素分析

1. 净资产收益率的影响因素

影响净资产收益率的因素主要有总资产报酬率、负债利息率、企业资本结构和所得税率等。

（1） 总资产报酬率

净资产是企业全部资产的一部分，因此，净资产收益率必然受企业总资产报酬率的影响。在负债利息率和资本构成等条件不变的情况下，总资产报酬率越高，净资产收益率就越高。

（2） 负债利息率

负债利息率之所以影响净资产收益率，是因为在资本结构一定的情况下，当负债利息率变动使总资产报酬率高于负债利息率时，将对净资产收益率产生有利影响；反之，将对净资产收益率产生不利影响。

（3） 资本结构或负债与所有者权益之比

当总资产报酬率高于负债利息率时，提高负债与所有者权益之比，将使净资产收益率提高；反之，将使净资产收益率降低。

(4) 所得税率

由于净资产收益率的分子是净利润,即税后利润,因此,所得税率的变动必然会引起净资产收益率的变动。通常,所得税率提高,净资产收益率下降;反之,则净资产收益率上升。

下式可反映出净资产收益率与各影响因素之间的关系。

净资产收益率 = 净利润/平均净资产

= (息税前利润 − 负债 × 负债利息率) × (1 − 所得税率)/平均净资产

2. 净资产收益率因素分析

明确了净资产收益率与其影响因素之间的关系,运用连环替代法或定基替代法,可分析各因素变动对净资产收益率的影响。

(2) 资本金收益率

净资产收益率体现的是所有者权益资本的获利能力,而所有者权益并不都是投资者初始投资形成的,有一部分是企业历年经营留存的,还有一些是企业通过接受捐赠等方式得到的。对于投资者而言,在确认自己"拥有的资产"的获利能力的基础上,也需要知道,自己投入的那些钱的获利能力如何,这就需要用到资本金收益率指标。

资本金收益率是一定期间内企业的净利润与资本金的比率。所谓资本金,就是投资者初始投入的资本,在资产负债表上体现为股本或实收资本。这一指标用来衡量企业所有者投入资本赚取利润的能力。其计算公式如下。

$$资本金收益率 = \frac{净利润}{平均实收资本} \times 100\%$$

式中,平均实收资本 = (期初实收资本 + 期末实收资本) ÷ 2

能力提升 6-21 根据表6.29资料计算该企业2014年净资产收益率。

表6.29 某企业资本经营与资产经营指标计算

元

项　目	2014年	2013年	2012年
净利润	27 478	108 745	35 612
利润总额	30 917	111 158	36 775
利息支出	1 887	61	440
息税前利润	32 804	111 219	37 215
平均净资产	447 074. 50	462 853. 5	469 215
平均资产总额	566 611	575 411. 5	583 283
总资产收益率	4. 85%	18. 90%	6. 11%
总资产报酬率	5. 79%	19. 33%	6. 38%
净资产收益率	6. 15%	23. 49%	7. 59%

由表6.29的计算结果可知,公司总资产收益率2012—2014年波动较大,2012年为6.11%;2013年有了较大幅度上升,达到了18.90%;2014年下降到了4.85%。这说明公司总资产创造净利润的能力明显不稳定,需要进一步分析原因。公司总资产报酬率2012—2014年波动较大,2012年为6.38%;2013年为19.33%,较2012年大幅度提高;2014年下降到了5.79%,较2013年

下降了13.54%。进一步分析2014年利润率降低的主要原因是当年息税前利润较2013年下降，应结合公司的资产项目进一步分析，改进管理，提高公司资产利用效率。公司净资产收益率2012—2014年波动较大，2012年为7.59%；2013年较2012年有较大幅度上升，达到了23.49%；2014年下降到了6.15%，说明公司资本经营获利能力不够稳定，具体原因应结合相关资料进一步分析，还应结合行业平均值或先进值进行比较分析，才能得到相对准确的分析结论。

6.2.3 分析上市公司的获利能力指标

知识库

上市公司获利能力分析的目的

上市公司是指股份有限公司发行的股票上市交易，又称为公司的上市。股份公司通过上市，使其股票具有最强的流通性和变现性，便于投资者通过购买股票方式直接实现对公司的投资。对于企业来说，也能便捷地在资产市场实现增资和融资。

由于上市公司成为大众投资的对象，就需要规范其财务行为，并要求其定期对外报送财务数据，做到信息公开，同时接受国家证监会和社会公众的监督，以保障广大投资者的利益不被个别不法行为所侵犯。

投资者通过购买股票的方式投资某一公司，除了要考虑行业特点外，最重要的是期望这家企业在未来一定期间能给他们带来更多的收益。此外，投资者还要关注所投资公司的获利能力和经营情况，以确定是否对所投资的股票长期持有，在未来分得较多的红利。因此，需对上市公司的获利能力进行分析。

衡量上市公司获利能力的指标主要有每股收益、每股净资产、市盈率、股利支付率等指标。

1. 每股收益分析

每股收益是指每股发行在外的普通股所能分到的净收益额。即普通股股东每持有一份普通股所享有的净利润或承担的净亏损。每股收益分为基本每股收益与稀释每股收益。

（1）基本每股收益分析

基本每股收益是指归属于普通股股东的当期净利润扣除应发放的优先股利后的余额与发行在外的普通股加权平均数之比。其计算公式如下。

$$基本每股收益=\frac{净利润-优先股股利}{发行在外的普通股加权平均股数}$$

由于优先股股东对股利的受领权优先于普通股股东，因此在计算普通股股东所能享有的收益额时，应将优先股股利扣除。公式分母采用加权平均股数，是因为本期内发行在外的普通股股数只能在增加以后的这一段时期内产生权益，减少的普通股股数在减少以前的期间内仍产生收益，所以必须采用加权平均数，以正确反映本期内发行在外的股份份额。

（2）稀释每股收益

稀释每股收益是指当企业存在稀释性潜在普通股时，应当分别调整归属于普通股股东的当期净利润和发行在外的普通股加权平均数，并据以计算稀释每股收益。

所谓稀释性潜在普通股，是指假设当期转换为普通股会减少每股收益的潜在普通股，如可转换公司债券、认股权证和股份期权。稀释每股收益的计算公式如下。

$$\text{稀释每股收益}=\frac{\text{净利润}-\text{不可转换优先股股利}}{\text{发行在外的普通股股数}+\text{普通股股票同等权益}}$$

每股收益是衡量上市公司获利能力最常用的财务指标。它反映普通股的获利水平，也是衡量上市公司市场价值大小的重要指标。一般来说，每股收益越高，可用以分配给股东的每股红利也就越多，投资者从每股中取得的收益也就越多，股票价格就会随之上涨；反之，则相反。

每股收益作为评价上市公司获利能力的核心指标，其作用主要有以下几点。

① 每股收益反映了企业的能力，决定了股东的平均收益水平，每一股在本期获得的收益一目了然，便于股民选择投资哪个公司的股票。

② 每股收益是确定股票价值的获利主要参考指标。虽然股票价格受到市场资金供求、证券市场行情等多种因素的影响，但最终都要回归到企业的获利能力。只有真正效益好的企业才会被投资者长期使用。因此，每股收益作为企业获利状态的温度计，同时也决定了企业股价的高低。

③ 通过对某一企业连续若干期的每股收益的变动情况及趋势进行分析，可以帮助投资者了解企业投资报酬率在较长时期的变动规律，从而确定是否需要长期持有该公司股票。

④ 通过对同一行业不同企业间每股收益比较分析，能够帮助投资者确认自己关注的企业指标在同行业中的地位，从而在市场影响因素类似的情况下，对所有者投资企业的获利能力做出更客观的评价。

能力提升 6-22 远大股份有限公司2014年的净利润为9 000万元，年初发行在外的普通股为15 000万股，1月份发行了3 500万股可转换优先股，转换比率为1∶1，优先股固定股利为每股0.1元，7月1日增发普通股1 000万股。试计算该公司的基本每股收益与稀释每股收益。

基本每股收益 =(9 000 −3 500 ×0.1) ÷(15 000 +1 000 ×6 ÷12) =0.56(元/股)

稀释每股收益 =9 000 ÷(1 500 +1 000 ×6 ÷12 +3 500 ×1) =0.47(元/股)

2. 每股净资产分析

每股净资产是指企业期末归属于普通股的净资产（即股东权益）与年度末普通股股份总数的比值，也称为每股账面价值或每股权益。其计算公式如下。

$$\text{每股净资产}=\frac{\text{期末股东权益总额}-\text{优先股权益}}{\text{期末普通股股份总数}}$$

这一指标用来衡量企业每股股票所拥有的资产价值。企业每股净资产越高，股东所拥有的资产价值就越多；每股净资产越低，股东所拥有的资产价值就越少。

知识库

每股净资产分析

每股净资产显示了发行在外的每一普通股股份所能分配的公司账面净资产的价值。这里所说的账面净资产是指公司账面上的总资产减去负债后的余额，即股东权益总额。每股净资产指标反映了在会计期末每一股份在公司账面上到底值多少钱，如在公司性质相同、股票市价相近的条件下，某一公司股票的每股净资产越高，则公司发展潜力与其股票的投资价值越大，投资者所承担的投资风险越小。

每股净资产之所以要调整，是因为受现行会计制度谨慎性的限制，部分会计核算方式与国际惯例尚有一定的距离。根据国际通行会计准则，企业的支出有收益性支出和资本性支出之分。收益性支出的效益仅与本会计年度相关，资本性支出的效益则与几个会计年度相关。对每股净资产指标的调整，实际上是扣除了资产中的一些潜在费用或未来费用，无疑更加适应国际惯例，并结合我国企业的实际情况，为投资者提供了一个有价值的参考指标。

能力提升 6－23　戊公司为上市公司，2014 年末净资产为 5 000 000 元，发行在外的普通股股数为 1 000 000 股。试计算每股净资产。

每股净资产 = 5 000 000 ÷ 1 000 000 = 5(元)

3. 市盈率分析

市盈率反映普通股市场价格与当前每股收益之间的关系，即普通股每股市价相当于每股收益的倍数，反映的是投资者对于上市公司的每一元净利润所愿意支付的价格，可以用来判断企业股票与其他企业股票相比潜在的价值，衡量股票的投资报酬与风险。其计算公式如下。

$$市盈率=\frac{普通股每股市价}{普通股每股收益}$$

市盈率是衡量上市公司获利能力的重要指标。一般该指标越大，表明市场对企业的未来看好，愿意出较高的价格购买该公司股票，说明企业具有良好的发展前景，投资者预期能获得更好的回报；如果太高，则可能存在股价高估的风险。在市价确定的情况下，每股收益越高，市盈率越低，投资风险越小；反之，亦然。在每股收益确定的情况下，市价越高，市盈率越高，风险越大；反之，亦然。

影响股票市盈率的因素主要有以下 3 个。

(1) 上市公司能力的增长性

如果一个上市公司预期未来的获利能力将不断提高，则说明公司具有较好的成长性。虽然目前的市盈率较高，但是也是值得投资的。因为上市公司的市盈率会随公司获利能力的提高而不断下降。

(2) 投资者所获得报酬率的稳定性

如果上市公司经营效益良好且相对稳定，则投资者获取收益也较获利高且稳定，投资者就愿意持有该公司的股票，这样公司的市盈率会由于众多投资者普遍看好而提高。

(3) 利率水平的变动

当市场利率水平变化时，市盈率也应相应调整。在股票市场的实务操作中，利率与市盈率之间的关系可以用下式表示。

$$市盈率=\frac{1}{一年期银行存款利率}$$

4. 股利支付率分析

股利支付率是指普通股每股收益中股利所占的比重，反映公司的股利分配政策和支付股利的能力，即普通股股东从每股的全部获利中分到多少。其计算公式如下。

$$股利支付率 = \frac{普通股每股股利}{普通股每股收益} \times 100\%$$

公式中的每股股利是实际发放给普通股股东的股利总额与流通股股数的比值。股利支付率一方面反映了普通股股东的获利水平，股利支付率越高，反映普通股股东获得的收益越多；另一方面反映了企业的股利政策。企业往往综合考虑获利水平、成长性、未来的投资机会、股东的市场反应、货币政策等因素制定股利政策。股利支付率是综合权衡这些因素的结果，高低要根据企业对资金需要量的情况具体分析，没有一个固定的标准。

能力提升 6-24 某公司有关资料如表 6.30 所示。根据资料计算该公司的每股股利、基本每股收益、股利支付率，并进行简要分析。

表 6.30 某公司每股股利与股利支付率计算

元

项 目	2014 年	2013 年	2012 年
普通股股利总额	16 770	27 947	46 064
发行在外普通股数	226 081.081 1	226 081.081 1	225 392.405 1
普通股每股股利	0.074	0.124	0.178
基本每股收益	0.122	0.481	0.158
股利支付率/(%)	60.66	25.78	112.66

分析：公司 2012—2014 年普通股每股股利呈下降趋势，表明投资者获得的收益在逐年减少。进一步分析，公司普通股股数近 3 年无大变动，2013 年较 2012 年净利润（见表 6.29）大幅度增加，而每股股利却下降了，2014 年净利润进一步下降，每股股利随之减少，可以初步判断公司的每股股利除了受公司净利润的影响外，还受公司股利政策的影响。公司可能采用低股利政策，将净收益更多地留在企业投入再生产。对于长期投资者而言，这种现象不一定是不良信号，因为意味着企业将来可能有强劲的获利能力；而对于短期投资者而言，就需要关注了。

公司的股利支付率 2012 年高达 112.66%，表明 2012 年支付的股利超过了每股收益，公司动用了营运公积，2013 年下降到了 25.78%，下降的原因可能是公司在 2013 年进行了其他投资。2014 年股利支付率上升到了 60.66%，可以看出，公司股利支付率起伏较大，除了 2013 年外，2012 年和 2014 年的股利支付率都是比较高的，结合公司的资产负债表和现金流量表数据，可以判断公司 2013 年股利支付率降低是由于公司准备进行长期股权投资而储备资金所致（2014 年长期股权投资和投资支付的现金数额较大）。

任务完成

根据“任务布置”中 W 公司的资料计算获利能力指标，并得出分析结论。

1）计算 W 公司的获利能力指标，如表 6.31 所示。

表 6.31 W 公司获利能力指标计算

元

获利能力指标	2014 年	2013 年	指标计算公式
营业毛利率	(1 250 000 − 750 000) ÷ 1 250 000 = 40%	(1 000 000 − 700 000) ÷ 1 000 000 = 30%	毛利 ÷ 营业收入 × 100%
营业成本率	750 000 ÷ 1 250 000 = 60%	700 000 ÷ 1 000 000 = 70%	营业成本 ÷ 营业收入 × 100%
营业利润率	340 600 ÷ 1 250 000 = 27.25%	153 375 ÷ 1 000 000 = 15.34%	营业利润 ÷ 营业收入 × 100%

（续表）

获利能力指标	2014 年	2013 年	指标计算公式
营业净利率	278 401 ÷ 1 250 000 = 22.27%	126 281.25 ÷ 1 000 000 = 12.63%	净利润 ÷ 营业收入 × 100%
营业成本利润率	340 600 ÷ 750 000 = 45.41%	153 375 ÷ 700 000 = 21.91%	营业利润 ÷ 营业成本 × 100%
营业费用利润率	340 600 ÷ 958 400 = 35.54%	153 375 ÷ 885 625 = 17.32%	营业利润 ÷ 营业费用 × 100%
全部成本费用总利润率	370 900 ÷ (958 400 + 19 700) = 37.92%	168 375 ÷ (885 625 + 25 000) = 18.49%	利润总额 ÷ (营业费用 + 营业外支出) × 100%
全部成本费用净利润率	278 401 ÷ (958 400 + 19 700) = 28.46%	126 281.25 ÷ (885 625 + 25 000) = 13.87%	净利润 ÷ (营业费用 + 营业外支出) × 100%
净资产收益率	278 401 ÷ 5 270 863.125 = 5.28%	126 281.25 ÷ + 5 150 000/2 = 2.45%	净利润 ÷ 平均净资产 × 100%
资本金收益率	278 401 ÷ 5 000 000 = 5.57%	126 281.25 ÷ 5 000 000 = 2.53%	净利润 ÷ 平均实收资产 × 100%
总资产报酬率	(370 900 + 53 000) ÷ 8 147 239.50 = 5.20%	(168 375 + 50 000) ÷ 8 401 400 = 2.60%	息税前利润 ÷ 平均总资产 × 100%
总资产收益率	278 401 ÷ 8 147 239.5 = 3.42%	126 281.25 ÷ 8 401 400 = 1.50%	净利润 ÷ 平均总资产 × 100%
每股收益	278 401 ÷ 1 000 000 = 0.28	126 281.25 ÷ 1 000 000 = 0.13	净利润 ÷ 发行在外的普通股股数
每股净资产	5 391 726.25 ÷ 1 000 000 = 539.17	5 150 000 ÷ 1 000 000 = 515	年末净资产 ÷ 发行在外的普通股股数

注：营业费用 = 营业成本 + 营业税金及附加 + 销售费用 + 管理费用 + 财务费用 + 资产减值损失

全部成本费用 = 营业费用 + 营业外支出

2）根据 W 公司的获利能力指标计算结果进行能力综合分析评价。

W 公司 2014 年营业利润率为 27.25%，比 2013 年的 15.34% 上升 11.91%，说明企业营业收入创造的营业利润有所提高。这主要是由于公司营业收入增加的比营业成本和期间费用增加的幅度大。说明公司成本费用控制得较好，带来了营业利润的提高。2014 年营业净利率为 22.27%，比 2013 年的 12.63% 上升了 9.64%，说明公司经营获利能力很强。

总资产收益率 2014 年为 3.42%，比 2013 年的 1.50% 上升了 1.92%，说明该公司 2014 年较 2013 年运用资产产生营业收入的能力有所提高。总资产报酬率 2014 年为 5.20%，2013 年为 2.60%，主要原因是公司 2014 年的利润总额较 2013 年大幅度增长带来的利好影响。

2014 年的净资产收益率为 5.28%，较 2013 年的 2.45% 增长了 2.83%，说明公司利用股东投入资本创造收益的能力增强，资本利用效果好。该指标是反映公司获利能力的核心指标。指标值升高，说明公司获利能力增强。

总体而言，通过上述获利能力指标分析，说明该公司 2014 年总体获利水平较 2013 年有所增强，各项指标应结合公司所在行业情况进行分析。

技能训练

企业资料：T 公司有关财务数据如表 6.32 所示。根据 T 公司 2013、2014 年度的资产负债表、利润表及其附表资料给出以下数据。

表 6.32 数据资料

千元

项 目	2013 年度	2014 年度
平均总资产	9 638	15 231
平均净资产	8 561	11 458
利息支出	146	189
利润总额	821	1 689
所得税率	33	30

任务要求：

完成表 6.33，并运用连环替代法计算各因素变动对资本经营能力的影响程度。

任务完成：

表 6.33 资本经营能力分析

项 目	2013 年	2014 年
总资产报酬率/(%)	10.03	12.33
负债利息率/(%)	13.56	5.01
负债/净资产	0.125 8	0.329 3
净利润/千元	550	1 182
净资产收益率/(%)	6.42	10.32

分析对象：10.32% − 6.42% = 3.90%

2013 年：[10.03% + (10.03 − 13.56%) × 0.1258] × (1 − 33%) = 6.42%

第 1 次替代：[12.33% + (12.33 − 13.56%) × 0.1258] × (1 − 33%) = 8.16%

第 2 次替代：[12.33% + (12.33 − 5.01%) × 0.1258] × (1 − 33%) = 8.88%

第 3 次替代：[12.33% + (12.33 − 5.01%) × 0.3293] × (1 − 33%) = 9.88%

2014 年：[12.33% + (12.33 − 5.01%) × 0.3293] × (1 − 30%) = 10.32%

总资产报酬率变动的影响为：8.16% − 6.42% = 1.74%

负债利息率变动的影响为：8.88% − 8.16% = 0.72%

资本结构变动的影响为：9.88% − 8.88% = 1%

税率变动的影响为：10.32% − 9.88% = 0.44%

任务 6.3 企业营运能力分析

任务布置

企业资料：仍以任务 6.1 中 W 公司的数据资料为例。

要求：对公司的营运能力指标进行分析评价。

知识要点

6.3.1 营运能力的影响因素

资产周转率指标不仅综合了各项资产的运行效率和管理效果,而且对投资报酬率有着重要影响。当销售利润率一定时,投资报酬率的高低直接取决于资产周转率的快慢。因此,分析资产运用效率,首先应弄清影响资产周转率的因素,以便更客观地评价资产运用效率,并有针对性地改善资产运用效率,加速资产周转。

一般而言,影响资产周转率的因素包括企业所处行业及其经营背景、企业经营周期的长短、企业资产的构成及质量、资产的管理力度,以及企业所采用的财务政策等。

(1) 企业所处的行业及其经营背景

不同行业有着不同的资产占用,如制造业可能需要占用大量的原材料、在产品、产成品、机器、设备、厂房等,其资产占用量越大,资产周转相对越慢;而服务业,尤其是劳动密集型或知识型的服务业,企业除了人力资源,几乎少有其他资产。按照当前的会计制度,人力资源未做资产处理,因此,这类行业的总资产占用非常少,其资产周转相对就较快。企业的经营背景不同,其资产周转也会呈现不同趋势。越落后的、传统的经营和管理,其资产周转可能越慢;相反,在现代化经营和管理背景下,各种先进技术手段和理念的运用可有效地提高资产运用效率,加速资产周转。

(2) 企业经营周期

所谓经营周期,也称为营业周期,是指从取得存货开始到销售存货并收回现金为止的时期。如上所述,营业周期的长短可以通过应收账款周转天数和存货周转天数反映出来,因此,可由应收账款周转天数和存货周转天数之和简化计算营业周期。营业周期长短对企业资产周转率也有重要影响。营业周期越短,资产的流动性相对越强,在同样时期内实现的销售次数越多,销售收入的积累额相对越大,资产周转相对越快;反之,亦反。

(3) 企业资产的构成及质量

资产按照变现和流动性,可分为流动资产和非流动资产。流动资产是指在 1 年或超过 1 年的一个营业周期内变现或耗用的资产。非流动资产是指在超过 1 年的或超过一个营业周期内变现或耗用的资产。当企业的非流动资产占用过多或出现问题资产、资产质量不高时,就会导致资金积压,资产流动性低下,以致营运资本不足;另一方面,流动资产的数量和质量通常决定着企业变现能力的强弱,而非流动资产的数量和质量则通常决定着企业的生产经营能力。非流动资产只有伴随着产品的销售才能形成销售收入。在资产总量一定的情况下,非流动资产所占的比重越大,企业所实现的周转价值越小,资产的周转速度也就越慢;反之,则越快。

(4) 资产的管理力度和企业采用的财务政策

资产管理力度不同,会有较大的资产构成和资产质量差异。如上所述,它会导致很不相同的资产周转率。资产管理力度越大，拥有越合理的资产结构和越优越的资产质量，资产周转速度越快；反之，则越慢。企业所采用的财务政策决定着企业资产的账面占用总额，如折旧政策决定固定资产的账面净值，信用政策决定应收账款的占用量等，因此，它自然也会影响资产周转率。当企业的其他资产不变时，采用快速折旧政策可减少固定资产账面净额，从而提高资产周转率。信用政策的影响则是，越是宽松的信用政策，导致应收账款的占用越多，尤其是当它对销售的促进作用减弱时，资产的周转速度就越慢。

总之，资产周转率受诸多因素的影响。对这些因素的分析和了解，一方面告知不同行业、不同经营性质和经营背景的企业，其资产周转率不能比较，或者说比较的意义很小。即使在同行业、同类型企业之间进行比较，也应注意它们在资产构成、财务政策等方面是否存在差异。如果有差异，则应将其影响剔除后方能得到较客观的比较结论。另一方面，加大资产的管理力度、合理安排资产结构、提高资产的质量、选择有利的财务政策，可以提高资产管理效率、加速资产周转。

知识库

认知营运能力分析的内容

营运能力是指企业基于外部市场环境的约束，通过内部人力资源和生产资料的配置组合而对财务目标所产生作用的大小。

企业的营运过程，实质上是资产的转换过程。由于流动资产和固定资产的性质和特点不同，决定了它们在这一过程中的作用也不同。企业经营成果的取得主要依靠流动资产的形态转换。尽管固定资产的整体实物形态都处在企业营运过程之中，但从价值形态上讲，只有相当于折旧的那部分资金参与了企业当期的营运，它的价值实现（或者说是价值回收）要依赖于流动资产的价值实现。一旦流动资产的价值实现或者说形态转换出现问题，不仅固定资产的价值不能实现，企业所有的经营活动都会受到影响，因此可以说，流动资产营运能力分析是企业营运能力分析最重要的组成部分。对企业流动资产营运能力进行分析主要是对企业应收账款的营运能力、存货的营运能力及流动资产的综合营运能力进行分析。

企业拥有或控制的生产资料表现为对各项资产的占用。因此，生产资料的运营能力实际上就是企业的总资产及其各个组成要素的运营能力。资产运营能力的强弱取决于资产的周转速度、运行状况、管理水平等多种因素。例如，一般来说，周转速度越快，资产的使用效率越高，则资产运营能力就越强；反之，运营能力就越弱。资产周转速度通常用周转率和周转天数（周转期）来表示。所谓周转率，就是企业在一定时期内资产的周转额与平均资产余额的比率。它反映企业资产在一定时期的周转次数。周转次数越多，表明周转速度就越快。这一指标的反指标是周转天数。它是周转率的倒数与计算期天数的乘积，反映资产周转一次所需要的时间。周转的天数越少，表明周转的速度越快，资产运营能力越强。两者的计算公式如下。

$$\text{周转率（周转次数）}=\frac{\text{周转额}}{\text{资产平均余额}}$$

$$\text{资产平均余额}=(\text{期初资产余额}+\text{期末资产余额})\div 2$$

$$\text{资产周转天数}=\frac{\text{计算期天数}}{\text{资产周转率}}$$

6.3.2 流动资产营运能力指标计算与分析

1. 应收账款营运能力分析

应收账款是指企业因销售商品、提供劳务等经营活动应收取的款项，而不是单指会计核算上的应收账款科目，一般应包括应收账款和应收票据。

企业通过应收账款为顾客提供资金上的便利，从而扩大企业的销售规模，提高企业产品的市场占有率。应收账款在流动资产中占有举足轻重的地位。及时收回应收账款，不仅能增强企业的偿债能力，也反映出企业管理应收账款的效率，有利于对企业现有信用政策进行评价并加以完善，同时还可以指示企业是否存在利用应收账款操纵利润的行为。

反映应收账款周转速度的指标主要有 2 个：一是应收账款周转率，也称为应收账款周转次数，是指一段时间内企业从产生应收账款到收回货币资金的周转次数；二是应收账款周转天数，是指企业从取得应收账款到收回款项所需要的时间，也称为平均收现期。应收账款周转率的计算公式如下。

$$应收账款周转率=\frac{赊销收入净额}{应收账款平均余额}$$

一般地说，应收账款周转率越高，说明年度内应收账款转化为现金的平均次数越多，平均收现期越短；同时，说明资产流动性强，短期偿债能力强。否则，过多的营运资金被应收账款占用会影响企业资金正常周转，机会成本、坏账损失和收账费用也会增加。此外，通过应收账款账龄指标与原定的赊销期限进行对比，还可以评价购买单位的信用程度，以及企业原定的信用条件是否恰当。

反映应收账款周转速度的另一个指标是应收账款周转天数，也称为应收账款账龄或应收账款平均收账期。其计算公式如下。

$$应收账款周转天数=\frac{计算期天数}{应收账款周转率}$$

式中，计算期天数取决于实际计算期的长短，通常为 1 年，按 360 天计算。

知识库

计算应收账款周转率时应注意的问题

1. 销售收入的赊销比例问题

从理论上说，应收账款是由赊销引起的，计算时应用赊销额取代销售收入。外部分析人无法取得赊销数据，只好直接使用销售收收入计算。

2. 应收账款年末余额的可靠性问题

应收账款是特定时点的存量，容易受季节性、偶然性和人为因素的影响。在应收账款周转率用于业绩评价时，最好使用多个时点的平均数，以减少这些因素的影响。

3. 应收账款的减值准备问题

统一财务报表上列示的应收账款是已经提取减值准备后的净额，而销售收入并没有相应减少。其结果是，提取的减值准备越多，应收账款周转天数越少。这种周转天数的减少不是好的业绩，反而说明应收账款管理欠佳。

如果减值准备的数额较大，就应进行调整，使用未提取坏账准备的应收账款计算周转天数。报表附注中应披露应收账款减值的信息，可作为调整的依据。

4. 应收票据是否计入应收账款周转率

大部分应收票据是由销售形成的。它只不过是应收账款的另一种形式，应将其纳入应收账款周转天数的计算，称为应收账款及应收票据周转天数。

5. 应收账款周转天数是否越少越好

应收账款是由赊销引起的。如果赊销有可能比现金销售更有利，周转天数就不会越少越好。收现时间的长短与企业的信用政策有关。

例如，甲企业的应收账款周转天数是 18 天，信用期是 20 天；乙企业的应收账款周转天数是 15 天，信用期是 10 天。前者的收款业绩优于后者，尽管其周转天数较多。改变信用政策，通常会引起企业应收账款周转天数的变化。

6. 应收账款分析应与销售额分析、现金分析联系起来

应收账款的起点是销售，终点是现金。正常的情况是销售增加引起应收账款增加，现金的存量和经营现金流量也会随之增加。

能力提升 6-25 CJ 机床厂年度资产负债表与利润表有关资料分别如表 6.34 和表 6.35 所示。根据资料计算 CJ 机床厂 2013 年度和 2014 年度的应收账款周转率与应收账款周转天数（见表 6.36），并进行分析评价。

表 6.34 CJ 机床厂 2012—2014 年资产负债表资料 元

报告期	2014 年	2013 年	2012 年
流动资产			
货币资金	31 001 508	5 859 128	6 019 221
应收账款净额	30 563 647	22 171 670	29 017 890
存货净额	33 343 224	21 311 019	20 519 019
流动资产合计	104 589 768	60 169 600	58 169 320
固定资产净值	37 695 030	22 467 853	23 412 632
资产总计	160 895 115	85 937 123	89 967 350

表 6.35 CJ 机床厂 2013—2014 年利润表有关资料 元

报告期	2014 年	2013 年
营业收入	195 756 919	154 521 866
销售折扣与折让	0	0
主营业务收入净额	195 756 919	154 521 866
营业成本	158 306 191	125 234 737

表 6.36 CJ 机床厂应收账款营运能力分析 元

报告期	2013 年	2014 年
主营业务收入净额①	154 521 866	195 756 919

（续表）

报告期	2013 年	2014 年
应收账款平均余额②	25 594 780	26 367 658
应收账款周转次数③ = ①/②	6.04 次	7.42 次
应收账款周转天数④ = 360/③	59.6 天	48.52 天

分析：CJ 机床厂应收账款周转次数 2014 年比 2013 年有所提高，周转天数有所减少，说明企业在应收账款管理效率上有所提高，但变动不是特别大，则说明企业对应收账款的管理比较稳定。

2. 存货营运能力分析

存货是指企业在日常生产经营过程中持有以备出售的产成品或商品，为了出售仍然处在生产过程中的在产品，在生产过程或提供劳务过程中耗用的材料、物料等。存货在企业流动资产中占有非常重要的地位。

存货的存在可以防止企业停工待料导致的损失。当市场需求突然增加时，存货的存在能够使企业适应市场变化；当供应方给予商业折扣时，大批进货会降低企业的进货成本，但同时存货的增加必然要占用更多的资金，将使企业付出更多的存货持有成本（或称为机会成本），而且存货的储存成本与管理费用也会增加，从而影响企业的获利能力。因此，企业对存货进行管理时，应该在保证企业不缺货的情况下，加快存货的周转速度。

反映企业存货营运能力的指标主要有 2 个：存货周转率和存货周转天数。存货周转率是衡量和评价企业购入存货、投入生产、销售收回等各环节管理状况和运营效率的综合性指标。它是企业一定时期的营业成本与存货平均余额的比值。其计算公式如下。

$$存货周转率 = \frac{营业成本}{存货平均余额}$$

式中，平均存货余额 =（期初存货 + 期末存货）÷2

一般地说，存货周转率越高，存货周转速度越快，存货占用水平越低，流动性越强，存货转换为应收账款或现金的速度越快。提高存货周转率可以提高企业的变现能力，而存货周转速度越慢，则变现能力越差。企业要扩大产品销售数量，增强销售能力，就必须在原材料购进、生产过程中的投入、产品的销售、现金的收回等方面做到协调和衔接。因此，存货周转率不仅可以反映企业的销售能力，而且还能用以衡量企业生产经营中的各方面运用和管理存货的工作水平。

此外，存货周转率还可以衡量存货的存储是否适当，是否能保证生产不间断进行和产品有秩序销售。存货既不能存储过少，造成生产中断或销售紧张，又不能储存过多形成呆滞、积压。同时，存货周转率也反映存货结构合理与否与质量合格与否状况。因为只有结构合理，才能保证生产和销售正常顺利进行；只有质量合格，才能有效流动，从而达到获利目的。

当企业存货周转率偏低时，可能是由于这些原因引起的：经营不善，产品滞销；预测存货升值而故意囤积居奇，以等待时机获取更多的利润；企业销售政策发生变化。当企业存货周转率较高时，也要一分为二地进行分析。一方面，企业确实对存货管理得很好，通过缩短存货的生产周期及加快存货的销售，提高存货的变现速度；另一方面，指标过高可能意味着企业存货不足，产品脱销，也可能反映企业生产规模太小，达不到规模效应对存货的数量要求。因此，信息使用者在分析企业的存货周转率时，应结合企业的行业背景、企业的销售政策及企业的生产规模等进行分析。同时，一个适度的存货周转速度也应该参考企业的历史水平和同行业的平均水平。

存货周转指标另一种表示方式是存货周转天数。所谓存货周转天数,是指企业的存货周转一次需要的天数。该指标反映企业存货的变现速度。其计算公式如下。

$$存货周转天数 = \frac{计算期天数}{存货周转次数}$$

式中,计算期天数取决于实际计算期的长短,通常为 1 年,按 360 天计算。

营业周期是指从取得存货开始到销售存货并收回现金为止的这段时间。其计算公式如下。

$$营业周期 = 存货周转天数 + 应收账款周转天数$$

营业周期越短,说明资金周转速度越快;营业周期越长,说明资金周转速度越慢。

知识库

运用存货周转率进行分析时应注意的问题

① 计算存货周转率时,使用销售收入还是销售成本作为周转额,看分析的目的。如果分析的目的是判断短期偿债能力,应采用销售收入;如果分析的目的是评估存货管理业绩,应当使用销售成本。

② 存货周转率也是一个与变现能力有关的指标。存货能否变现及变现速度直接影响企业短期偿债能力的高低。存货周转率不是越低越好。例如,减少存货量,可以缩短周转天数,但可能会对正常的经营活动带来不利影响。

③ 应注意应付款项、存货和应收账款(或销售)之间的关系。

④ 由于对存货的计价处理存在着不同的会计方法,因此与其他企业进行比较时,应考虑到会计处理方法不同而产生的影响。

⑤ 应关注构成存货的产成品、自制半成品、原材料、在产品和低值易耗品之间的比例关系。正常情况下,各类存货之间存在某种比例关系。如果某一类的比重发生明显的大幅度变化,可能就暗示存在某种问题。例如,产成品大量增加,其他项目减少,很可能销售不畅,放慢了生产节奏,此时,总的存货余额可能并没有显著变化,甚至尚未引起存货周转率显著变化。

⑥ 存货周转率分析的目的是从不同的角度和环节上找出存货管理中的问题。通过对存货的结构及影响存货周转速度的重要项目进行分析,力求改进管理,使存货管理在保证经营连续性的同时,尽可能少地占用经营资金,提高资金的使用效率,促进整个企业管理水平的提高。

能力提升 6-26 CJ 机床厂年度资产负债表与利润表有关资料分别如表 6.34 和表 6.35 所示。据以计算 CJ 机床厂 2013 年度和 2014 年度的存货周转率与存货周转天数(见表 6.37),并进行分析评价。

表 6.37 CJ 机床厂存货营运能力分析

元

报告期	2013 年	2014 年
营业成本①	158 306 191	125 234 737
存货平均余额②	27 327 121.50	20 915 019
存货周转次数③ = ①/②	5.79 次	5.99 次
存货周转天数④ = 360/③	62.18 天	60.10 天

分析:企业 2014 年的存货周转率有所延缓,存货周转次数由 5.99 次降低为 5.79 次,周转

天数由 60.10 天提高到了 62.18 天，表明企业存货管理上的效率有所降低，可结合存货所包括的具体内容分析。

3. 流动资产营运能力分析

流动资产营运能力的大小主要体现为流动资产的周转速度，可以分别以流动资产周转率、流动资产周转期来表示。流动资产周转率（次数）是指企业一定时期内营业收入同平均流动资产总额的比率，即企业流动资产在一定时期内（通常为一年）周转的次数。它是评价企业资产利用率的一个重要指标。其计算公式如下。

$$流动资产周转率（次数）=\frac{营业收入}{平均流动资产}$$

式中，平均流动资产 =（期初流动资产 + 期末流动资产）÷2

流动资产周转速度也可以用流动资产周转天数来反映。它表示流动资产周转一次需要的时间，因而更能直观地说明企业流动资产的周转速度。其计算公式如下。

$$流动资产周转期（天数）=\frac{计算期天数}{流动资产周转率}$$

式中，计算期天数取决于实际计算期的长短，通常为 1 年，按 360 天计算。

流动资产周转率反映企业流动资产的周转速度，是从企业全部资产中流动性最强的流动资产角度对企业资产的利用效率进行分析，以进一步揭示影响企业资产质量的主要因素。要实现该指标的良性变动，应以主营业务收入的增幅高于流动资产的增幅做保证。

通过该指标的对比分析，可以促使企业加强内部管理，充分有效地利用流动资产，如降低成本，调动暂时闲置的货币资金用于短期投资创造收益等，还可以促进企业采取措施扩大销售，提高流动资产的综合使用效率。生产经营任何一个环节的工作得到改善，都会反映到周转天数的缩短上来。

按天数表示的流动资产周转率更能直接地反映生产经营状况的改善，便于比较不同时期的流动资产周转率，所以应用较为普遍。一般情况下，该指标越高，表明企业流动资产周转速度越快，利用越好。在较快的周转速度下，流动资产会相对节约，相当于流动资产投入的增加，在一定程度上增强了企业的获利能力；而周转速度慢，则需要补充流动资金来参加周转，会形成资金浪费，降低企业获利能力。

能力提升 6－27 CJ 机床厂年度资产负债表与利润表有关资料分别如表 6.34 和表 6.35 所示。据以计算 CJ 机床厂 2013 年度和 2014 年度的流动资产周转率与流动资产周转天数（见表 6.38），并进行分析评价。

表 6.38 CJ 机床厂流动资产营运能力分析

元

报告期	2013 年	2014 年
营业收入净额①	154 521 866	195 756 919
流动资产平均余额②	59 169 460	82 379 684
流动资产周转次数③ =①/②	2.61	2.38
流动资产周转天数④ =360/③	137.93	151.26

分析：企业流动资产周转次数 2014 年比 2013 年有所减少，周转天数有所增加，说明企业流

动资产管理效率有待改进。这主要是由于货币资金的周转速度和存货的周转速度变慢所致。此外,分析流动资产周转速度的快慢还要结合同行业其他企业的流动资产周转速度分析,并结合营利能力指标使用,全面评价企业的盈利能力。

6.3.3 固定资产营运能力指标计算与分析

1. 固定资产周转率分析

固定资产营运能力一般通过固定资产周转率来反映。固定资产周转率反映了固定资产的周转状况。固定资产周转速度也有 2 种表示方式:一是固定资产周转次数;二是固定资产周转天数。固定资产周转率是指企业的主营业务收入净额与固定资产平均占用额的比率,即企业一定时期(通常是 1 年)内固定资产的周转次数。该比率反映固定资产的周转情况,衡量企业利用固定资产获得销售收入的相对效率的一项指标。其计算公式如下。

$$固定资产周转率(次数)=\frac{营业收入}{平均固定资产净额}$$

式中,平均固定资产净额 =(期初固定资产净额 + 期末固定资产净额)÷2

2. 固定资产周转天数

固定资产周转天数是一定时期内计算期天数与固定资产周转率的比值。其计算公式如下。

$$固定资产周转天数=\frac{计算期天数}{固定资产周转率}$$

在计算固定资产周转率时,对外进行比较一般用固定资产原值,以解决由于选用折旧方法的不同而带来指标不可比的问题。企业自身前后期的比较可选用固定资产净值计算。

固定资产周转率与周转天数都是反映固定资产利用效率的指标。固定资产周转率越高,周转天数越少,表明单位固定资产创造的营业收入越多,固定资产的利用效率越高。同时也表明企业固定资产投资规模适当,结构合理,能够充分发挥效率。反之,则表明固定资产使用效率不高,提供的生产成果不多,营运能力不强。由于固定资产不同于流动资产,其投资是一次投入,多次收回。因此,固定资产的周转速度会明显慢于流动资产。

能力提升 6-28 CJ 机床厂年度资产负债表与利润表有关资料分别如表 6.34 和表 6.35 所示。据以计算 CJ 机床厂 2013 年度和 2014 年度的固定资产周转率与固定资产周转天数(见表 6.39),并进行分析评价。

表 6.39 CJ 机床厂固定资产营运能力分析

元

报告期	2013 年	2014 年
营业收入净额①	154 521 866	195 756 919
固定资产平均余额②	22 940 242.50	30 081 441.50
固定资产周转次数③ =①/②	6.74	6.51
固定资产周转天数④ =360/③	53.41	56

分析:企业这 2 年的固定资产周转率均有所提高。虽然 2014 年比 2013 年稍有下降,但固定资产营运能力仍然较强,固定资产的创收能力强劲。

6.3.4 总资产营运能力指标计算与分析

总资产周转率的表示方式有 2 种：一种是总资产周转率（总资产周转次数）；另一种是以时间形式表示的总资产周转天数。

1. 总资产周转率

总资产周转率的计算公式如下。

$$总资产周转率(次数)=\frac{营业收入}{总资产平均余额}$$

式中，总资产平均余额 =（期初总资产余额 + 期末总资产余额）÷ 2。

2. 总资产周转天数

总资产周转天数的计算公式如下。

$$总资产周转天数=\frac{计算期天数}{总资产周转率}$$

式中，计算期天数应与总资产周转率的营业收入的时期相对应。如果营业收入是年收入，那么，计算期天数就是 360 天；如果营业收入是半年收入，那么，计算期天数就是 180 天，以此类推。

总资产周转率是考察企业资产运营效率的一项重要指标，体现了企业经营期间全部资产从投入到产出的流转速度，反映了企业全部资产的管理质量和利用效率。该指标常与本企业历史数据比较，或者与同行业数据比较。通过该指标的对比分析，可以反映企业本年度及以前年度总资产的运营效率和变化，发现企业与同类企业在资产利用上的差距，促进企业挖掘潜力、积极创收、提高产品市场占有率、提高资产利用效率。

一般情况下，该数值越高，表明企业总资产周转的次数越多，周转速度越快，企业的销售能力越强，资产利用效率越高。总资产周转天数反映企业总资产从投入到产出所需要的天数。需要的时间越短，说明企业资产运营效率越强；反之，亦然。

能力提升 6-29 CJ 机床厂年度资产负债表与利润表有关资料分别如表 6.34 和表 6.35 所示。据以计算 CJ 机床厂 2013 年度和 2014 年度的总资产周转率（见表 6.40），并进行分析评价。

表 6.40 CJ 机床厂固定资产营运能力分析　　元

报告期	2013 年	2014 年
营业收入净额①	154 521 866	195 756 919
总资产平均余额②	87 952 236.50	123 416 119
总资产周转次数③ = ①/②	1.76	1.59

分析：企业总资产周转率 2014 年比 2013 年有所减少，说明企业 2013 年在总资产管理上效率欠佳，主要是货币资金和存货占总资产的比重很大，分别是 19.27% 和 20.72%，且这两项流动资产的周转速度变慢，使得整个企业的资产周转速度变慢，虽然幅度不大，但应引起注意。

任务完成

根据“任务布置”中W公司的有关资料完成公司营运能力分析指标计算表,并对公司的营运能力进行评价。

1)根据W公司资产负债表和利润表资料整理数据,如表6.41所示。

表6.41 W公司营运能力计算数据资料

元

项　目	2014年	2013年	平均值
应收账款	598 200	299 100	448 650
存货	2 587 300	2 580 000	2 583 650
流动资产合计	4 106 609	4 751 400	4 429 004.5
固定资产	2 186 470	1 100 000	1 643 235
资产合计	7 893 079	8 401 400	8 147 239.5
营业收入	1 250 000	1 000 000	
营业成本	750 000	700 000	

2)根据W公司的数据计算公司营运能力指标(见表6.42),并查找公司所在行业营运能力指标数值。

表6.42 W公司营运能力指标计算

获利能力指标	2014年	指标计算公式	行业指标值
应收账款周转率	1 250 000÷448 650=2.79	营业收入÷平均应收账款	4.43
应收账款周转天数	360÷2.79=129.21	360÷应收账款周转率	
存货周转率	750 000÷2 583 650=0.29	营业成本÷平均存货	3.10
存货周转天数	360÷0.29=1 241.38	360÷存货周转率	
流动资产周转率	1 250 000÷4 429 004.5=0.28	营业收入÷平均流动资产	1.57
流动资产周转天数	360÷0.28=1 285.71	360÷流动资产周转率	
固定资产周转率	1 250 000÷1 643 235=0.76	营业收入÷平均固定资产	0.89
固定资产周转天数	360÷0.76=473.68	360÷固定资产周转率	
总资产周转率	1 250 000÷8 147 239.5=0.15	营业收入÷平均总资产	0.66
总资产周转天数	360÷0.15=2 400	360÷总资产周转率	

3)根据W公司的营运能力指标计算结果进行能力综合分析评价。

W公司2014年应收账款周转率为2.79、存货周转率为0.29、流动资产周转率为0.28、固定资产周转率为0.76、总资产周转率为0.15;相应指标的行业值分别为4.43、3.10、1.57、0.89和0.66。可见,W公司所有的资产营运能力指标均低于行业平均指标值;除应收账款周转情况稍好一些外,其他数据与行业平均数值相差均较大,特别是存货周转率过低。公司应分析存货积压的原因,想办法打开销路。通过销售降低存货、增加收入,从而提高各项资产的利用效率。

总体而言,通过上述营运能力指标分析,说明该公司2014年资产利用效果较差,流动资产获利能力较差。由于存货的占用资金数额较大,导致总资产占用数额过剩,造成总资产周转率低于同行业平均水平,使得总资产的利用效率偏低,总资产周转速度放慢。

知识库

企业发展能力分析

企业发展能力是指企业未来年度的发展前景及潜力，是企业实现获利的持续程度及价值增长的可能性。发展能力是企业在生存的基础上扩大规模、壮大实力的潜在能力。企业的规模和实力，是企业价值的核心内容，表明企业未来潜在的获利能力。然而，企业的发展在于可持续性，需要不断地注入新的血液。企业的资本实力和潜在获利能力，是衡量和评价企业持续稳定发展的实质内容，它们的增长为企业的生存和发展注入了新的能量。

增长率是企业会计报表上某项目本期的增加额与上期(或上期末)数额的比率。其通用计算公式如下。

$$某项目增长率=\frac{某项目增长额}{某项目上期(或上期期末)数额}$$

$$=\frac{某项目本期(或本期期末)数额-某项目上期(或上期期末)数额}{某项目上期(或上期期末)数额}$$

企业就是通过某些能够反映企业增长情况的分析指标来评价企业的发展潜力。这可以通过计算销售(营业)增长率、总资产增长率、资本保值增值率、资本积累率、净收益增长率和营业利润增长率来进行。

反映企业发展能力的指标如下。

1. 销售(营业)增长率

销售(营业)的增长是企业获利的源泉。一个企业只有保持营业收入的稳定增长，才能不断地增加收入，提高获利能力。获利能力的提高，利润的增加，才能为占领市场、开发新产品、进行技术改造扩大资金来源，才能促进企业进一步发展。因此，销售(营业)增长指标是评价企业发展状况和发展能力的重要指标。

销售(营业)增长率是指企业本年营业收入增长额同上年营业收入总额的比率，反映本年营业收入的增减变动情况，反映企业在销售方面的增长能力，是评价企业发展状况和发展能力的重要依据。其计算公式如下。

销售(营业)增长率 = 本期销售(营业)收入增长额/上期销售(营业)收入总额 ×100%

式中，本期销售(营业)增长额 = 本期销售(营业)收入 - 上期销售(营业)收入

该指标若大于0，表示企业本年销售(营业)收入有所增长，指标值越高越好，表明增长速度越快，企业市场前景越好；该指标若小于0，表示企业产品不适销对路、质次价廉、市场份额萎缩。

销售(营业)增长率是衡量企业经营状况和市场占有能力、预测企业经营业务拓展趋势的重要标志。不断增加的营业收入是企业生存的基础和发展的条件。该指标在实际操作时，应结合企业历年来的销售水平、企业市场占有情况、行业未来发展及其他影响企业发展的潜在因素进行前瞻性预测或结合企业前3年的销售(营业)增长率做出趋势性分析判断。

2. 总资产增长率

资产是企业生产经营活动的物质条件，是企业用以取得收入的经济资源，也是企业偿还债务的保障。企业的资产规模与经营规模是相适应的，资产规模的扩大表明企业兴旺发达。通常情况下，发展能力强的企业都能保证资产的稳定增长，因此，资产的增长可以表明企业的发展状况和发展能力，也是实现企业价值的重要手段。

总资产增长率是指企业本年总资产增长额同年初资产总额的比率。该指标可以衡量企业本期资产规模的增长情况,从资产总量扩张方面衡量企业的发展能力。其计算公式如下。

$$总资产增长率=本期总资产增长额/上期资产总额\times100\%$$

式中,本期总资产增长额=资产总额年末数-资产总额年初数

该指标若大于0,表示企业本年总资产有所增长,指标值越高越好,表明增长速度越快,企业越有发展潜力;该指标若小于0,表示企业发展速度下降,发展能力减弱。

3. 资本保值增值率

资本保值增值率是企业扣除客观因素后的本年末所有者权益总额与年初所有者权益总额的比率,反映企业当年资本在企业自身努力下实际增减变动的情况。其计算公式如下。

$$资本保值增值率=扣除客观因素后的本年末所有者权益总额/年初所有者权益总额\times100\%$$

一般认为,资本保值增值率越高,表明企业的资本保全状况越好,所有者权益增长越快,债权人的债务越有保障。该指标通常应大于100%。

4. 资本积累率

资本积累率是指企业本年所有者权益增长额同年初所有者权益的比率。其计算公式如下。

$$资本积累率=\frac{本年所有者权益增长额}{年初所有者权益}\times100\%$$

式中,本年所有者权益增长额=所有者权益年末数-所有者权益年初数

资本积累率是企业当年所有者权益总的增长率,反映了企业所有者权益在当年的变化水平。资本积累率反映了投资者投入企业资本的保全性,是评价企业发展能力的重要指标,体现了企业的资本积累情况。该指标越高,表明企业资本保全性越强,其应付风险、持续发展能力也越大。该指标如为负数,则表明企业的资本受到侵蚀,所有者权益受到损害。从财务报表上看,资本积累主要来源于企业实现净利润的留存和股东追加的投资。然而前者更能表现资本积累的本质,表现出良好的企业发展能力和发展后劲。

5. 净收益增长率

留存收益是盈余公积和未分配利润的总和。净收益增长率是企业当年留存收益增长额与年初净资产的比率。其中,当年留存收益是指在年初净资产增长的基础上,留在企业用于企业发展并形成净资产的收益。留存收益包括盈余公积和未分配利润。其计算公式如下。

$$净收益增长率=\frac{当年留存收益的增长额}{年初净资产}\times100\%$$

式中,当年留存收益的增长额=年末留存收益-年初留存收益

该企业的净收益增长率大于0,表明企业资本保全性强,其应付风险、持续发展能力也越强,表现出良好的企业发展能力和发展后劲。

6. 营业利润增长率

营业利润增长率是企业本年营业利润增长额与上年营业利润总额的比率,反映企业营业利润的增减变动情况。其计算公式如下。

营业利润增长率 = 本年营业利润增长额/上年营业利润总额 ×100%

式中，本年营业利润增长额 = 本年营业利润总额 − 上年营业利润总额

技能训练

企业资料：LT 公司 2012—2014 年财务数据如表 6.43 所示。

表 6.43 LT 公司财务数据资料

元

项 目	2012 年度	2013 年度	2014 年度
营业收入	158 368 819 533	176 168 000 000	215 519 000 000
总资产年初余额	347 037 473 964	419 232 296 909	443 466 000 000
总资产年末余额	419 232 296 909	443 466 000 000	458 524 000 000

任务要求：

（1）计算公司的总资产周转率与总资产周转天数。

（2）对公司的总资产营运能力进行分析评价。

任务完成：

1）计算 LT 公司 2013 年与 2014 年的总资产周转率。

2013 年：

总资产平均余额 =（347 037 473 964 + 419 232 296 909）÷ 2 = 431 349 275 308（元）

总资产周转率 = 176 168 000 000 ÷ 431 349 275 308 = 0.408 4（次）

总资产周转天数 = 360 ÷ 0.408 4 = 881.49（天）

2014 年：

总资产平均余额 =（443 466 000 000 + 458 524 000 000）÷ 2 = 450 995 000 000（元）

总资产周转率 = 215 519 000 000 ÷ 450 995 000 000 = 0.477 9（次）

总资产周转率天数 = 360 ÷ 0.477 9 = 753.30（次）

2）对 LT 公司总资产营运能力进行分析评价。

由计算结果可知，LT 公司 2013—2014 年的总资产周转率不断提高，由 2013 年的 0.41 次提高到 2014 年的 0.48 次，总资产周转天数由 2013 年的 881.49 天下降到 2014 年的 753.30 天。这说明近 2 年 LT 公司的总资产周转速度越来越快，资产周转效率越来越好，必然会给企业带来更多的收益，使得企业的盈利能力、偿债能力都得到提高。

项目总结

本项目主要介绍了企业的偿债能力分析、获利能力分析及营运能力分析指标的计算与评价。偿债能力是指企业偿还本身所欠债务的能力。根据偿债期间的长短，偿债能力分析包括短期偿债能力分析和长期偿债能力分析。盈利能力通常是指企业在一定时期内赚取利润的能力。获利能力的大小是一个相对的概念，即利润是相对于一定的资源投入、一定的收入而言的。利润率越高，获利能力越强；利润率越低，获利能力越差。企业营运能力是指企业充分利用现有资源创造社会财富的能力。

本项目学习的重点是根据企业的资料完成偿债能力、获利能力、营运能力和发展能力指标计

算，并能够运用计算的结果对企业的财务效率进行分析评价。

同步测试

一、单项选择题

1. 用于评价企业获利能力的总资产报酬率指标中的报酬是指(　　)。

A. 息税前利润　　B. 营业利润　　C. 利润总额　　D. 净利润

2. 不会影响流动比率的业务是(　　)。

A. 用现金购买短期债券　　B. 用现金购买固定资产

C. 用存货进行对外长期投资　　D. 从银行取得长期借款

3. 某企业2015年营业收入净额为36 000万元，流动资产平均余额为4 000万元，固定资产平均余额为8 000万元。假如没有其他资产，则该企业2015年的总资产周转率为(　　)。

A. 3.0　　B. 3.4　　C. 2.9　　D. 3.2

4. 利息保障倍数不仅反映了企业的获利能力，而且反映了企业的(　　)。

A. 总偿债能力　　B. 短期偿债能力　　C. 长期偿债能力　　D. 经营能力

5. 某股份有限公司的资产负债率当年为40%，平均资产总额为2 000万元，利润总额为300万元，所得税为87万元，则企业当年的净资产收益率为(　　)。

A. 13.4%　　B. 14.67%　　C. 17.75%　　D. 22%

二、多项选择题

1. 在其他条件不变的情况下，会引起总资产周转率指标上升的经济业务是(　　　)。

A. 用现金偿还负债　　B. 借入一笔短期借款

C. 用银行存款购入一台设备　　D. 用银行存款支付1年的电话费

2. 对资产负债率的评价正确的有(　　　)。

A. 从债权人角度看，负债比率越大越好

B. 从债权人角度看，负债比率越小越好

C. 从股东角度看，负债比率越高越好

D. 从股东角度看，当全部资产利润率高于债务利息率时，负债比率越高越好

3. 企业财务分析的基本内容包括(　　　)。

A. 偿债能力分析　　B. 获利能力分析　　C. 营运能力分析　　D. 发展能力分析

4. 属于企业获利能力分析指标的是(　　　)。

A. 总资产报酬率　　B. 资本保值增值率　　C. 资本收益率　　D. 营业利润率

5. 影响净资产收益率的因素主要包括(　　　)。

A. 总资产报酬率　　B. 负债利息率　　C. 企业资本结构　　D. 总资产周转率

三、简答题

1. 偿债能力分析的主要内容及评价指标包括哪些？

2. 企业盈利能力分析的主要内容与指标包括哪些？

综合技能强化训练

实训 分析公司的获利能力

实训目标：

训练学生对公司获利能力指标计算评价的应用。

实训任务资料：

2013 年末 A 公司拥有 B 公司 20% 有表决权资本的控制权，2014 年 A 公司有意对 B 公司继续投资。A 公司认为 B 公司的获利能力比财务状况、营运能力更重要，他们希望通过投资获得更多的利润。因此，搜集了 B 公司的以下资料（见表 6.44 至表 6.46）。

表 6.44 利润表

千元

项 目	2013 年度	2014 年度
一、营业收入	1 200 000	1 500 000
减：营业成本	1 050 000	1 100 000
营业税金及附加	8 000	15 000
销售费用	2 000	3 000
管理费用	12 000	15 000
财务费用	4 000	1 000
资产减值损失	1 000	2 000
加：投资收益	2 000	5 000
二、营业利润	125 000	371 000
加：营业外收入	8 200	30 100
减：营业外支出	18 000	6 000
三、利润总额	115 200	395 100
减：所得税费用	38 016	130 383
四、净利润	77 184	264 717

表 6.45 财务费用表

千元

项 目	2013 年度	2014 年度
利息支出	8 000	5 000
减：利息收入	10 039	2 893
汇兑损失	3 809	3 108
减：汇兑收益	956	1 320
其他	186	105
财务费用合计	1 000	4 000

表 6.46 有关资产负债及所有者权益情况

千元

项 目	2013 年	2014 年
平均总资产	2 815 000	3 205 000
平均净资产	1 063 000	1 885 000

根据上述资料，A 公司应做好以下工作，从而便于 2014 年度的投资决策。

任务要求：

(1) 计算反映资产经营获利能力和资本经营获利能力的指标。

(2) 采用因素分析法分析总资产报酬率变动的原因。

(3) 评价企业获利能力状况。

实训指导：

1）计算反映资产经营获利能力指标和资本经营获利能力指标(见表 6. 47)。

表 6. 47　资产经营与资本经营获利能力指标

千元

项　目	2013 年	2014 年
平均总资产	2 815 000	3 205 000
平均净资产	1 063 000	1 885 000
利润总额	115 200	395 100
利息支出	8 000	5 000
息税前利润	123 200	400 100
净利润	77 184	264 717
总资产报酬率	4. 38%	12. 48%
净资产收益率	7. 26%	14. 04%

2）对总资产报酬率进行因素分析。

分析对象：12. 48% - 4. 38% = 8. 10%

补充计算：总资产报酬率 = 总资产周转率 × 销售息税前利润率

销售息税前利润率 = 息税前利润 ÷ 利息支出

资产周转率与息税前利润率计算资料如表 6. 48 所示。

表 6. 48　资产周转率与息税前利润率计算

项　目	2013 年	2014 年
总资产周转率	1 200 000 ÷ 2 815 000 = 0. 43	1 500 000 ÷ 3 205 000 = 0. 47
销售息税前利润率	123 200 ÷ 1 200 000 × 100% = 10. 27%	400 100 ÷ 1 500 000 × 100% = 26. 67%

因素分析：

① 总资产周转率变动的影响：(0. 47 - 0. 43) × 10. 27% = 0. 41%

② 销售息税前利润率的影响：(26. 67% - 10. 27%) × 0. 47 = 7. 71%

3）分析评价企业获利能力。

① B 公司获利能力无论从资本经营，还是从资产经营和商品经营角度看，均比 2013 年有所提高，并且提高幅度较大。

② 资本经营获利能力的提高受资产经营获利能力，即总资产周转率提高的影响，同时，资本结构优化也是影响净资产收益率提高的因素。

③ 总资产报酬率比 2013 年提高了 8. 10%，主要是受销售息税前利润率提高的影响。它使总资产报酬率提高了 7. 71%；而总资产周转率使总资产报酬率提高了 0. 41%。可见，商品经营获利能力提高对资产经营获利能力提高起着决定性作用。

④ 通过对 B 公司获利能力状况分析，使得 A 公司相信，如果对其继续投资，应获得较好的资本收益，因此，A 公司决定继续对 B 公司投资。

项目 7 会计报表综合分析

专业能力目标

能够运用会计报表综合分析评价的方法对企业会计报表进行综合分析；掌握杜邦分析法、沃尔比重评分法的基本原理。

职业核心能力目标

能够合理安排学习计划；能够对企业资料进行分析整理，筛选出用于会计报表综合分析资料；能够对报表数据进行计算比较；能够与老师和同学进行沟通，明确学习任务；能够与团队成员协作，完成学习任务；能够在数据分析中说明自己的观点，得出结论。

项目结构

任　务	内　容
任务 7.1　应用杜邦分析法综合分析会计报表	7.1.1　认知杜邦分析法 7.1.2　杜邦分析图
任务 7.2　应用沃尔比重评分法综合分析会计报表	7.2.1　认知沃尔比重评分法 7.2.2　沃尔比重评分法的基本步骤
任务 7.3　应用综合系数评分法综合分析会计报表	7.3.1　认知综合系数评分法 7.3.2　综合系数评分法的基本步骤

项目目标

根据会计核算财务管理岗位的要求，通过对本项目的学习认知会计报表综合分析的方法、沃尔比重评分法与综合系数评分法的基本步骤，能够运用杜邦分析法对会计报表进行综合分析评价。

项目引例

著名的美国杜邦化学公司创建于 1802 年。它的创始人杜邦于 1802 年创建了第一个生产制造火药的工厂，并以此为起点使杜邦公司发展成为当年营业额为 359.15 亿美元，居世界化学工业企业第一位的企业。

杜邦公司的成功，重要原因之一就是他们始终坚持利润最大、风险最小的经营决策，始终谨慎而坚定地保证预订的投资收益率。杜邦公司对投资收益率的考核采取的是一套综合标准,而并非只对企业的经营效果进行评价。具体做法是:首先从整个公司的综合经营效果出发,再加上对各部门的评价,包括对新开发项目的特别评价,确定评价的综合标准。如果一个企业不能达到10%的投资收益,无论其他方面有多大优势,也必须关闭,无一例外。这是杜邦公司不能违背的"法律"和无情的"执法",也是保证"利润最大"经营决策的具体措施。创业初期,杜邦公司根据这一决策对所有生产火药和炸药的企业做过一次全面考核,结果是因该厂投资效率低于10%当即关闭。相反,杜邦公司在意大利的聚丙烯工厂因获取丰厚的利润放在第一位。

杜邦公司的另一个经营决策是"风险最小",即把安全放在第一位。这主要体现在财务管理上。杜邦公司的另一"法律"条文——无论是新厂还是老厂,技术改造和设备更新必须全部采用公司的资金,据不允许借款或贷款。这些措施是为了保证"风险最小"。杜邦公司在英国、法国、卢森堡、荷兰、瑞士、瑞典、意大利等国建立工厂,完全是公司自投资金。公司每年要投入约1.1亿美元的科研经费,也是公司全额投资。总之,决不冒险经营决策是杜邦公司成功的又一个重要原因。到1966年,杜邦公司在世界市场扩展建设之快、效率之高,令全世界各国化工企业赞叹,这不能不说是"利润最大、风险最小"经营决策的成功。

引例分析:通过杜邦公司的成功可以看出,杜邦公司在经营决策与分析中,对投资收益率的考核采取的是综合的标准。单独分析会计报表中任何一项财务指标,难以全面评价企业的财务状况和经营成果。因此,为了全方位地了解企业经营理财状况,并对企业经济效益的优劣做出系统的、合理的评价,就必须进行相互关联的综合性分析,采用适当的标准进行综合性评价。

任务 7.1 应用杜邦分析法综合分析会计报表

任务布置

1. 公司概况

W 公司为农业机械制造企业,属于一般纳税人,适用的增值税税率为 17%,所得税税率为 25%。有关资料如下。

公司地址:南海市东里区淮海路 112 号

纳税人登记号:1021066677799

开户银行:南海发展银行东里支行

电话:34567799

法人代表:张琳琳

出纳:黄丹　总账会计:李洪林　成本会计:王瑶　会计主管:刘雪

2. 公司资料

从 W 公司资产负债表与利润表中摘录数据(见表 7.1)如下。

表 7.1 公司主要财务报表数据

元

年 度	净利润	营业收入	营业成本	平均资产总额	平均负债总额	平均净资产
2013	4 645 402. 5	77 260 933. 50	62 617 368. 50	42 968 561. 50	28 110 828. 50	14 857 733
2014	5 982 228	97 878 459. 50	79 153 095. 5	61 708 059. 50	28 463 498	33 244 561. 50

要求:根据 W 公司上述有关资料,通过对“知识要点”的学习,在“任务完成”中运用杜邦分析法对公司的会计报表进行综合分析。

知识要点

7.1.1 认知杜邦分析法

1. 杜邦分析法

杜邦分析法是指根据各主要财务比率指标的内在联系建立财务分析指标体系综合分析企业财务状况的方法。由于该指标体系由美国杜邦公司最先采用,故称为杜邦分析法。杜邦分析法的特点是将若干反映企业盈利状况、财务状况和营运状况的比率按其内在联系有机地结合起来形成一个完整的指标体系,并最终通过净资产收益率这一核心指标综合反映。

知识库

综合分析与业绩评价

财务效率分析从盈利能力、营运能力和偿债能力角度对企业的筹资活动、投资活动和经营活动的状况进行了深入细致分析后,以判断企业的财务状况和经营业绩,这对于企业的投资者、债权人、经营者、政府与企业离休相关者了解企业的财务状况和经营成效是十分有益的。财务效率分析通常是从某一特定角度就企业某一方面的经营活动进行分析,这种分析不足以全面评价企业的总体财务状况和财务成效,很难对企业的总体财务状况和经营业绩的关联性得出综合结论。为了弥补这一不足,有必要在财务效率单项分析的基础上,将有关指标按其内在联系结合起来进行综合分析。

业绩评价是在综合分析的基础上,运用业绩评价方法对企业财务状况和经营成果所做的综合结论。业绩评价以财务分析为前提,财务分析以业绩评价为结论,财务分析离开业绩评价就没有太大意义。在前面所学习的财务指标计算分析中,都在分析的基础上做出了相应的评价,但由于是对单一指标所做的评价,因此结论具有一定的片面性。只有在综合分析的基础上进行业绩评价,才能从整体上相互联系地全面评价企业的财务状况和经营成果。

综合分析与业绩评价的目的如下。

(1) 通过综合分析评价明确企业财务活动与经营活动的相互关系,找出制约企业发展的“瓶颈”所在。

(2) 通过综合分析评价企业的财务状况与经营业绩,明确企业的经营水平、位置与发展方向。

(3) 通过综合分析评价为企业利益相关者进行投资决策提供参考。

(4) 通过综合分析评价为完善企业的财务管理和经营管理提供依据。

2. 杜邦分析法的核心公式

杜邦分析系统指标体系的逻辑起点为所有者权益最大化(企业财务管理的目标),因而其分析以所有者权益报酬率为核心指标,将该指标进行分解,从资金的收益性、安全性和效率性几个方面对企业进行综合分析。

杜邦分析体系中的几个主要财务指标的关系如下。

$$\text{净资产收益率}=\text{总资产收益率}\times\text{权益乘数}$$

$$\text{总资产收益率}=\text{销售净利率}\times\text{总资产周转率}$$

$$\text{净资产收益率}=\text{销售净利率}\times\text{总资产周转率}\times\text{权益乘数}$$

杜邦分析法的推导过程如下。

$$\text{净资产收益率}=\frac{\text{净利润}}{\text{平均净资产}}=\frac{\text{净利润}}{\text{平均总资产}}\times\frac{\text{平均总资产}}{\text{平均净资产}}=\text{总资产收益率}\times\text{权益乘数}$$

$$\text{总资产收益率}=\frac{\text{净利润}}{\text{营业收入}}\times\frac{\text{营业收入}}{\text{平均总资产}}=\text{销售净利率}\times\text{总资产周转率}$$

通过杜邦核心公式净资产收益率 = 销售净利率 × 总资产周转率 × 权益乘数可以看出,决定净资产收益率的主要因素有企业商品销售活动的获利水平;企业管理者对企业资产的管理水平和使用效果;企业负债经营程度,即企业财务杠杆效应的发挥程度。

7.1.2 杜邦分析图

利用杜邦分析体系进行综合分析时,可以将各项财务指标之间的关系绘制成杜邦财务体系分析图,如图 7.1 所示。

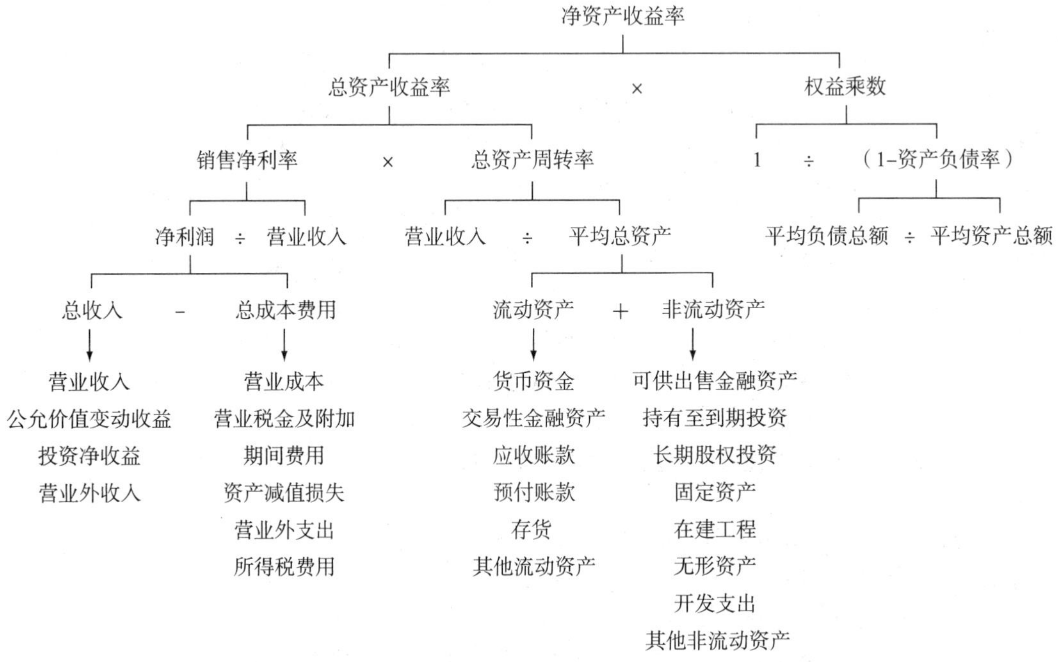

图 7.1 杜邦财务体系分析

该图表明企业的财务指标经过层层分解,可以分解为财务报表项目。这样就可以找出净资产收益率提高或降低的原因所在,便于查明原因,采取措施。杜邦体系分析图通过几种主要财务比率的相互关系,全面、系统、直观地反映出企业整体的财务状况,从而节省了财务分析人员分析报表的时间。

杜邦分析图提供了以下主要财务指标关系的信息。

① 净资产收益率反映投资者投入资金的收益水平。它是企业所有者最为关心的财务信息,也是企业财务管理追求的最终目标。净资产收益率是综合性很强的分析指标,是杜邦分析体系的核心。通过图 7.1 可知,该指标可以分解为反映企业获利能力的指标——销售净利率,反映企业营运能力的指标——总资产周转率,反映企业偿债能力与资本结构的指标——权益乘数。即,企业无论是获利能力、营运能力,还是资本结构的改变都会影响企业所有者的报酬率。因此,投资者在选择投资企业时,不能仅仅关注该企业商品的获利性,还应该关注企业管理者的管理水平,管理水平高,能为投资者获得更多的收益,同时还应该关注该企业的资本结构,太过激进的资本结构会增加风险,而太过保守的资本结构不能很好地发挥财务杠杆效应。

② 总资产收益率反映了企业全部资产的盈利能力。该指标可以进一步分解为销售净利率与总资产周转率的乘积。这说明总资产收益率的大小取决于企业的销售能力和资金使用效率 2 个因素。这为企业追求净资产收益率提供了更多的途径。

③ 销售净利率是反映企业商品经营获利能力的重要指标,是企业商品经营的结果,是实现净资产收益率最大化的保障。企业从事商品经营,目的在于获利,其途径有 2 条:一是扩大营业收入;二是降低成本费用。

④ 总资产周转率是衡量企业资产周转速度的指标,而影响资产周转速度的一个重要因素就是企业的资产总额。它是由流动资产和非流动资产组成的。资产结构是否合理也将直接影响企业资产的周转速度。一般来说,企业流动资产体现企业资产的变现能力,而非流动资产则体现企业资产的经营规模与发展潜力,两者应该有一个合理的比例,才能让资产得到合理利用,从而增强企业资产的周转速度。

如果流动资产过多,虽然会增加企业的支付能力和偿债能力,但同时也会造成资金的浪费,降低企业的收益性;如果固定资产过多,虽然生产能力强,但没有足够的流动资金,支付能力差,产品就可能生产不出来,也会造成固定资产闲置,降低资产的周转速度。

⑤ 权益乘数反映企业资本结构的稳健性,揭示企业所面临的财务风险的大小,同时也反映出企业对财务杠杆的利用程度。企业利用负债是否能产生财务杠杆效益,取决于负债资本成本与总资产收益率的关系。只有当总资产收益率高于负债资本成本时,利用负债才能产生财务杠杆效益,从而增加股东的收益。

由杜邦分析体系可以看出,净资产收益率综合地反映了企业筹资、投资、资产运营、产品营销、成本管理与控制等若干经营活动。这些活动构成了一个完整的系统。只有协调好系统内部各个活动之间的关系,才能使净资产收益率得到提高,实现股东权益最大化的理财目标。

能力提升 7-1 根据 W 公司资产负债表 2.11 和 W 公司利润表 3.5 资料,编制 W 公司杜邦分析图(见图 7.2)。

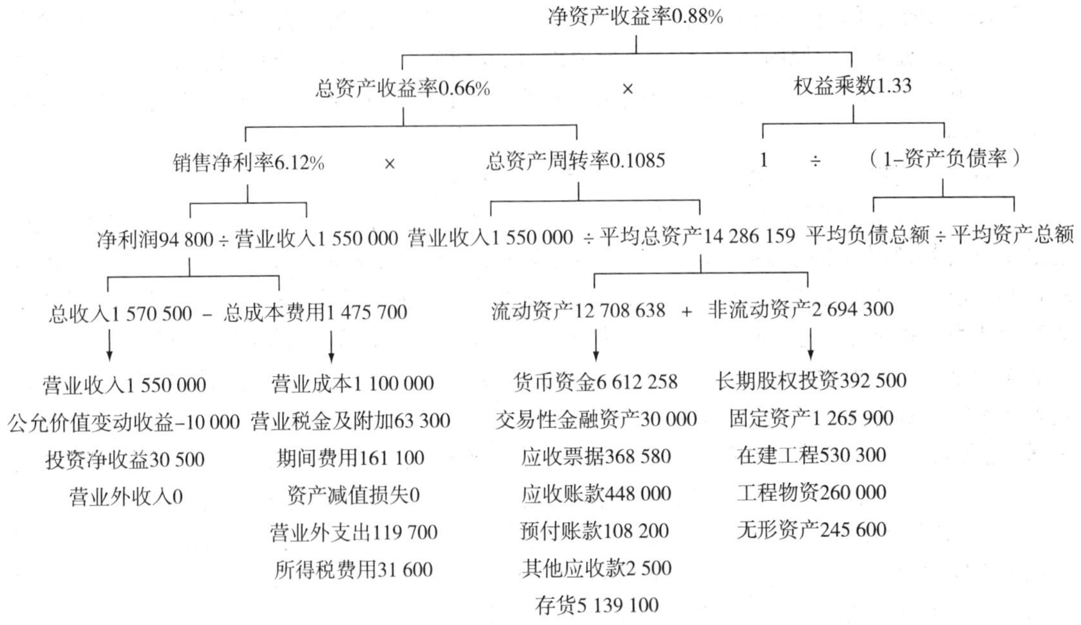

图 7.2 W 公司杜邦分析体系计算的指标

知识库

运用杜邦分析法应注意的问题及杜邦分析体系的变形与发展

1. 运用杜邦分析法应注意的问题

杜邦分析法通过对净资产收益率的层层分解，将企业资产效益产生的各个环节与有关财务比率联系起来，综合地反映了企业经营管理状况。杜邦分析法仅仅指出了哪些因素对某个指标产生的影响，而没有对各因素的影响程度进行分析。在运用杜邦分析法时，应结合其他分析方法进行。

① 杜邦分析法是一种静态的分析方法，可适当结合其他动态方法进行分析。例如，利用趋势分析法对不同时期的杜邦分析系统图进行比较分析或对指标结构的优化状况进行分析。

② 为了分析各分解因素的影响程度，可以结合采用因素分析法，以确定有关因素的变动对总体指标的影响方向和影响程度。

③ 杜邦分析体系涉及的财务指标毕竟是有限的，还有诸多的财务指标和财务报表数据未能考虑，分析时应该结合其他有关财务比率进行分析，避免得出片面结论。

2. 杜邦分析体系的变形与发展

杜邦分析体系自产生以来在实践中得到了广泛的应用与好评。随着经济与环境的发展、变化和人民对企业目标的认识进一步升华，许多人对杜邦分析体系进行了变形和补充，使其不断完善和发展。美国哈佛大学教授帕利普等在所著的《企业分析评价》一书中，将财务分析体系界定为以下几种关系式。

① 可持续增长比率 = 净资产收益率 ×(1 − 支付的现金股利/净利润)

② 净资产收益率 = 销售净利率 × 总资产周转率 × 权益乘数

③ 与销售净利率相关的指标有销售收入成本率、销售毛利率、销售收入期间费用率、销售收入研究开发费用率、销售净利率、销售收入非营运损失率、销售息税前利润率、销售税费率。

④ 与总资产周转率相关的指标有流动资产周转率、营运资金周转率、固定资产周转率、应收账款周转率、应付账款周转率和存货周转率等。

⑤ 与财务杠杆作用相关的指标有流动比率、速动比率、现金比率、负债对权益比例、负债与资本比率、负债与资产比率、以收入为基础的利息保障倍数、以现金流量为基础的利息保障倍数等。

任务完成

根据“任务布置”中 W 公司的有关资料，为完成 W 公司杜邦分析的任务，主要有以下工作步骤。

1）计算杜邦分析的主要财务比率（见表 7.2）。

表 7.2　W 公司主要财务比率

财务指标	2013 年	2014 年	计算说明
净资产收益率	31.27%	17.99%	净利润/平均净资产
权益乘数	2.89	1.86	平均总资产/平均净资产
资产负债率	65.42%	46.13%	平均负债总额/平均总资产
总资产收益率	10.81%	9.69%	净利润/平均总资产
销售净利率	6.01%	6.11%	净利润/营业收入
总资产周转率	1.80 次	1.59 次	营业收入/平均总资产
销售毛利率	18.95%	19.13%	毛利/营业收入

2）编制 W 公司杜邦分析图。

W 公司 2013 年杜邦分析过程如图 7.3 所示。

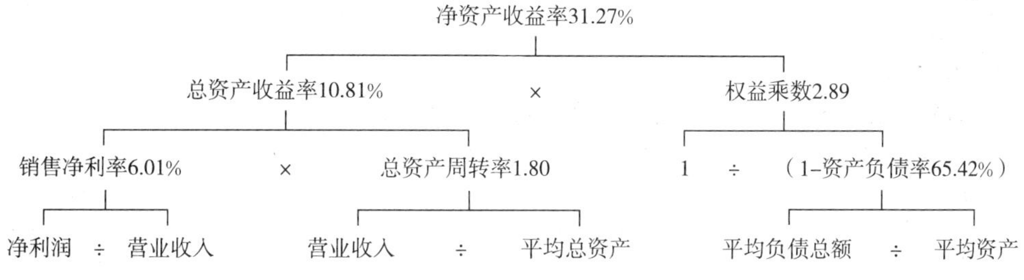

图 7.3　W 公司 2013 年杜邦分析

W 公司 2014 年杜邦分析过程如图 7.4 所示。

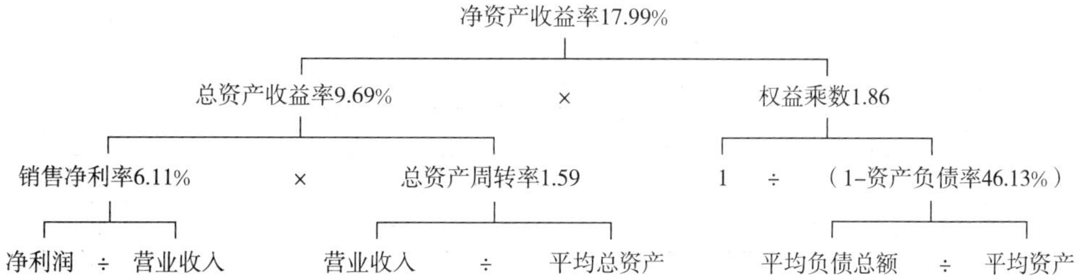

图 7.4　W 公司 2014 年杜邦分析

3）对 W 公司净资产收益率进行因素分析。

净资产收益率 = 销售净利率 × 总资产周转率 × 权益乘数

公司净资产收益率 2014 年比 2013 年降低了 13.28%(31.27% - 17.99%)，表明公司的获利能力有所下降。对净资产收益率采用差额分析法进行分析如下。

① 销售净利率变动对净资产收益率的影响 = (6.11% - 6.01%) × 1.80 × 2.89 = 0.52%

② 总资产周转率变动对净资产收益率的影响 = 6.11% × (1.59 - 1.80) × 2.89 = -3.71%

③ 权益乘数变动对净资产收益率的影响 = 6.11% × 1.59 × (1.86 - 2.89) = -10.01%

分析：由差额分析的过程可以看出，由于公司销售净利率上升，使得净资产收益率提高了 0.52%；由于总资产周转率下降，使得净资产收益率下降了 3.71%；由于权益乘数下降，使得净资产收益率下降了 10.01%，三者共同作用使得净资产收益率降低了 13.28%。

具体分析各个项目，销售净利率上升了 0.1%，营业收入上升了 26.69%，营业成本上升了 26.41%，毛利率几乎没有变化。总资产周转率本期比上期下降了 0.21 次，说明公司利用总资产产生营业收入的效率在下降，企业营运能力的降低导致了净资产收益率的降低；公司资产负债率降低了 19.29%，使得权益乘数下降，从而导致获利能力下降。权益乘数及资产负债率指标值越小，公司的偿债能力越强，财务风险越低，公司的这种资本结构的调整降低了获利能力，但对公司总体风险的控制是有利的。

技能训练

针对本任务，根据财务会计课程中学习的资产负债表和其他数据完成杜邦分析。请设计类似任务，让学生完成。

任务 7.2 应用沃尔比重评分法综合分析会计报表

任务布置

企业资料：宏大公司有关财务比率的标准值、实际值及权重如表 7.3 所示。

要求：根据资料编制沃尔比重评分表，并对公司的总体财务状况进行评价。

表 7.3 沃尔比重分析基础数据

指 标	权 重	标准值	实际值
资产负债率	12	60%	40%
已获利息倍数	8	10	20
净资产收益率	25	25%	30%
总资产报酬率	13	12%	20%
总资产周转率	9	2	1.50
流动资产周转率	9	5	4.5
销售增长率	12	25%	45%
资本积累率	12	15%	12%

知识要点

7.2.1　认知沃尔比重评分法

在社会发展的不同阶段和不同环境，人们应用沃尔评分法时所选择的财务比率不断变化，对各个比率的权重进行不断的修正，对各个比率的标准值进行不断的调整，对评分方法进行不断的改进，但是沃尔评分法的基本思路没有改变，在应用中的基本步骤也没有发生较大的变化。

知识库

沃尔比重评分法的含义与作用

1928 年，亚历山大·沃尔出版的《信用晴雨表研究》和《财务报表比率分析》中提出了信用能力指数的概念。他选择了 7 个财务比率，即流动比率、产权比率、固定资产比率、存货周转率、应收账款周转率、固定资产周转率和自有资金周转率。首先分别给定各指标的比重，然后确定标准比率（以行业平均数为基础），将实际比率与标准比率相比，得出相对比率，将此相对比率与各指标比重相乘，得出总评分。他提出了综合比率评价体系，把若干个财务比率用线性关系结合起来，以此来评价企业的财务状况。该法对选中的财务比率给定其在总评价中的比重（比重总和为 100），然后确定标准比率，并与实际比率相比较，评出每项指标的得分，最后得出总评分。

由于有了财务指标的评价标准，沃尔评分法有利于报表分析者评价其在市场竞争中的优劣地位。

7.2.2　沃尔比重评分法的基本步骤

1）选择评价指标并分配指标权重。不同的分析者选择的财务比率不尽相同，一般而言包括以下指标。

（1）盈利能力指标——净资产收益率、总资产报酬率。

（2）偿债能力指标——资产负债率、已获利息倍数。

（3）营运能力指标——总资产周转率、流动资产周转率。

（4）发展能力指标——销售增长率、资本积累率。

2）确定各财务比率的权重。

将 100 分总分合理地分配给所选择的各个财务比率是沃尔评分法的一个非常重要的环节。分配的标准是依据各个比率的重要程度，越重要的比率分配的权重越高。对各个比率重要程度的判断应结合企业经营状况、管理要求、发展趋势及分析目的等情况而定。具体分配可以参照以下标准进行。

偿债能力指标为20:资产负债率12、已获利息倍数8。

获利能力指标为38:净资产收益率25、总资产报酬率13。

运营能力指标为18:总资产周转率9、流动资产周转率9。

发展能力指标为24:营业增长率12、资本累积率12。

3)确定各项财务比率指标的标准值,即各该指标在企业现时条件下的最优值。

财务比率的标准值就是判断财务比率高低的比较标准。只有有了标准,才能判定企业某个财务指标是偏高还是偏低。这个标准可以是企业历史水平,也可以是竞争企业的水平,还可以是同行业的平均水平等。

4)计算企业各项财务比率指标的实际值。

利用财务比率的计算公式,根据企业实际财务数据对指标进行计算。

5)计算各个财务比率的得分。

通过各个财务比率实际值与标准值比较,得出各个财务比率状况好坏的判断,再结合各个比率的权重,即所分配的分数计算各个财务比率的得分。

各项评价指标的计分按以下公式进行。

各项评价指标的得分 = 各项指标的权重 ×(指标的实际值 ÷ 指标的标准值)

6)计算综合得分。将各财务比率的实际得分相加,得到综合得分。

$$综合分数 = \sum 各项评价指标的得分$$

企业的综合得分如果接近100分,说明企业的综合财务状况接近行业的平均水平;如果企业的综合得分明显超过100分,说明企业的综合财务状况优于行业平均水平;如果企业的综合得分大大低于100分,则说明企业的综合财务状况较差,应当采取措施予以改善。

在沃尔比重评分法的各个步骤中,最重要的是确定财务比率的权重和标准值,要给各个财务比率分配合理的权重,并为每个财务比率确定恰当的标准值,需要综合考虑多方面的因素,并且在长期实践应用中予以修正。

知识库

沃尔比重评分法的局限性

在使用沃尔比重评分法进行综合分析时,应注意到方法本身的局限性对评价结果的影响。

由于各项评价指标的得分 = 各项指标的权重 ×(指标的实际值 ÷ 指标的标准值),就意味着当某项指标的实际值大于标准值时,该指标的得分就会越高。在实务中,有些指标可能要低于标准值才代表是理想值。由于用该公式计算出来的分数却低于标准分,显然与实际不符。因此,在指标选择上,应注意评价指标的同向性。对于不同向的指标应进行同向化处理或是选择其他替代指标。例如,资产负债率就可以用其倒数的值来代替。

其次,当某一个指标值严重异常时,会对总评分产生不合逻辑的重大影响。例如,当某一单项指标的实际值畸高时,会导致最后总分大幅度增加,掩盖了情况不良的指标,从而出现"一美遮百丑"的现象。因此,在实务运用时,可以设定各指标得分值的上限或下限,如按标准值的1.5倍定分数上限,0.5倍定分数下限。

沃尔评分法最主要的贡献就是它将互不关联的财务指标按照权重予以综合联动，使得综合评价成为可能。沃尔评分法从理论上讲有一个明显的问题，就是未能证明为什么要选择这7个指标，而不是更多或更少些，或者选择别的财务比率，以及未能证明每个指标所占比重的合理性。这个问题至今仍然没有从理论上得到解决。

任务完成

1）根据沃尔比重评分法的工作步骤编制沃尔比重评分表，如表7.4所示。

表7.4 沃尔比重评分表

评价内容	分配权重	标准值	实际值	关系比率	实际得分
一、偿债能力指标	20				
1. 资产负债率	12	60%	40%	0.67	8.04
2. 已获利息倍数	8	10	20	2.00	16.00
二、获利能力指标	38				
1. 净资产收益率	25	25%	30%	1.20	30.00
2. 总资产净利率	13	10%	20%	2.00	26.00
三、运营能力指标	18				
1. 总资产周转率	9	2	1.5	0.75	6.75
2. 流动资产周转率	9	5	4.5	0.90	8.10
四、发展能力指标	24				
1. 销售增长率	12	25%	45%	1.80	21.60
2. 资本积累率	12	15%	12%	0.80	9.60
合　计	100				126.09

2）分析评价。

公司的财务状况综合得分为126.90分，高于100，说明公司的财务状况整体优于评价标准，财务状况较好。

3）按照标准值的1.5倍和0.5倍设定指标值的上限和下限，调整计算沃尔比重评分表，如表7.5所示。

表7.5 沃尔比重评分表（调整后）

评价内容	分配权重	标准值	实际值	关系比率		实际得分
				实际比率	调整比率	
一、偿债能力指标	20					
1. 资产负债率	12	60%	40%	0.67	0.67	8.04
2. 已获利息倍数	8	10	20	2.00	1.50	12.00
二、获利能力指标	38					
1. 净资产收益率	25	25%	30%	1.20	1.20	30.00
2. 总资产净利率	13	10%	20%	2.00	1.50	19.50
三、运营能力指标	18					
1. 总资产周转率	9	2	1.5	0.75	0.75	6.75
2. 流动资产周转率	9	5	4.5	0.90	0.90	8.10

（续表）

评价内容	分配权重	标准值	实际值	关系比率		实际得分
				实际比率	调整比率	
四、发展能力指标	24					
1. 销售增长率	12	25%	45%	1.80	1.50	18.00
2. 资本积累率	12	15%	12%	0.80	0.80	9.60
合　计	100					111.99

技能训练

针对本任务，设计类似任务，请学生完成。"技能训练"要体现实操性，让学生动手操作，"学"、"做"互动，使其更适应岗位。技能训练也以"工作任务"形式给出，提供资料并提出要求，仿照讲述的内容，让学生操作，并给予指导。

任务 7.3　应用综合系数评分法综合分析会计报表

任务布置

企业资料：原野公司所在行业的综合评分标准如表 7.6 所示。

表 7.6　综合评分标准

指　标	权　数	标准比率/（%）	行业最高比率/（%）	得分上限	得分下限	每分比率的差/（%）
获利能力						
总资产报酬率	20	10	20	30	10	1
销售净利率	20	15	20	30	10	0.5
净资产收益率	10	15	20	15	5	1
偿债能力						
自有资本比率	8	60	85	12	4	6.25
流动比率	8	150	350	12	4	50
应收账款周转率	8	2 000	4 000	12	4	500
存货周转率	8	800	1 200	12	4	100
成长能力						
销售增长率	6	20	30	9	3	3.33
净利润增长率	6	15	20	9	3	1.67
总资产增长率	6	15	30	9	3	5
合　计	100			150	50	

说明：权数根据指标的重要性确定；标准比率以每个比率的行业平均水平为基准，通过适当修正得到；得分上限 = 权数 ×1.5；得分下限 = 权数 ×0.5；每分比率的差 =（行业最高值 − 标准比率）÷（得分上限 − 权数）。

原野公司 2014 年财务指标如表 7.7 所示。

表 7.7 原野公司 2014 年财务指标

获利能力		偿债能力		发展能力	
指标名称	指标数值/(%)	指标名称	指标数值/(%)	指标名称	指标数值/(%)
总资产报酬率	12	自有资本比率	55	销售增长率	21
销售净利率	16	流动比率	120	净利润增长率	16
净资产收益率	18	应收账款周转率	1 800	总资产增长率	15
		存货周转率	850		

要求:根据原野公司资料,运用综合系数评分法对公司财务状况进行综合评价。

知识要点

7.3.1 认知综合系数评分法

综合系数评分法源于沃尔比重分析,是在对选定的财务比率进行实际值和标准值的比较的基础上,依据其重要性系数和关系比率确定各项指标的综合系数及总体指标的累计综合系数,并据以对企业的财务状况做出综合评价的方法。

由于各项评价指标的得分 = 各项指标的权重 ×(指标的实际值 ÷ 指标的标准值),就意味着当某项指标实际值大于标准值时,该指标的得分就会越高。在实务中,有些指标可能要低于标准值才代表是理想值。由于用该公式计算出来的分数却低于标准分,显然与实际不符。因此,在指标选择上,应注意评价指标的同向性。对于不同向的指标应进行同向化处理或是选择其他替代指标。例如,资产负债率就可以用其倒数的值来代替。

7.3.2 综合系数评分法的基本步骤

综合系数评分法的基本步骤如下。

1) 选择财务指标,确定相应权重。

选取评价企业财务状况的指标,应选取能说明问题的重要指标。一般认为,企业财务评价的主要内容是获利能力,其次是偿债能力,此外还有成长能力。在每一类指标中,再选择有代表性的重要财务指标。

反映获利能力的财务指标主要有销售利润率、总资产报酬率和净资产收益率等。因为企业以经营活动为主,企业的获利性是企业的客观要求,所以这类指标“最为重要”,我们将其评分定为 50 分。

反映偿债能力的财务指标和营运能力的财务指标主要有自有资本比率、流动比率、应收账款周转率、存货周转率等。这类指标反映企业的稳定性,是企业生存发展的基本条件,重要程度为“较为重要”。我们将其评分定位为 30 分。

反映成长能力的财务指标主要包括销售增长率、净利润增长率、总资产增长率等。这类指标反映企业未来发展趋势,是保持企业活力的物质基础,重要程度为“一般重要”。我们将其评分定位为 20 分。

2) 规定评分的上限和下限。

为了避免个别财务比率的异常给总分造成的不合理影响,应对各指标的分值确定一个上限和下限。通常,上限为正常评分值的 1.5 倍,下限为正常评分值的一半。

3）确定比较标准。

为了评价企业财务状况的优劣，应为各指标确定一个比较标准，即各项财务比率在本企业现实条件下最理想的数值。财务比率的标准值可以参照同行业的平均水平，并经过调整后确定。

4）计算每分比率的差。

为了克服沃尔比重评分法的缺陷，给分时不采用“乘”的关系，而采用“加”或“减”的关系处理。

例如，某企业总资产报酬率的标准值为 10%，，标准得分为 20，行业最高比率为 20%，最高得分为 30，则

每分的财务比率差 =（20% - 10%）÷（30 - 20）= 1%

表明资产净利率每提高 1%，就多给 1 分，但该项得分最高不能超过 30 分。

5）计算各项财务比率的实际得分。

将各项财务比率的实际值与标准值进行比较，计算其差额，结合每分比率的差，计算出调整分，再用调整分加上基础分，得到实际分。计算公式如下。

差额 = 实际比率 - 标准比率

调整分 = 差额 ÷ 每分比率的差

实际得分 = 基本评分值 + 调整分

注意：每项指标的最高得分不得高于得分上限，最低得分不得低于得分下限。

所有各项财务比率实际得分的合计数就是财务状况的综合得分。企业财务状况的综合得分反映了企业综合财务状况是否良好。如果综合评分之和接近 100 或超过 100，表明企业财务状况基本符合标准要求或财务状况较好，达到了预先确定的标准；如与 100 之间有较大差距，则表明企业财务状况不佳。

知识库

综合系数评分法的评价

采用综合系数评分法可以综合评价企业的财务状况，但应注意使用这一方法的有效性。它有赖于对重要权数和标准比率的正确确定。而这两项因素在确定时，往往带有一定的主观性，因此，这两项因素应根据历史经验和现时情况合理判断确定。只有这样，才能得出正确的结果。

需要说明的是，我们所运用的各种综合分析评价方法都是采用定量分析法。在实际工作中，只有将定量分析和定性分析结合起来，才能获得正确的结论。因此，可以将定量分析部分按权重计分，其余分值采用定性分析法，如专家调查法，然后汇总。

任务完成

根据“任务布置”中原野公司的有关资料，为完成原野公司综合系数评分计算与分析的任务，主要有以下工作步骤。

1）根据原野公司资料编制原野公司 2014 年综合系数评分表，如表 7.8 所示。

表 7.8 原野公司 2014 年财务状况综合评分

指 标	标准比率 /(%)1	实际比率 /(%)2	差异 3=2-1	每分比率的差 4	调整分 5=3/4	权数 6	得分 7=5+6
获利能力							
总资产报酬率	10	12	2	1	2	20	22
销售净利率	15	16	1	0.5	2	20	22
净资产收益率	15	18	3	1	3	10	13
偿债能力							
自有资本比率	60	55	-5	6.25	-0.8	8	7.2
流动比率	150	120	-30	50	-0.6	8	7.4
应收账款周转率	2 000	1 800	-200	500	-0.4	8	7.6
存货周转率	800	850	50	100	0.5	8	8.5
发展能力							
销售增长率	20	21	1	3.33	0.3	6	6.3
净利润增长率	15	16	1	1.67	0.6	6	6.6
总资产增长率	15	15	0	5	0	6	6
合 计						100	106.6

2）对原野公司综合财务状况进行评价。

原野公司在行业中综合评分为 106.6 分，高于 100 分，说明企业整体财务状况较好，在整个行业中处于先进水平，但周转率指标略低于行业标准，应加强对资产的运营管理。

技能训练

针对本任务，设计类似任务，请学生完成。“技能训练”要体现实操性，让学生动手操作，“学”、“做”互动，使其更适应岗位。“技能训练”也以“工作任务”形式给出，提供资料并提出要求，仿照讲述的内容，让学生操作，并给予指导。

项目总结

本项目主要介绍了会计报表综合分析评价的方法，即杜邦分析法、沃尔比重分析法和综合系数评分法。

杜邦分析法是指根据各主要财务比率指标的内在联系建立财务分析指标体系综合分析企业财务状况的方法。

1928 年，亚历山大·沃尔出版的《信用晴雨表研究》和《财务报表比率分析》中提出了信用能力指数的概念。他选择了 7 个财务比率，即流动比率、产权比率、固定资产比率、存货周转率、应收账款周转率、固定资产周转率和自有资金周转率，分别给定各指标的比重，然后确定标准比率（以行业平均数为基础），将实际比率与标准比率相比，得出相对比率，将此相对比率与各指标比重相乘，得出总评分。他提出了综合比率评价体系。

综合系数评分法源于沃尔比重分析，是在对选定的财务比率进行实际值和标准值比较的基础上，依据其重要性系数和关系比率，确定各项指标的综合系数及总体指标的累计综合系数，并据以对企业的财务状况做出综合评价的方法。

本项目学习的重点是对企业会计报表资料进行综合分析评价,重中之重是运用杜邦分析方法评价会计报表。

同步测试

一、单项选择题

1. 在杜邦财务分析体系中,综合性最强的财务比率是(　　)。

A. 净资产收益率　B. 总资产净利率　C. 总资产周转率　D. 销售净利率

2. ABC公司2014年度的净资产收益率目标为20%,资产负债率调整为45%,则其资产净利率应达到(　　)。

A. 11%　B. 55%　C. 9%　D. 20%

3. 把若干财务比率用线性关系结合起来,以此评价企业信用水平的方法是(　　)。

A. 杜邦分析法　B. 沃尔综合评分法　C. 预警分析法　D. 经营杠杆系数分析

4. 不能用来计量企业业绩的指标是(　　)。

A. 投资收益率　B. 经济增加值　C. 资产负债率　D. 现金流量

5. 某公司净资产收益率为20%,销售净利率为30%,总资产周转率为15%,则权益乘数为(　　)。

A. 5　B. 4.44　C. 2　D. 3

二、多项选择题

1. 在杜邦分析图中可以发现,提高净资产收益率的途径有(　　)。

A. 使销售收入的增长高于成本和费用的增加幅度

B. 降低公司的销货成本或经营费

C. 提高总资产周转率

D. 在不危及企业财务安全的前提下,增加债务规模,增大权益乘数

E. 提高销售净利率

2. 依据杜邦分析法,当权益乘数一定时,影响资产净利率的指标有(　　)。

A. 销售净利率　B. 资产负债率

C. 资产周转率　D. 产权比率

E. 负债总额

3. 财务报告综合分析评价的方法有(　　)。

A. 杜邦财务分析体系　B. 沃尔比重评分法

C. 趋势分析法　D. 综合系数评分法

4. 杜邦分析体系能够综合反映企业(　　)方面的信息。

A. 偿债能力　B. 获利能力

C. 资产管理能力　D. 企业发展能力

5. 属于反映资产收益率的指标有(　　)。

A. 总资产收益率　B. 每股收益

C. 长期资本收益率　D. 营业利润率

E. 净资产收益率

三、简答题

简述杜邦分析法的核心公式。

综合技能强化训练

实训 杜邦分析

实训目标：

训练学生对杜邦分析法的运用。

实训任务资料：

某公司有关资产、所有者权益、营业收入及净利润的比较数据如表 7.9 所示。

表 7.9 某公司比较数据

万元

项 目	2013 年	2014 年
平均总资产	50 000	45 000
平均所有者权益	25 000	28 000
营业收入	40 000	30 000
净利润	5 000	3 000

要求：根据资料对该公司进行杜邦分析，并使用因素分析法分析各因素变动对所有者权益报酬率的影响程度。（净资产收益率 = 销售净利率 × 总资产周转率 × 权益乘数）

实训指导：

1）根据资料编制杜邦分析数据计算表。

表 7.10 杜邦分析数据计算

计算过程	净资产收益率	=	销售净利率	×	总资产周转率	×	权益乘数
	净利润 ÷ 平均所有者权益	=	净利润 ÷ 营业收入	×	营业收入 ÷ 平均总资产	×	平均总资产 ÷ 平均所有者权益
2013 年	20%	=	12.5%	×	0.8	×	2
2014 年	10.71%	=	10%	×	0.666 7	×	1.607 1

2）根据计算结果进行分析。

通过对公司本期和上期杜邦分析体系比较可知，公司本期经营业绩比上期有所下降，净资产收益率由 20% 下降到了 10.71%。一方面，企业本期经营所得收入减少；另一方面，本期可能吸收投资，所有者权益上升。

① 本期净利润和营业收入在绝对数额上均有所下降，且净利润下降更多，使净利润由 12.5% 下降为 10%，说明企业本期获利能力下降较大。

② 公司本期总资产周转率为 0.67 次，比上期的 0.8 有所下降，企业可能经营规模缩减，对资产的利用效率也不如上期。

③ 公司权益乘数本期下降为 1.61，上期为 2。企业本期负债额减少，可能有大量借款到期予以偿还，同时，所有者权益总额上升，可能本期吸收投资或债务转为了投资，使得权益乘数降低，财务杠杆作用也就下降了。应适当结合企业各项目具体情况、所在行业的大环境进行分析。

3）对净资产收益率的变化进行因素分析。

① 计算本期净资产收益率与上期的差异额 = 10.71% - 20% = -9.29%。

② 计算销售净利率变动的影响 = (10% - 12.5%) × 0.8 × 2 = -4%。

③ 计算总资产周转率变动的影响 = 10% × (0.666 7 - 0.8) × 2 = -2.67%。

④ 计算权益乘数变动的影响 = 10% × 0.666 7 × (1.607 1 - 2) = -2.62%。

三者合计影响数 = -4% - 2.67% - 2.62% = -9.29%

通过分析可知，影响所有者权益报酬率降低的主要因素是销售净利率。销售净利率降低使得所有者权益报酬率下降了 4%。企业在未来管理中应把主要精力放在提高销售净利率上，即扩大销售，控制成本费用，提高净利润。

参考文献

[1] 曹军,刘翠侠.财务报表编制与分析实务[M].北京:清华大学出版社,2007.

[2] 崔刚.上市公司财务报告解读与案例分析[M].北京:人民邮电出版社,2009.

[3] 刘凌冰.会计报表阅读与分析[M].大连:东北财经大学出版社,2010.

[4] 成一虫.马云的“现金流量表”[J].证券市场周刊,2014(45).

[5] 杜晓光.会计报表分析[M].4 版.北京:高等教育出版社,2012.

[6] 克里舍·佩普,保罗·希列,维克多·伯纳德.运用财务报表进行企业分析与估价[M].北京:中信出版社,2004.

[7] 李昕.财务报表分析[M].大连:东北财经大学出版社,2007.

[8] 宁靖华.财务报表编制与分析[M].北京:电子工业出版社,2011.

[9] 刘颖,董莉平.财务报告编制与分析[M].哈尔滨:哈尔滨工业大学出版社,2012.

[10] 龙可.隐藏在四大“周转率”里的运营效率[N].证券时报,2006-09-21.

[11] 王红珠,耿红.财务报表解读与分析[M].北京:经济科学出版社,2011.

[12] 田凤萍,盛文平.企业财务报告编制与分析实训教程[M].哈尔滨:哈尔滨工业大学出版社.

[13] 宋娟.财务报告分析从入门到精通[M].北京:机械工业出版社,2010.

[14] 杨则文,陈琼.中国财政经济出版社[M].北京:中国财政经济出版社,2013.

[15] 王德发.财务报表分析[M].北京:中国人民大学出版社,2011.

[16] 史光起.年终:企业财务软盘点[J].理财,2008(2).

[17] 王璐.中报每股再创新高[N].上海证券报,2008-09-01.

[18] 王宛秋,张艳秋.财务报表分析[M].北京:北京工业大学出版社,2010.

[19] 韦伟.天津利安隆存货周转率低 利润翻倍或“痴人说梦”[EB/OL].(2014-09-10)[2015-03-31].http://finance.ce.cn/rolling/201407/09/t20140709_3121928.shtml.

[20] 徐德庸.会计报表分析[M].北京:科学出版社,2010.

[21] 徐华.马钢股份财务管理的可持续性分析[M].南京:河海大学出版社,2007.

[22] 张先治,陈友邦.财务分析[M].5 版.大连:东北财经大学出版社,2010.

[23] 张利,周淑芸.新编财务报表分析[M].大连:大连理工大学出版社,2009.

[24] 张崎.哈空调业绩大增为何“见光死”[EB/OL].(2010-08-10)[2015-03-31].http://www.p5w.net/stock/news/gsxw/200807/t1776633.htm.

[25] 张伟.财务报表分析项目化教程[M].青岛:中国海洋大学出版社,2011.

[26] 周凤.财务报表分析[M].北京:机械工业出版社,2010.

[27] 张学功.财务报告分析[M].北京:经济科学出版社,2007.

[28] 张学惠.会计报表分析[M].北京:清华大学出版社,2007.

[29] 庄晓欧,甘娅丽.财务报表分析[M].6 版.北京:北京理工大学出版社,2012.

[30] 周玉娇.上市公司财务报表分析综合案例——青岛海尔股份有限公司财务报表分析[J].中国乡镇企业会计,2010(1).

[31] 朱德峰.“一般借款”影响不一般[N].上海证券报,2007-04-13.

尊敬的老师：

您好。

请您认真、完整地填写以下表格的内容（务必填写每一项），索取相关图书的教学资源。

教学资源索取表

书 名				作 者 名	
姓 名		所在学校			
职 称		职 务		讲授课程	
联系方式	电话：		E－mail：		
地址（含邮编）					
贵校已购本教材的数量（本）					
所需教学资源					
系/院主任姓名					

系/院主任：____________（签字）

（系/院办公室公章）

20____年____月____日

注意：

① 本配套教学资源仅向购买了相关教材的学校老师免费提供。

② 请任课老师认真填写以上信息，并**请系/院加盖公章**，然后传真到（010）80115555 转 718438 上索取配套教学资源。也可将加盖公章的文件扫描后，发送到 fservice@126.com 上索取教学资源。

微信号：fservice126

中国工信出版集团
電子工業出版社
PUBLISHING HOUSE OF ELECTRONICS INDUSTRY
http://www.phei.com.cn